DIARIO

ANA FRANK

DIARIO

PRÓLOGO
DE
DANIEL ROPS

DECIMOSÉPTIMA EDICIÓN

EDITORIAL PORRÚA
AV. REPÚBLICA ARGENTINA, 15
MÉXICO, 2013

Primera edición, 1948
Primera edición en la Colección "Sepan cuantos...", 1995

Copyright © 2013

El prólogo y las características de esta edición son propiedad de
EDITORIAL PORRÚA, S. A. de C. V. — 03
Av. República Argentina, 15, 06020 México, D. F.

Queda hecho el depósito que marca la ley

Derechos reservados

ISBN 970–07–6810–4 Rústica
ISBN 970–07–6811–2 Tela

IMPRESO EN MÉXICO
PRINTED IN MEXICO

Con ocasión del quincuagésimo aniversario de la liberación de los campos de exterminio judío, que tantas manifestaciones de repulsa han renovado, la EDITORIAL PORRÚA se suma a ese sentimiento general y publica, una vez más, uno de los testimonios más conmovedores de aquella gran tragedia: el Diario de Ana Frank.

Precisamente con este mismo motivo ha visto la luz pública, por vez primera, el texto de una carta del padre de la escritora adolescente. La reproducción de algunos de sus párrafos nos ahorrará cualquier comentario sobre el entorno y circunstancias de aquellos increíbles acontecimientos, harto conocidos por los demás.

La carta, escrita en inglés en el hospital de Katowitz, a poca distancia del campo de Auschwitz, fue enviada a Milly, prima segunda de Otto Frank, el padre de Ana, mientras su autor se recuperaba físicamente luego de la liberación del campo.

«No sé nada de Edith y de las niñas, porque fuimos separados al llegar a Auschwitz-Birkenau el 5 de septiembre pasado», escribió Otto, quien ignoraba que su esposa y sus dos hijas habían sido transferidas al campo de Bergen-Belsen, donde habían muerto de tuberculosis.

«Fuimos liberados por los rusos el 27 de enero y por suerte yo estaba en ese momento en el hospital, que los alemanes habían dejado intacto. Intentaron llevarme con ellos cuando se fueron, pero me escapé y pude volver aquí», prosigue la carta.

Otto Frank le cuenta, asimismo, a su prima cómo logró esconder a su familia durante dos años en Amsterdam: «Afortunadamente había ganado el suficiente dinero en esos años para permitirnos sobrevivir, pero ahora soy pobre como un mendigo», afirma la carta.

Durante los dos años pasados en clandestinidad —refugiados en un traspatio de una oficina en el centro de Amsterdam— escribió Ana Frank su diario, que luego de la Segunda Guerra Mundial fue publicado en más de 50 idiomas, convirtiéndose en un testimonio universal de la barbarie nazi.

Pero cuando el padre de Ana escribió su carta en 1945, ignoraba la existencia del diario de su hija, y le confiaba a su prima: «No me ha quedado nada de mi familia, ni siquiera una carta de mis hijas; nada de nada.»

Otto Frank volvió a casarse en 1953 y murió en 1980, a la edad de 91 años, en Suiza.

Enero de 1995.

PRÓLOGO

Acabo de doblar la última página de este libro, y no puedo contener mi emoción. ¿A dónde habría llegado la maravillosa niña que, sin saberlo, ha escrito esta especie de obra maestra? Ahora, en 1951, tendría veintidós años... No se piensa sin congoja en todo cuanto esta sensibilidad y esta inteligencia, tan bien armonizadas, hubieran podido dar si la horrible máquina de máscaras numerosas, que estuvo a punto de triturar nuestra civilización entera, no la hubiera, hace seis años, devorado y aniquilado. Es imposible evocar sin pena este fino rostro entregado a las sombras...

Era una niña judía de trece años, hija de comerciantes alemanes, que, cuando las primeras persecuciones nazis, creyeron hallar en Holanda la salvación definitiva. Pero el monstruo tiene muchos torniquetes en su bolsa: ¿quién puede estar seguro de escapársele? La invasión de los Países Bajos los puso decididamente a su merced. Cuando, en julio de 1942, los Frank tuvieron que elegir entre dos decisiones: someterse al llamamiento de la Gestapo o esconderse costase lo que costase, de los dos términos de la alternativa prefirieron el segundo, olvidando, las pobres gentes, cuál es el poderío de Leviathan y su paciencia antropófaga. En un pabellón situado detrás de un patio, tal como hay en tantas casas de Amsterdam, se instalaron como ratas en un orificio. Había que adoptar mil precauciones: no dejarse ver, no hacer ruido. Es de imaginar qué problemas de todo orden se les presentarían a estos prisioneros voluntarios: los menores no eran, indudablemente, aquellos cuyos términos renovaría diariamente la intolerante cohabitación de ocho seres.

Fue allí, en ese ambiente paradójico, donde Ana describió a la vez su propia existencia y la de los otros. A la hora en que una criatura principia a enfrentarse con el mundo exterior y saca de los múltiples contactos un enriquecimiento infinito, esta muchachita no tuvo ante ella sino el espectáculo del abrigo húmedo, del patio y de los siete inquilinos —parientes, amigos, relaciones— con quienes tenía que compartir su suerte. Lo asombroso es que su sensibilidad no se haya, en poco tiempo, falseado, que haya sabido conservar su libertad, su fantasía y la alegría que, hasta en los peores peligros, flota y resuena, a lo largo de su diario, con el son mismo de la virtud de la infancia.

IX

Un diario, pues tal es este libro, y comprendo demasiado bien que a esta sola palabra se despierten todas las desconfianzas más legítimas. Una niña de trece años escribiendo su diario. ¿Puerilidad? ¿Precocidad monstruosa? Ni lo uno ni lo otro. Y ni siquiera esa vaga farsa (inconsciente, quizá) que aflora en tantas páginas del diario de otra niña célebre: María Bashkirtseff. Las notas cotidianas de Ana Frank son tan justas de tono, tan verdaderas, que ni aún la idea de que haya podido escribirlas con una intención de «literatura» acude al espíritu, y mucho menos que alguna «persona mayor» haya podido retocarlas. De un extremo a otro, la impresión que se recibe es la de una autenticidad indiscutible. Si la palabra no comportase un algo de polvoriento y decolorado, diríase de buena gana que aquí se trata de un *documento*.

*   *   *

Ana Frank tenía, pues, trece años. Era bonita, y lo sabía, sin atribuir al hecho excesiva importancia. Nos la imaginamos muy bien, por pocas que hayamos conocido de esas jovencitas judías, en quienes la inteligencia cascabelea con una vivacidad que a menudo, a su edad, no poseen las pequeñas «arias»: punzante, resuelta, sensible al punto de ser impresionable, ya mujer en muchos aspectos y, con todo, aún tan verdaderamente niña. Ahí está —esa mezcla de madurez y de frescura— lo que da a este libro su atractivo único. En cada página nos sorprende con una observación de una pertinencia, de una justeza psicológica singular; e inmediatamente después, una palabra cándida, una alusión basta para que recordemos que la chiquilla que escribe aún no conocía gran cosa de la vida y, en todo caso, aún no había sido para nada alcanzada en el corazón por sus tristezas y sus fealdades.

En este pequeño mundo que constituía la comunidad de ocho reclusos, ¿qué podía hacer ella? Leer. Enormemente, al azar (los libros no eran abundantes en aquel refugio), con la voracidad de los seres jóvenes. Mas, sobre todo, observar. Y, en definitiva, es a esta tarea a la que se consagró, ¡oh!, sin ningún propósito deliberado, sino únicamente porque ello érale propuesto por las circunstancias y porque tenía un sentido agudo de la observación.

¿Observar qué? Primero a sí misma. Y es, en mi opinión, el elemento más original de todo el diario: el análisis de su propio ser efectuado por una niña. Ana Frank no estaba todavía en la edad en que, al escribir un diario, un adulto (sobre todo si es hombre de letras) adopta posturas enfrente del espejo y piensa en la posteridad. ¡A ella le importaba un ardite la posteridad! Escribía para sí, nada más que para sí, sin complacencia de ninguna especie, sin ninguna preocupación por mejorar el retrato ni tampoco por asombrar. El resultado es un diseño tan exacto, tan puro, de una conciencia de muchacha muy joven, que ante algunas de sus observaciones siéntense ganas de detenerse y de decirse a sí mismo: «¡Qué verdad debe de ser ésa!» Esta mezcla, como ella diría, de «alegría celestial y de mortal tristeza», que es precisamente la dominante de la juventud, rara vez se logra exteriorizarla de manera tan justa, tan simple, tan exenta de énfasis. En la relación de la niña-mujer, con los grandes problemas de la femineidad y del amor, la misma justeza de tono, la misma tranquila transparencia. Estas páginas tan verdaderas no suscitan en momento alguno el menor pensamiento equívoco, y no podemos dejar de amar, de admirar tal pureza.

Huelga decir que esta formación, tan fácil de señalar en el transcurso de los dos años que duró el diario, tomó elementos de los seres humanos que Ana podía observar. De todos ellos habla con la misma lucidez apacible. Poco permeable a los sentimientos consagrados (inclusive a los sentimientos familiares), sabiendo descubrir las actitudes ajenas, conserva sin embargo una confianza en los seres que confirma en ella eso que nosotros llamábamos hace un momento la virtud de la infancia. Ella no había llegado aún a la edad en la que sólo se siente demasiada tendencia a adivinar en el *otro* la huella del estigma universal. Ni siquiera de los alemanes, ni siquiera de los nazis habla en un tono que demuestre que hubiera perdido toda esperanza en los hombres. «Amoralismo», se ha escrito de ella. Ninguna palabra se me ocurre más inexacta. Yo aquí, más bien, veo un corazón intacto.

*   *   *

Uno de los aspectos más interesantes de este testimonio reside en el lugar, a la vez singularmente reducido y con todo esencial, que en él ocupa el sentimiento religioso. Es más que seguro que los padres de Ana Frank debían pertenecer a esos centros judíos, en que la antigua fidelidad mosaica se reducía a vagas prácticas tradicionales, a escuetas fórmulas. En el extremo peligro en que esta niña se encuentra, sólo muy rara vez ella se vuelve hacia el Dios de sus padres y nunca para pedirle una inmediata protección. En el correr del diario se la ve leer la Biblia, pero, indudablemente, sin entusiasmo extremo y con mucha lentitud. Jamás los mandamientos de Dios, los de las Tablas del Sinaí, vienen a confirmar o dictar un juicio moral. Con toda certeza, Ana Frank no era lo que se llama un alma religiosa. Y, sin embargo, a veces habla de Dios. Y cuando ello ocurre, es con una tranquilidad y una confianza verdaderamente admirables. Cuando ella escribe, por ejemplo: «Para quien tiene miedo, quien se siente solo o desdichado, el mejor remedio es salir al aire libre, hallar un lugar aislado donde estará en comunión con el cielo, la naturaleza y Dios. Solamente entonces se siente que todo está bien así y que Dios quiere ver a los hombres dichosos en la naturaleza simple pero bella...» Cuando esta niña escribe tales frases, sería absurdo no encontrar en ellas sino el eco de un vago panteísmo, y ahí está la expresión de un sentimiento tan puro que no podemos contenernos de pensar que Dios le habrá respondido. Por lo demás, poco tiempo antes del drama con que el diario debía cerrarse, ella escribía todavía, al día siguiente de una especie de crisis de conciencia que la había atormentado: «Dios no me ha abandonado, y nunca me abandonará...» Aunque no hubieran más que estas cuantas palabras en todo este libro, bastarían para retener el mensaje. No fue el Dios de Israel quien exclamó, un día: «¡Dejad que los niños vengan a mí!», sino su Hijo, encarnado sobre la tierra para asumir la condición de los hombres, los sufrimientos de los hombres, y para dar un sentido nuevo a su esperanza. Pero la pequeña alma fresca de Ana Frank era de las que, desde siempre, han respondido a la frase del Hijo del Hombre. Dios no la ha abandonado.

*   *   *

Y en ese campo de Bergen-Belsen, donde en mayo de 1945 Ana Frank moría de privaciones y de desesperación tras ocho meses de cautiverio, ¿puede dudarse de que, a pesar de las apariencias horribles, a pesar del encarnizamiento de las fuerzas hostiles, ese Dios que ella definía tan poco pero cuya imagen exacta llevaba en el corazón, no la habrá abandonado en absoluto?

DANIEL ROPS

DIARIO

12 de junio de 1942.

Domingo, 14 de junio de 1942.

El viernes 12 de junio me levanté antes de las seis, cosa comprensible puesto que era el día de mi cumpleaños. Pero no me permiten ser tan madrugadora. Tuve, pues, que contener mi curiosidad durante una hora todavía. Al cabo de tres cuartos de hora, ya no podía más. Me trasladé al comedor, donde Mauret, el gato, me recibió frotándose la cabeza contra mí y haciéndome mil gracias.

A las siete, fui a ver a papá y mamá, y pude por fin desempaquetar mis regalos en la sala. La primerísima sorpresa fuiste *tú*, uno de mis más hermosos regalos probablemente. Un ramo de rosas, una plantita, dos ramas de peonias, he ahí como yo vi esa mañana la mesa ornada de hijas de Flora, seguidas de muchas otras durante el día.

Papá y mamá me han obsequiado generosamente, sin hablar de nuestros numerosos amigos y relaciones, que también me han agasajado mucho. Recibí, entre otros, un juego de sociedad, muchos bombones, chocolate, un rompecabezas, un cepillo, *Mitos y leyendas neerlandesas*, de Joseph Cohen, *Cámara oscura*, de Hildebrand, *Day's Bergvacantie*, un libro formidable, y un poco de dinero que me permitirá comprar *Los mitos griegos y romanos*. ¡Magnífico!

Más tarde, Lies vino a buscarme para ir a la escuela. Durante el recreo, he obsequiado con galletitas a profesores y alumnos, y después hubo que volver a la tarea.

Termino por hoy. ¡Salve, *Diario*! ¡Te encuentro maravilloso!

Lunes, 15 de junio de 1942.

Ayer por la tarde tuve mi primer recibo de aniversario. La proyección de un filme, «El guardián del faro», con Rin-tin-tin, agradó mucho a mis condiscípulos. Resultó muy bien, y nos divertimos mucho.

Éramos bastantes. Mamá quiere siempre saber con quién me gustaría casarme más tarde. Ya no pensará en Peter Wessel. Porque, en estos tiempos, me he esforzado por quitarle esa idea fija, tanto he hablado de él sin nunca pestañear ni enrojecer. Durante años estuve muy ligada a Lies Goosens y Sanne Houtman. Entretanto, trabé relación con Jopie de Waal en el liceo judío; siempre estamos juntas, y se ha transformado en mi mejor amiga. Lies, aunque todavía la vea a menudo, se ha encariñado con otra muchacha, mientras que Sanne, trasladada a otra escuela, se ha hecho de amigas allí.

Sábado, 20 de junio de 1942.

Hace varios días que estoy sin escribir; necesitaba reflexionar, de una vez por todas, sobre lo que significa un *Diario*. Es para mí una sensación singular de expresar mis pensamientos, no sólo porque yo no he escrito nunca todavía, sino porque me parece que, más tarde, ni yo ni ningún otro se interesaría por las confidencias de una escolar de trece años. En fin, eso carece de importancia. Tengo ganas de escribir y aún más de sondear mi corazón sobre toda clase de cosas.

«El papel es más paciente que los hombres.» Este dicho acudió a mi espíritu un día de ligera melancolía en que estaba aburriéndome a más no poder, la cabeza apoyada en las manos, demasiado disgustada para decidirme a salir o a quedarme en casa. Sí, en efecto, el papel es paciente, y, como presumo que nadie se preocupará de este cuaderno encartonado dignamente titulado *Diario*, no tengo ninguna intención de dejarlo nunca leer, a menos que encuentre en mi vida el *Amigo* o la *Amiga* a quien enseñárselo. Heme aquí llegada al punto de partida, a la idea de comenzar un *Diario*: yo no tengo amiga.

A fin de ser más clara, me explicaré mejor. Nadie podrá creer que una muchachita de trece años se encuentre sola en el mundo. Desde luego, no es totalmente exacto: tengo padres a quienes quiero mucho y una hermana de dieciséis años; tengo, en suma, una treintena de camaradas y, entre ellos, las llamadas amigas; tengo admiradores en abundancia que me siguen con la mirada, mientras que los que, en clase, están mal situados para verme, tratan de asir mi imagen con ayuda de un espejito de bolsillo. Tengo familia, amables tíos y tías, un hogar agradable. No. No me falta nada aparentemente, salvo la Amiga. Con mis camaradas, sólo puedo divertirme y nada más. Nunca llego a hablar con ellos más que de vulgaridades, inclusive con una de mis amigas, porque nos es imposible hacernos más íntimas; ahí está la dificultad. Esa falta de confianza es quizá mi verdadero defecto. De cualquier modo, me encuentro ante un hecho cumplido, y es bastante lastimoso no poder ignorarlo.

De ahí la razón de este *Diario*. A fin de evocar mejor la imagen que me forjo de una amiga largamente esperada, no quiero limitarme a simples hechos, como tantos hacen, sino que deseo que este *Diario* personifique a la Amiga. Y esta amiga se llamará Kitty.

Kitty lo ignora aún todo de mí. Necesito, pues, contar brevemente la historia de mi vida. Mi padre tenía ya treinta y seis años cuando se casó con mi madre, que tenía veinticinco. Mi hermana Margot nació en 1926, en Frankfort del Meno. Y yo el 12 de junio de 1929. Siendo judíos cien por ciento, emigramos a Holanda en 1933, donde mi padre fue nombrado director de la Travies N. V., firma asociada con Kolen & Cía., de Amsterdam. El mismo edificio albergaba a las dos sociedades, de las que mi padre era accionista.

Desde luego, la vida no estaba exenta de emociones para nosotros, pues el resto de nuestra familia se hallaba todavía defendiéndose de las medidas hitleristas contra los judíos. A raíz de las persecuciones de 1938, mis dos tíos maternos huyeron y llegaron sanos y salvos a los Estados Unidos. Mi abuela, entonces de setenta y tres años, se reunió con nosotros. Después de 1940, nuestra buena época iba a terminar rápidamente: ante todo la guerra, la capitulación, y la invasión de los alemanes llevándonos a la miseria. Disposición tras disposición contra los judíos. Los judíos obligados a llevar la estrella, a ceder sus bicicletas. Prohibición para los judíos de subir a un tranvía, de conducir un coche. Obligación para los judíos de hacer sus compras exclusivamente en los establecimientos marcados con el letrero de «negocio judío», y de quince a diecisiete horas solamente. Prohibición para los judíos de salir después de las ocho de la noche, ni siquiera a sus jardines, o aun de permanecer en casa de sus amigos. Prohibición para los judíos de ejercitarse en todo deporte público: prohibido el acceso a la piscina, a la cancha de tenis y de hockey o a otros lugares de entrenamiento. Prohibición para los judíos de frecuentar a los cristianos. Obligación para los judíos de ir a escuelas judías, y muchas otras restricciones semejantes.

Así seguimos tirando, sin hacer esto, sin hacer aquello. Jopie me dice siempre: «No me atrevo a hacer nada, de miedo a que esté prohibido.» Nuestra libertad, pues, está muy restringida: con todo, la vida es aún soportable.

Mi abuela murió en enero de 1942. Nadie sabe cuánto pienso en ella y cuánto la quiero aún.

Yo estaba en la escuela Montessori desde el jardín de infantes, es decir, desde 1934. En sexto B tuve como maestra a la directora, la señora K. Al terminar el año, fueron adioses desgarradores, lloramos las dos. En 1941, mi hermana Margot y yo entramos en el liceo judío. Nuestra pequeña familia de cuatro no tiene todavía mucho de qué quejarse, y así llego a la fecha de hoy.

Sábado, 20 de junio de 1942.

Querida Kitty:
Estoy bien dispuesta: hace buen tiempo y la calma reina, pues papá y mamá han salido y Margot ha ido a jugar al ping-pong con otros compañeros a casa de una amiga.
Yo también juego mucho al ping-pong en estos últimos tiempos. Como todos los jugadores a mi alrededor adoran los helados, sobre todo en verano cuando el ping-pong hace sudar a cualquiera, el partido termina generalmente con una visita a la confitería más cercana y permitida a los judíos, Delphes o el Oasis. No es menester pensar en el dinero; hay tanta gente en el Oasis, que siempre se encuentra un caballero o un admirador de nuestro gran círculo de amigos para brindarnos más helados de los que podríamos ingerir en una semana.
Debe sorprenderte el oírme hablar, a mi edad, de admiradores. ¡Ay! Habrá que creer que es un mal inevitable en nuestra escuela. Tan pronto como un compañero me propone acompañarme a casa en bicicleta, se entabla la conversación y, nueve de cada diez veces, se trata de un muchacho que tiene la costumbre emponzoñante de transformarse todo en fuego, todo en llama; ya no deja de mirarme. Al cabo de un momento, el arrebato comienza a disminuir, por la buena razón de que yo no presto demasiada atención a las miradas ardientes y que sigo pedaleando a toda velocidad. Si por casualidad empieza con rodeos mientras habla de «pedir permiso a su papá», yo me balanceo un poco sobre mi bicicleta, se cae mi cartera, el muchacho está obligado a bajarse para recogerla, tras lo cual me ingenio para cambiar en seguida de conversación.
Este es un ejemplo de los más inocentes. Hay, naturalmente, los que me envían besos o tratan de apoderarse de mi brazo, pero esos equivocan el camino. Bajo diciendo que puedo pasarme sin su compañía, o bien me doy por ofendida, rogándoles claramente que se vuelvan.

Dicho esto, la base de nuestra amistad queda establecida. Hasta mañana.

Tuya. ANA

Domingo, 21 de junio de 1942.

Querida Kitty:

Todo el quinto año tiembla en la espera del consejo de profesores. La mitad de los alumnos se pasan el tiempo haciendo apuestas sobre los o las que pasarán. Nuestros dos vecinos, Wim y Jaime, que han apostado el uno al otro todo su capital de las vacaciones, nos enferman de risa a Miep de Jong y a mí. De la mañana a la noche óyeseles: «Tú pasarás.» «No.» «Sí.» Ni las miradas de Miep, implorando silencio, ni mis accesos de cólera pueden calmar a estos dos energúmenos.

En mi opinión, la cuarta parte de nuestra clase debería ser aplazada, visto el número de asnos que en ella hay, pero los profesores son la gente más caprichosa del mundo; quizá, por una vez, se porten como caprichosos débiles.

En cuanto a mí y a mis amigas, no tengo mucho miedo; creo que saldremos del paso. No me siento muy fuerte en matemáticas. En fin, no queda más que esperar. Entretanto tenemos ocasión de alentarnos mutuamente.

Yo me entiendo bastante bien con mis profesores, nueve en total, siete hombres y dos mujeres. El viejo señor Kepler, profesor de matemáticas, ha estado muy enfadado conmigo durante bastante tiempo, porque yo charlaba demasiado durante la lección: advertencia tras advertencia, hasta que fui castigada. He tenido que escribir una monografía sobre el tema: *Una charlatana.* ¡Una charlatana! ¿Qué podía escribirse sobre eso? Ya veríamos luego; después de haberlo anotado en mi cuaderno, traté de quedarme tranquila.

Por la tarde, en casa, terminados todos mis deberes, mi mirada tropezó con la anotación de la monografía. Me puse a reflexionar mordiendo la punta de mi estilográfica. Evidentemente, yo podía, con letra grande, separando las palabras todo lo posible, expresar en longitud algunas ideas dentro de las páginas fijadas —era el abecé del oficio—, pero la dificultad residía en hallar la última frase que probase la necesidad de hablar. Seguí pensando y, de repente, ¡eureka! ¡Ah, qué satisfacción la de llenar tres páginas seguidas, sin mayor esfuerzo! Argumento: la charla excesiva es un defecto femenino, que yo me esforzaría por corregir un poco, aunque sin librarme de él totalmente, pues mi propia madre habla tanto como yo, si no más; en consecuencia, poco puede hacerse por remediarlo, ya que se trata de defectos hereditarios.

Mi argumento hizo reír mucho al señor Kepler; pero, cuando en la clase siguiente yo reincidí en mi parloteo, me impuso una segunda monografía. Tema: *Una charlatana incorregible*. Volví a salir del paso, después de lo cual el señor Kepler no tuvo que quejarse de mí durante dos lecciones. A la tercera, debí exagerar.

—Ana, otra penitencia por charlar. Tema: *Cuá, cuá, cuá, dice la señora Decuá*.

Carcajada general. Yo me eché a reír con ellos, tenía que hacerlo, aunque sabía que mi imaginación estaba agotada sobre el tema. Necesitaba encontrar algo, algo original. La casualidad vino en mi ayuda. Mi amigo Sanne, buen poeta, se me ofreció para redactar la monografía en verso, del principio al fin. Me regocijé. ¿Kepler quería burlarse de mí? Me vengaría, burlándome yo de él.

La monografía en verso resultó magnífica. Se trataba de una mamápata y de un papá-cisne, con sus tres patitos; éstos por haber hecho demasiado cuá-cuá fueron mordidos a muerte por su padre. Afortunadamente, la broma tuvo la suerte de agradar al fino Kepler. Hizo su lectura ante nuestra clase y en varias otras, con comentarios en su apoyo.

Tras este acontecimiento, no he vuelto a ser castigada por charlar. Al contrario, Kepler es siempre el primero en decir una chirigota sobre el tema.

Tuya.

ANA

Miércoles, 24 de junio de 1942.

Querida Kitty:

¡Qué canícula! Nos ahogamos. Todo el mundo está congestionado, recocido. Con este calor, cubro todas las distancias a pie. Empiezo ahora a comprender qué cosa tan maravillosa es un tranvía; pero a nosotros, los judíos, ese placer ya no nos está permitido. Tenemos que valernos de nuestras piernas como único medio de locomoción. Ayer, por la tarde, tuve que ir al dentista, que vive en Jan Luykenstraat, no muy lejos de la escuela. Al regreso, me dormí en clase. Afortunadamente, en estos días, la gente nos da de beber espontáneamente; la asistente del dentista es verdaderamente amable.

Aún tenemos acceso al paso del canal. En el muelle Joseph Israëls hay una barquita que hace el servicio. El barquero ha accedido inmediatamente a dejarnos pasar. Verdaderamente, si los judíos soportan tantas penurias, no es por culpa de los holandeses.

Desde que en Pascuas me robaron mi bicicleta y la de mamá fue entregada a los cristianos, desearía no ir a la escuela. Afortunadamente, las vacaciones se acercan; una semana más de sufrimiento, que pronto será olvidada.

Ayer por la mañana tuve una sorpresa bastante agradable. Al pasar por delante de un depósito de bicicletas, oí que alguien me llamaba. Dándome vuelta, vi a un muchacho encantador, en quien ya reparara la víspera, en casa de mi amiga Eva. Se me aproximó, un poco tímido, y se presentó: Harry Goldman. Quedé ligeramente sorprendida, incapaz de comprender bien qué quería. Era muy sencillo: Harry deseaba acompañarme a la escuela.

—Si lleva usted el mismo camino, conforme —dije yo, y en marcha los dos.

Harry tiene dieciséis años, y habla de toda clase de cosas de una manera divertida. Esta mañana, estaba de nuevo en su puesto. Y no veo por qué eso habría de cambiar.

Tuya.   ANA

Martes, 30 de junio de 1942.

Querida Kitty:

Verdaderamente, no he tenido tiempo de escribir hasta hoy. Pasé la tarde del jueves en casa de unos amigos. El viernes, tuvimos visitas, y así sucesivamente hasta hoy. Durante la semana, Harry y yo hemos empezado a conocernos mejor. Él me ha contado una buena parte de su vida: llegó a Holanda sin sus padres, y vive en casa de sus abuelos. Sus padres se han quedado en Bélgica.

Harry tenía un flirt, Fanny. La conozco: es un modelo de dulzura y de aburrimiento. Desde que se encontró conmigo, Harry se ha dado cuenta de que la presencia de Fanny le da ganas de dormir. Yo le sirvo, pues, de despertador o de estimulante, como tú quieras. Nunca se sabe en qué puede uno ser útil en la vida.

El sábado por la noche, Jopie se quedó a dormir en casa, pero el domingo, después de mediodía, se fue a reunir con Lies, y yo me aburrí lo indecible. Harry tenía que venir a verme al anochecer, pero me telefoneó alrededor de las seis. Atendí el teléfono, para oírle decir:

—Habla Harry Goldman. Por favor, ¿puedo hablar con Ana?

—Sí, Harry, soy yo.

—Buenas tardes, Ana. ¿Cómo estás?

—Bien, gracias.

—Siento no poder ir luego, pero tengo algo que decirte. ¿Te molestaría que yo estuviera frente a tu puerta dentro de diez minutos?

—Al contrario, conforme. Hasta luego.

—Hasta luego. Hasta ahora.

Corté. Me cambié en seguida de vestido y me arreglé un poco el pelo. En seguida me asomé a la ventana, nerviosa. Por fin, lo divisé. Por milagro, no me precipité abajo. Me armé de paciencia hasta que sonó el timbre. Bajé a abrirle la puerta, y él fue derecho al grano.

—Escucha, Ana. Mi abuela te encuentra demasiado joven para ser mi amiga, y dice que debo reunirme con Fanny Leurs. ¡Pero tú sabes que he roto con Fanny!

—No, no lo sabía ¿Habéis reñido?

—No, al contrario. Yo le había dicho a Fanny que, puesto que no nos entendíamos muy bien, era inútil verse a cada momento; que ella podía seguir yendo a nuestra casa cuando quisiera y que yo confiaba poder ir a la de ellos, como camaradas. Yo tenía la impresión de que ella frecuentaba, como se dice, a otro muchacho; por eso, hablé del asunto con displicencia. Ahora bien, eso no era verdad. Mi tío me dijo que debo disculparme con Fanny, pero, naturalmente, yo no lo creo necesario, y por eso he roto. Desde luego, esa no es más que una entre varias razones. Mi abuela insiste en que yo me pasee con Fanny y no contigo, pero yo no pienso hacerlo. Los viejos son a veces tan anticuados, que no tienen arreglo. Yo necesito de mis abuelos, desde luego, pero en un sentido, ellos me necesitan a mí... Yo tendré siempre libre la tarde del miércoles, porque mis abuelos me creen en una lección de escultura en madera; en realidad, voy a un club del movimiento sionista. Mis abuelos no me lo permitirían, porque están en contra del sionismo. No soy partidario fanático, yo tampoco, pero el movimiento significa algo, y de cualquier modo me interesa. Sin embargo, en los últimos tiempos hay tal revuelo en ese club, que tengo la intención de dejarlo. Iré allí por última vez el miércoles próximo. En ese caso, yo podría verte siempre el miércoles por la tarde, el sábado por la tarde y por la noche, el domingo por la tarde y quizá con más frecuencia todavía.

—Pero si tus abuelos se oponen a ello, irás con tapujos.

—Al amor no se le ordena. Es así.

Recorrimos un trecho de camino juntos. Al pasar por delante de la librería de la esquina, vi a Peter Wessel que hablaba con dos amigos. Era la primera vez, desde hacía mucho, mucho tiempo. que él me saludaba de nuevo. Eso me causó un gran placer.

Harry y yo seguimos recorriendo y contorneando las calles, y, al fin de cuentas, nos pusimos de acuerdo para una cita: yo debía encontrarme ante su puerta, al día siguiente por la tarde, a las siete menos cinco.

Tuya.   ANA

Viernes, 3 de julio de 1942.

Querida Kitty:

Ayer, Harry vino a casa para conocer a mis padres. Yo había comprado una torta, bizcochos y bombones para el té. Había un poco de todo. Pero ni Harry ni yo pudimos quedarnos largo rato en una silla, el uno al lado del otro, y nos fuimos a pasear. Eran ya las ocho y diez cuando él me trajo a casa. Papá estaba muy enojado. Decía que yo no tenía el derecho de regresar tan tarde, visto el peligro para los judíos de encontrarse fuera después de las ocho. Tuve que prometerle que, en lo sucesivo, regresaría a las ocho menos diez.

Mañana, estoy invitada a casa de él. Mi amiga Jopie me lanza siempre pullas sobre Harry. En verdad, yo no estoy enamorada, no. Pero me asiste el derecho de tener amigos. Nadie encuentra nada extraordinario en que yo tenga un compañero o, según la expresión de mamá, un caballero.

Eva me ha contado que una noche, estando Harry en casa de ellos, ella le preguntó:

—¿A quién prefieres, a Fanny o a Ana?

—Eso no te importa —le contestó él.

Durante todo el resto de la velada, no tuvieron ya ocasión de hablar juntos, pero, al irse, él le dijo:

—Si quieres saberlo, prefiero a Ana. Pero no se lo digas a nadie.

Y se fue.

Por mil cosas, puede notarse que Harry se ha enamorado de mí. Yo le encuentro divertido, y que cambia mi vida. Margot diría de él: «Harry es un buen muchacho.» Opino lo mismo, y hasta algo más. Mamá no ha terminado de alabarlo: buen muchacho, bien educado, muy amable... Me encanta que todo el mundo, en casa, lo halle de su gusto. Él también ha simpatizado con ellos. Encuentra a mis amigas demasiado niñas, y no se engaña.

Tuya.

ANA

Domingo por la mañana, 5 de julio de 1942.

Querida Kitty:

La proclamación que tuvo lugar el viernes último en el teatro judío, fue todo un éxito. Mis notas no son del todo malas: tengo un insuficiente, un cinco en álgebra, un seis para dos asignaturas, y, para las otras, varios sietes y ochos. En casa estaban muy contentos, pues, a propósito de puntos, mis padres no son como los demás. Dijérase que les importa poco que las notas sean buenas o malas. Para ellos basta con que yo esté con buena salud y que no sea insolente, aun con todo mi derecho de divertirme; lo demás, según ellos, se arreglará solo. En cuanto a mí, es lo contrario: no quiero ser mala alumna después de haber sido admitida provisionalmente en el liceo, puesto que he saltado un año al salir de la escuela Montessori. Pero con el traslado de todos los niños judíos a las escuelas judías, el director del liceo, después de algunas palabras, consintió en recibirme, lo mismo que a Lies, a título de prueba. Yo no quería defraudar la confianza del director. El resultado de Margot es brillante, como siempre. Si «la más grande distinción» existiera en el liceo, ella la habría obtenido. ¡Qué testa!

Papá, en estos últimos tiempos, se queda a menudo en casa. Oficialmente, se ha retirado de los negocios. ¡Qué sensación tan desagradable para él la de sentirse inútil! El señor Koophuis ha retomado la casa Travies y el señor Kraler la firma Kolen & Cía. El otro día, cuando nos paseábamos alrededor de nuestra plaza, papá empezó a hablar de un escondite. Decía que iba a ser muy difícil para nosotros vivir completamente separados del mundo exterior.

—¿Por qué hablar de eso? —le pregunté yo.

—Escucha, Ana —repuso él—, tú sabes bien que, desde hace más de un año, nosotros transportamos muebles, ropas y enseres a casa de otras gentes. No queremos que nuestros bienes caigan en manos de los alemanes, y menos aún queremos caer nosotros mismos. No los esperaremos para irnos. Podrían venir a buscarnos.

—Pero, papá, ¿para cuándo será eso?

Las palabras y la seriedad de mi padre me habían angustiado.

—No te inquietes. Nosotros nos ocuparemos de todo. Diviértete y aprovecha tu despreocupación todo el tiempo que aún puedas hacerlo.

Eso fue todo. ¡Oh! Con tal de que esos sombríos proyectos no se realicen... todavía...

Tuya. ANA

Miércoles, 8 de julio de 1942.

Querida Kitty:

Me parece que han pasado años entre el domingo por la mañana y hoy. ¡Qué de acontecimientos! Como si el mundo entero se hubiera vuelto boca abajo de repente. Sin embargo, ya ves bien, Kitty, todavía vivo y, como dice papá, es lo principal.

Si, en efecto, vivo todavía pero no preguntes dónde ni cómo. Tú no comprendes nada de nada hoy, ¿verdad? Por eso me es necesario, primero, contarte lo sucedido a partir del domingo por la tarde.

A las tres (Harry acababa de irse para volver más tarde), llamaron a nuestra puerta. Yo no lo oí, porque estaba leyendo en la terraza, perezosamente reclinada al sol en una mecedora. De pronto, Margot apareció por la puerta de la cocina, visiblemente turbada.

—Papá ha recibido una citación de las SS —cuchicheó—. Mamá acaba de salir a buscar al señor Van Daan.

(Van Daan es un colega de papá y amigo nuestro.)

Yo estaba aterrada: todo el mundo sabe qué significa una citación; vi surgir en mi imaginación los campos de concentración y las celdas solitarias. ¿Íbamos a dejar a papá partir hacia allí?

—Naturalmente, no se presentará —dijo Margot, mientras que ambas esperábamos en la alcoba el regreso de mamá.

—Mamá ha ido a casa de los Van Daan para saber si podemos habitar, desde mañana, nuestro escondite. Los Van Daan se ocultarán allí con nosotros. Seremos siete.

Silencio. Ya no pudimos pronunciar una palabra más, pensando en papá, que no sospechaba nada. Había ido a visitar a unos ancianos al hospicio judío. La espera, la tensión, el calor, todo eso nos hizo callar.

De repente, llamaron.

—Es Harry —dije yo.

—No abras —dijo Margot, reteniéndome.

Pero no era necesario. Oímos a mamá y al señor Van Daan que hablaban con Harry antes de entrar y que luego cerraban la puerta detrás de ellos. A cada llamada de timbre, Margot o yo bajábamos muy sigilosamente, para ver si era papá. Nadie más debía ser recibido.

Van Daan quería hablar a solas con mamá, y Margot y yo nos vimos obligadas a dejar la habitación. En nuestro dormitorio, Margot me confesó que la citación no era para papá, sino para ella misma. Asustada de nuevo, empecé a llorar. Margot tiene dieciséis años. ¡Quieren, pues, dejar ir solas a muchachas de su edad! Afortunadamente, como mamá ha dicho, no irá. Papá, al hablarme de nuestro escondite, sin duda hacía alusión a esta eventualidad. Ocultarse... ¿Adónde iríamos a ocultarnos? ¿En la ciudad, en el campo, en una casa, en una choza, cuándo, cómo, dónde...? Yo no podía formular estas preguntas que iban acudiéndome una a una. Margot y yo nos pusimos a embalar lo estrictamente necesario en nuestras maletas. Empecé por meter dentro este cuaderno, en seguida mis rizadoras, mis pañuelos, mis libros de clase, mis peines, viejas cartas. Estaba obsesionada por la idea de nuestro escondite, y embalé las cosas más inconcebibles. No lo lamento, porque me interesan más los recuerdos que mis vestidos.

Por fin, a las cinco, papá regresó. Telefoneamos al señor Koophuis para preguntarle si podía venir a casa esa misma noche. Van Daan partió en busca de Miep. Miep está empleada en las oficinas de papá desde 1933, y es nuestra gran amiga, lo mismo que Henk, su flamante esposo. Miep vino para llevarse una maleta llena de zapatos, de vestidos, de abrigos, de medias, de ropa interior, prometiendo volver por la noche. Luego se hizo la calma en nuestra vivienda. Ninguno de nosotros cuatro tenía ganas de comer, hacía calor y todo parecía extraño. Nuestra gran sala del primer piso había sido subalquilada a un tal señor Goudsmit, hombre divorciado, que pasaba de los treinta, que al parecer no tenía nada que hacer esa noche, porque no logramos librarnos de él antes de las diez; todas las buenas palabras para hacerle marchar antes habían resultado vanas. Miep y Henk van Santen llegaron a las once, para volver a irse a media noche con medias, zapatos, libros y ropa interior, todo metido en una maleta de Miep y en los bolsillos profundos de Henk. Yo estaba extenuada y, aun dándome cuenta de que era la última noche que iba a pasar en mi cama, me dormí inmediatamente. A la mañana siguiente, a las cinco y media, mamá me despertó. Por suerte, hacía un poco más de fresco que el domingo, gracias a una lluvia tibia que iba a persistir todo el día. Cada uno de nosotros se había vestido como para una expedición al Polo Norte, a fin de llevarse todas las ropas posibles. Ningún judío, en estas circunstancias, hubiera podido permitirse salir de su casa con una valija llena. Yo llevaba puestas dos camisas, tres calzones, un vestido, encima una falda, una chaqueta, un abrigo de verano, dos pares de medias, zapatos cerrados, una boina, una bufanda y otras cosas más. Me ahogaba antes de partir, pero nadie se preocupaba de eso.

Margot, con su cartera llena de libros de clase, había sacado su bicicleta del depósito para seguir a Miep hacia el destino lejano y desconocido de nosotras dos. Yo seguía sin saber dónde quedaba el lugar misterioso de nuestro refugio. A las siete y media, cerramos la puerta de nuestra casa. El único ser viviente al que pude decir adiós fue Morito, mi gatito, que iba a encontrar buena guarida en casa de unos vecinos, según nuestras últimas instrucciones en una breve carta al señor Goudsmit.

Dejamos en la cocina una libra de carne para el gato y la vajilla del desayuno; quitamos de las camas sábanas y frazadas, todo lo cual debía dar la impresión de una partida precipitada. Pero, ¿qué nos importaban las impresiones? Teníamos que irnos a todo trance, y se trataba de llegar a buen puerto. Todo lo demás no contaba ya para nosotros. La continuación, mañana.

Tuya.   ANA

Jueves, 9 de julio de 1942.

Querida Kitty:

Nos pusimos en camino bajo una lluvia tupida, papá y mamá llevando cada cual una bolsa de provisiones llena de Dios sabe qué, y yo con mi cartera repleta a reventar

Los obreros matinales nos miraban compasivamente; sus rostros expresaban el pesar de no poder ofrecernos un medio de transporte cualquiera; nuestra estrella amarilla era suficientemente elocuente.

Durante el trayecto, papá y mamá me revelaban a migajas y pedazos toda la historia de nuestro escondite. Desde hacía varios meses, habían hecho transportar, pieza por pieza, una parte de nuestros muebles, lo mismo que ropa de casa y parte de nuestra indumentaria; la fecha prevista de nuestra desaparición voluntaria había sido fijada para el 16 de julio. A raíz de la citación, hubo que adelantar diez días nuestra partida, de manera que íbamos a contentarnos con una instalación más bien rudimentaria. El escondite estaba en el inmueble de las oficinas de papá. Es un poco difícil comprender cuando no se conocen las circunstancias; por eso, tengo que dar explicaciones. El personal de papá no era numeroso: los señores Kraler y Koophuis, luego Miep, y por último Elli Vossen, la taqui-dactilógrafa de veintitrés años; todos los cuales estaban al corriente de nuestra llegada. El señor Vossen, padre de Elli, y los dos hombres que le secundaban en el depósito no habían sido puestos al corriente de nuestro secreto.

El edificio está constituido de la siguiente manera: en el entresuelo, un gran almacén que sirve igualmente de depósito. Al lado de la puerta del almacén está la puerta de entrada de la casa, detrás de la cual una segunda puerta de acceso a una escalerita. Subiendo esta escalera, se llega ante una puerta, a medias de vidrio esmerilado, en el que antes se leía *Escritorio* en letras negras. Es el escritorio que da al canal; es muy grande, muy claro, con archivos en las paredes, y ocupado por un personal actualmente reducido a tres: es ahí donde trabajan, durante el día, Elli, Miep y el señor Koophuis. Atravesando una especie de vestuario, donde hay un cofre y un gran armario que contiene las reservas de papeles, sobres, etcétera, se llega a la habitacioncita bastante oscura que da al patio; antes era la oficina del señor Kraler y del señor Van Daan, y ahora es el reino del primero. Además, puede llegarse a la oficina del señor Kraler por una puerta de vidrios al final del vestuario, que se abre desde el interior de la oficina y no desde afuera.

Por la otra salida de la oficina del señor Kraler hay un corredor estrecho, y se pasa en seguida por delante de la carbonera y, subiendo cuatro escalones, se llega al fin al digno santuario, orgullo del inmueble, en cuya puerta se lee: *Privado*. Allí se ven muebles oscuros e imponentes, el linóleo cubierto de algunas hermosas alfombras, una lámpara magnífica, un aparato de radio, todo de primer orden. Al lado de esta habitación, una gran cocina espaciosa, con un fogón a gas de dos hornillas y una pequeña caldera para baño. Al lado de la cocina, el W.C. Ese es el primer piso.

Por el corredor del entresuelo se puede subir una escalera de madera blanca, al cabo de la cual hay un rellano que forma también corredor. Allí se ven puertas a derecha e izquierda; las de la izquierda llevan al frente de la casa; grandes habitaciones que sirven de depósito y almacén, con un granero y un desván adelante. Puede llegarse también a las habitaciones delanteras por la segunda puerta de entrada, trepando por una escalera que casi es una escala, bien holandesa, como para quebrarse brazos y piernas.

La puerta de la derecha lleva al Anexo, que da a los jardines. Nadie en el mundo sospecharía que esta simple puerta pintada de gris disimula tantas habitaciones. Se llega a la puerta de entrada subiendo algunos peldaños; al abrirla, se entra en el Anexo.

Frente a esta puerta de entrada, una escalera empinada; a la izquierda, un corredorcito que lleva a una habitación que se ha transformado en el hogar de la familia así como en la alcoba del señor y la señora Frank; al lado, un cuarto más chico, transformado en

estudio y alcoba de la señorita Frank. A la derecha de la escalera hay
una habitación sin ventana con mesa de tocador para las abluciones;
hay también un pequeño reducto donde se ha instalado el W.C.; lo mismo
que una puerta con acceso al dormitorio que yo comparto con Margot.
Al abrir la puerta del rellano del segundo piso, sorprende encontrar
tanto espacio y tanta luz en el Anexo de una casa tan vieja: las casas
que bordean los canales de Amsterdam son las más antiguas de la
ciudad. Esta gran habitación, equipada con una hornilla a gas y un
fregadero, que hasta ahora sirviera de laboratorio, está destinada a ser
el dormitorio de los esposos Van Daan, así como cocina, sala, comedor,
estudio o taller.
Un cuartito pegado al corredor servirá de alcoba para Peter Van
Daan. Hay un granero y un desván exactamente como en la casa del
frente. ¡Eso es todo! Tengo el honor de recibirte en nuestro suntuoso
Anexo.

Tuya.   ANA

Viernes, 10 de julio de 1942.

Querida Kitty:
He debido aburrirte en serio con esa larga y fastidiosa descripción
de nuestra nueva vivienda, pero le concedo la máxima importancia a
que tú sepas dónde he caído.
Ahora, la continuación de mi relato, porque, claro, no había
terminado. Tan pronto como llegamos a la casa sobre el Prinsengracht,
Miep nos hizo subir al Anexo. Cerró la puerta detrás de nosotros;
estábamos solos. Llegada en bicicleta antes que nosotros, Margot nos
aguardaba ya. Nuestra gran habitación y todas las otras se encontraban
en un desorden inimaginable. Todas las cajas, trasladadas al escritorio en el transcurso de los meses precedentes, yacían en el suelo,
sobre las camas, por todas partes. En el cuartito, ropa de cama, frazadas,
etcétera, se apilaban hasta el techo. Había que arremangarse y ponerse
a la faena inmediatamente, si queríamos dormir esa noche en lechos
decentes. Ni mamá ni Margot se hallaban en condiciones de levantar
el dedo meñique; se dejaron caer sobre los colchones, agotadas,
desdichadas, y suma y sigue. Mientras que papá y yo, los únicos
ordenados de la familia, opinábamos que había que ocuparse de eso,
y en seguida.
De la mañana a la noche, estuvimos vaciando cajas, arreglando
los armarios, poniendo orden, para por fin caer muertos de fatiga en

camas bien hechas y bien limpias. No habíamos comido caliente durante el día, cosa que no nos había molestado en lo más mínimo; mamá y Margot estaban demasiado cansadas y demasiado deprimidas para comer, y tanto papá como yo teníamos demasiado que hacer.

El martes por la mañana reanudamos el trabajo inacabado. Elly y Miep, que se ocupan de nuestro aprovisionamiento, habían ido a buscar nuestras raciones. Papá se puso a perfeccionar el *camouflage* de las luces para la defensa pasiva; fregamos y lavamos el piso de la cocina. Hasta el miércoles, no tuve un minuto para pensar en la convulsión que, de la noche a la mañana, cambiaba completamente mi vida. Por fin, he encontrado un momento de tregua para contarte todo eso y para darme cuenta también de lo que me ha sucedido y de lo que puede suceder todavía.

Tuya.   ANA

Sábado, 11 de julio de 1942.

Querida Kitty:

Ni papá, ni mamá, ni Margot son capaces de habituarse al carillón de la Westertoren, que suena cada cuarto de hora. Por mi parte, yo lo he encontrado en seguida maravilloso, sobre todo de noche, cuando su sonido familiar da aliento. ¿Te interesa quizá saber si me gusta mi escondite? Debo decirte que yo misma no lo sé aún. Creo firmemente que nunca podré considerarme en mi hogar en esta casa, lo que no significa que aquí me sienta desgraciada. Tengo más bien la impresión de que estoy pasando un período de vacaciones en una pensión muy curiosa. Tal opinión a propósito de un escondite puede parecerte extraña, pero yo no la veo de otra manera. Nuestro Anexo es ideal como refugio. Aunque húmedo y estrambótico, es un lugar suficientemente confortable, y único en su género, que sería inútil querer encontrar en el resto de Amsterdam y quizá en toda Holanda.

Nuestro dormitorio, con sus paredes lisas, parecía desnudo; gracias a papá que, con antelación, ya había traído todas mis fotos de artistas de cine y mis postales, pude ponerme a la obra con cola y pinceles, y he transformado mi cuarto en una amplia ilustración. Queda mucho más alegre, y cuando lleguen los Van Daan, veremos lo que se puede hacer con la madera del granero; quizá se pueda sacar de ella anaqueles, vasares y otras lindas chucherías.

Mamá y Margot se han repuesto un poco. Ayer, por primera vez, a mamá se le ocurrió hacer sopa de porotos, pero, charla que te charla, se olvidó de ella, a tal punto que fue imposible arrancar de la cacerola los porotos carbonizados. El señor Koophuis me ha traído un libro, *Boek voor de Juegd.* Anoche, los cuatro fuimos a la oficina privada para oír la radio de Londres. Yo estaba tan preocupada, pensando que alguien pudiera oírla, que literalmente supliqué a papá que volviéramos arriba al Anexo. Comprendiendo mi angustia, mamá subió conmigo. También por otras cosas, tenemos mucho miedo de ser oídos o vistos por los vecinos. Hemos hecho las cortinas el primer día de nuestra llegada. No son cortinas propiamente dichas, compuestas como están de retazos de tela, ninguno de los cuales es igual al otro, no de forma, no de color, ni de clase, ni de diseño. Papá y yo cosimos esos retazos con la torpeza de los profanos en el oficio. Estos ornamentos abigarrados han sido sujetos con chinches a las ventanas, y ahí quedarán hasta el fin de nuestra permanencia.

El edificio de la derecha está ocupado por una gran casa mayorista, el de la izquierda por un fabricante de muebles. ¿Podrían oírnos? Nadie se queda en esos inmuebles después de las horas de trabajo, pero no hay que fiarse. Hemos prohibido a Margot que tosa de noche, aunque ha atrapado un fuerte resfriado, y la atiborramos con codeína.

Me regocija la llegada de los Van Daan, fijada para el martes; estaremos en mayor número, será más alegre, y habrá menos silencio. Es sobre todo el silencio lo que me crispa por la tarde y por la noche. Daría no sé qué porque uno de nuestros protectores viniera a dormir aquí.

Me siento oprimida, indeciblemente oprimida por el hecho de no poder salir nunca, y tengo muchísimo miedo de que seamos descubiertos y fusilados. He ahí, naturalmente, una perspectiva menos regocijante.

Durante el día, estamos obligados a caminar despacio y a hablar despacio, para que no nos oigan en el almacén. Me llaman.

Tuya.

ANA

Viernes, 14 de agosto de 1942.

Querida Kitty:

Hace un mes que te dejé, pero en verdad no había bastantes novedades para contarte, cada día, algo divertido. Los Van Daan llegaron el 13 de julio. Los esperábamos para el 14, pero como los alemanes habían empezado a inquietar a una cantidad de gente entre el 13 y el 16, con citaciones a diestra y siniestra, los Van Daan prefirieron llegar un día antes, para mayor seguridad. El primero en aparecer a las nueve y media de la mañana, cuando todavía estábamos desayunando, fue Peter, el hijo de los Van Daan, que acababa de cumplir dieciséis años. Es un gran diablo bastante fastidioso y tímido, que trajo consigo a su gato, Mouschi. No espero gran cosa de él, como compañero. El señor y la señora llegaron media hora más tarde. La señora provocó nuestra hilaridad al sacar de su sombrerera un gran orinal.

—Sin orinal, en ninguna parte me siento en mi propia casa —declaró.

Era el primer objeto que encontraba su sitio fijo, debajo del diván-cama. El señor no había traído orinal, sino su mesa plegadiza para el té.

Los tres primeros días, hicimos todas las comidas juntos en una atmósfera de cordialidad. Después de estos tres días, todos sabíamos que nos habíamos transformado en una sola gran familia. Era evidente que, habiendo formado aún parte durante toda la semana de los habitantes del mundo exterior, los Van Daan tenían muchas cosas que contarnos. Entre otras, lo que nos interesaba prodigiosamente, era saber qué había sido de nuestra casa y del señor Goudsmit.

El señor Van Daan habló:

—«El lunes por la mañana, el señor Goudsmit me telefoneó para preguntar si podía pasar por su casa, cosa que hice inmediatamente. Estaba muy nervioso. Me mostró una cartita dejada por los Frank y me preguntó si había que llevar el gato a casa de los vecinos. Yo dije que, desde luego, sí. El señor Goudsmit temía una investigación, y por eso examinamos *grosso modo* todas las habitaciones, poniendo en ellas un poco de orden; también desembarazamos la mesa.

«De pronto, observé sobre el escritorio de la señora Frank un anotador en el cual estaba escrita una dirección de Maestricht. Aun sabiendo que la había dejado intencionalmente, simulé sorpresa y susto, rogando al señor Goudsmit que quemara aquel maldito papel sin tardanza.

«Mantuve durante todo el tiempo que yo ignoraba todo de la desaparición de ustedes, y, después, de haber visto aquel trozo de papel, se me ocurrió una cosa.

«—Señor Goudsmit —dije—, me parece recordar algo que podría tener relación con esta dirección. Recuerdo de pronto que un oficial de jerarquía se presentó un día en la oficina, hace alrededor de seis meses. Aquel oficial estaba afectado a la región de Maestricht, y parecía ser un amigo de la juventud del señor Frank, a quien había prometido ayuda y protección en caso necesario.

«Dije que, según todas las probabilidades, aquel oficial había debido mantener su palabra, facilitando de una u otra manera el paso de la familia Frank a Suiza, a través de Bélgica: Le recomendé que contara eso a los amigos de los Frank que pidieran noticias de ellos, aunque sin hablar necesariamente de Maestricht.

«En seguida, me marché. La mayoría de los amigos de ustedes han sido puestos al corriente. Lo he sabido por diversos conductos.»

Nosotros encontramos esta historia muy divertida, y nos reímos aún más de la fuerza de imaginación de la gente, de la que nos daban prueba otros relatos del señor Van Daan. Así, hubo quien nos vio, al alba, los cuatro en bicicleta; y una señora que pretendía saber a ciencia cierta que habíamos sido metidos en un auto militar en plena noche.

Tuya. ANA

Viernes, 21 de agosto de 1942.

Querida Kitty:

Nuestro «escondite» puede, de ahora en adelante, pretender ese nombre. El señor Kraler era del parecer de colocar un armario delante de nuestra puerta de entrada (hay muchas requisas debido a las bicicletas ocultas), pero, entonces, un armario giratorio que se abriera como una puerta.

El señor Vossen se ha esforzado como ebanista para la fabricación de este hallazgo. Entretanto, fue puesto al corriente de las siete pobres almas ocultas en el Anexo, y se muestra servicial a más no poder. En este momento, para poder llegar a las oficinas, hay que encorvarse primero y luego saltar, porque los peldaños han desaparecido. Al cabo de tres días, cada frente estaba adornada de un bonito chichón, porque chocábamos ciegamente contra la puerta baja. Por eso, en el reborde se ha puesto un paragolpes; una bolsita rellena de virutas. ¡Veremos cómo resulta eso!

No hago gran cosa en materia de estudios; he decidido estar de vacaciones hasta septiembre. Luego, papá será mi profesor, pues temo haber olvidado mucho de cuanto aprendí en la escuela.

No hay que contar con cambios en nuestra vida. No me entiendo en absoluto con el señor Van Daan; en cambio, él quiere mucho a Margot. Mamá me trata a veces como a una criatura, lo que me parece insoportable. Fuera de eso, no vamos mal. Peter no gana con que se le conozca: es un fastidioso, un haragán tendido en la cama todo el día; a veces juega a que trabaja, se las da de carpintero, y luego vuelve a ser el mismo asno. ¡Qué imbécil!

Hace buen tiempo afuera, y hace calor. A pesar de todo, aprovechamos en lo posible regodeándonos en la cama-jaula del granero, por donde el sol entra a chorros a través de la ventana abierta.

Tuya.   ANA

Viernes, 2 de septiembre de 1942.

Querida Kitty:

El señor y la señora Van Daan han reñido de manera inaudita. Nunca había oído cosas semejantes, porque papá y mamá no pensarían jamás gritar así al hablarse. La causa: una verdadera insignificancia, por la que no valía la pena acalorarse. ¿Qué quieres?, cada cual tiene sus gustos.

Resulta naturalmente menos divertido en cuanto a Peter, que está siempre enquistado entre el uno y el otro. Pero, perezoso como es, y regalón por añadidura, nadie le toma en serio. Ayer estaba insoportable porque tenía la lengua azul en lugar de roja; desde luego, esta singularidad desapareció en un abrir y cerrar de ojos. Hoy sufre de tortícolis y se pasea con una bufanda anudada al cuello; el caballero se queja también de lumbago. Él entiende de eso, porque se trata de dolores entre el corazón, los riñones y los pulmones. Es un verdadero hipocondríaco (es esa la palabra, ¿verdad?).

Entre mamá y la señora Van Daan, hay bastantes desinteligencias; existen, desde luego, razones para quejarse. Te daré un ejemplo: la señora Van Daan ha retirado del armario donde se encuentra nuestra ropa en común todas las sábanas, con excepción de tres. Ella juzga natural que la ropa de mamá deba servir para todo mundo. Se va a sentir muy decepcionada cuando compruebe que mamá ha seguido su ejemplo.

Además —por más que la señora refunfuñe— nos servimos de su juego de mesa y no del nuestro para la comunidad. Ella trata por todos los medios de saber qué hemos hecho de nuestros platos, que no están lejos y hasta mucho más cerca de lo que ella supone: están en el granero, alineados en cajas de cartón, detrás de un montón de cartapacios. Los platos son inhallables, y huelga decir que tomamos precauciones para que nos alcancen durante nuestra permanencia aquí.

A mí, por ejemplo, me suceden a cada momento accidentes; ayer, dejé caer un plato sopero perteneciente a la señora; se hizo trizas.

—¡Oh! —exclamó ella furiosa—. ¿Es que no puedes tener más cuidado? Es todo lo que poseo.

En estos últimos días, el señor Van Daan me prodiga pequeñas amabilidades. Si eso le agrada... Esta mañana, mamá ha vuelto a abrumarme con sus sermones; eso me horripila. Nuestras opiniones están exactamente en las antípodas. Papá es blando, aunque a veces llegue a enfadarse conmigo durante cinco minutos.

La semana pasada, nuestra vida monótona fue interrumpida por un pequeño incidente: se trataba de Peter y de un libro sobre las mujeres. A título de información, se permite a Margot y a Peter leer casi todos los libros que nos presta el señor Koophuis. Pero se juzgaba que un libro sobre un tema tan especial tenía que quedar en las manos de las personas mayores. Ello bastó para despertar la curiosidad de Peter: ¿qué podía haber de prohibido en aquel libro? A hurtadillas, se lo sustrajo a su madre, mientras ella charlaba con nosotros, y escapó al desván con su botín. Eso anduvo bien durante varios días. La señora Van Daan había observado los manejos de su retoño, pero no se lo decía a su marido; hasta que éste lo olfateó por sí solo. ¡Cómo se encolerizó! Al recuperar el libro, creyó la cuestión terminada. Mas no contaba con la curiosidad de su hijo, que no se dejó intimidar, en lo más mínimo, por la firmeza del padre.

Peter trataba por todos los medios de leer hasta el fin aquel volumen tan interesante. Entretanto, la señora Van Daan había venido a pedirle su opinión a mamá. Mamá juzgaba que, en efecto, aquel libro no era adecuado para Margot, aun cuando la mayoría de los otros no le concedía la razón.

—Hay una gran diferencia, señora Van Daan —dijo mamá—, una enorme diferencia entre Margot y Peter. Ante todo, Margot es una muchacha, y las muchachas están siempre más adelantadas que los muchachos. Además, Margot ya ha leído muchos libros para mayores y no abusa de las lecturas prohibidas; y, por último, Margot es más avispada y más inteligente, con su experiencia de cuatro años de liceo.

La señora estaba completamente de acuerdo con mamá, aunque no aceptaba el conceder los libros de adultos a los jóvenes.

Lo cierto es que Peter acechaba los momentos propicios para apoderarse del libraco, cuando nadie lo pensaba. La otra tarde, a las siete y media, cuando todo el mundo escuchaba la radio en la oficina privada, él se llevó su tesoro al desván. Hubiera debido bajar de allí a las ocho y media, pero el libro era tan interesante que no prestó atención a la hora, y apareció en el momento en que su padre regresaba a su habitación. ¡Adivinas la segunda parte! Un pescozón, una bofeteada, un golpe. En el espacio de un minuto, el libro estaba sobre la mesa, y Peter en el desván. Esas eran las circunstancias en el momento de cenar. Peter se quedaba donde estaba, nadie se preocupaba de él; había sido castigado. La comida prosiguió, todo el mundo estaba de buen humor, se charlaba, se reía. De pronto, un silbido agudo nos hizo palidecer. Todos dejaron cuchillos y tenedores y se miraron con espanto. Y, en seguida, oyóse la voz de Peter gritando por el caño de la estufa:

—Si creen ustedes que voy a bajar, se equivocan.

El señor Van Daan tuvo un sobresalto, tiró su servilleta y, con el rostro hecho fuego, rugió:

—¡Basta! ¿Me oyes?

Temiendo una gresca, papá le tomó del brazo y le siguió al desván. Nuevos golpes, una disputa, Peter volvió a su cuarto, hubo un portazo, y los señores regresaron a la mesa. La señora hubiera querido guardar un sandwich para su querido vástago, pero el señor era inflexible.

—Si no se disculpa inmediatamente, le obligaré a pasarse la noche en el desván.

Surgieron las protestas, diciendo que privarle de cenar era ya suficiente castigo. Y si Peter se resfriaba, ¿adónde irían a buscar un médico?

Peter no se disculpó y volvió al desván. El señor Van Daan resolvió no ocuparse más del asunto; sin embargo, a la mañana siguiente pudo comprobar que su hijo había dormido en su cama. Lo que no impidió que, a las siete, volviera a subir al desván. Fueron menester las persuasiones amistosas de papá para hacerle bajar. Durante tres días, miradas de enojo, silencio obstinado; luego todo volvió a entrar en caja.

Tuya.   ANA

Lunes, 21 de septiembre de 1942.

Querida Kitty:

Hoy me limito a las noticias corrientes del Anexo. La señora Van Daan es insoportable: yo me dejo atrapar sin cesar, debido a mi verborrea sin fin. Ella no pierde nunca ocasión de sacudirnos los nervios. Su última manía es la de evitar el lavado de las cacerolas; las pequeñas sobras que encuentra, las deja dentro, en lugar de ponerlas en un plato de vidrio como nosotros solemos hacer, y todo eso se estropea. Y cuando a Margot le toca el turno de lavar las vajillas y encuentra siete utensilios para fregar, la señora le dice, despreocupadamente:

—¡Margot, Margot, tienes trabajo!

Papá me ayuda a establecer nuestro árbol genealógico paterno. Sobre cada cual me cuenta una breve historia, y eso me interesa prodigiosamente.

El señor Koophuis me trae libros cada quince días. Me entusiasma la serie *Joop ter Heul*. Todo cuanto escribe Cissy van Marxveldt me gusta sobremanera. He leído *Een Zomerzotheid* por lo menos cuatro veces; y las situaciones burlescas siguen haciendo reír.

He reanudado mis estudios. Me esfuerzo mucho con el francés, y cada día almaceno cinco verbos irregulares. Peter la ha emprendido con el inglés, con enormes suspiros. Acaban de llegar algunos libros de clase. Yo había traído una provisión de cuadernos, de lápices, de gomas y de etiquetas. Escucho a veces a la Holanda de ultramar. El príncipe Bernardo acaba de hablar. Tendrá otro hijo alrededor de enero, ha dicho. Me he alegrado. Aquí se sorprenden de que yo sea tan monárquica.

Hace algunos días, los mayores juzgaban que, al fin y al cabo, yo era bastante tonta. Aquel mismo día, tomé la firme resolución de ponerme inmediatamente al trabajo. No tengo la menor gana de volver a encontrarme en la misma clase a los catorce o quince años.

En seguida, se habló de libros, pero casi todos los libros de los mayores me están vedados. Mamá lee en este momento *Heeren, Vrouwen en Knechten*, que Margot tiene el derecho de leer, pero no yo; primero, tendré que tener mayor experiencia, como mi ilustre hermana. Se ha hablado también de mi ignorancia; yo lo ignoro todo de la filosofía, de la fisiología y de la psicología. Quizá sea menos ignorante el año próximo. Acabo de copiar del diccionario estas difíciles palabras.

Compruebo una cosa desastrosa: no tengo más que un vestido de mangas largas y tres chaquetillas para el invierno. Papá me ha permitido tejer un pullover blanco con lana de oveja; la lana no es muy bonita, cierto, pero su calor será una compensación. Tenemos más ropas nuestras en casa de otras personas; lástima que no podamos ir a buscarlas antes de que termine la guerra, y, aun así, quién sabe si nos las reservarán.

Hace un momento, apenas yo terminaba de escribir sobre la señora Van Daan, ella tuvo la ocurrencia de entrar en la habitación. ¡Tac! *Diario* cerrado.

—¿Qué, Ana? ¿No me permites ver tu *Diario*?

—No, señora.

—¡Vamos! ¿Ni siquiera la última página?

—No, señora, ni siquiera la última página.

Me ha dado un buen susto. En esa página ella no aparecía verdaderamente fotogénica.

Tuya.   ANA

Viernes, 25 de septiembre de 1942.

Querida Kitty:

Ayer estuve «de visita» en casa de los Van Daan para charlar un poco; eso me ocurre de vez en cuando. A veces se pasa allí un momento agradable. Entonces, se comen bizcochos antipolillas (la caja de lata es guardada en la alacena que huele a alcanfor), y bebemos limonada.

Se ha hablado de Peter. Yo he dicho que Peter me acariciaba a menudo la mejilla, que a mí, eso, me parecía insoportable, y que me desagradaban tales demostraciones.

Con entonación paterna, ellos me preguntaron si, en realidad, yo no podía encariñarme con Pe   ʔorque, según ellos, él me quería mucho. «¡Oh, Dios mío!», pe..se, y dije:

—¡Oh, no!

Dije también que encontraba a Peter un poco torpe y tímido, como todos los muchachos que no estaban acostumbrados a ver a muchachas.

Debo decir que el comité de nuestros protectores, hablo de los señores, se demuestra bastante ingenioso. Escucha lo que han inventado para dar noticias nuestras al apoderado de la Travies, el señor Van Dijck, que es responsable de las mercancías clandestinas y que es amigo nuestro. Nuestros protectores expiden una carta mecanografiada a un farmacéutico, cliente de la casa, que vive en la Zelandia meridional; éste encuentra en su carta un sobre escrito por papá; el farmacéutico se sirve entonces de este sobre para enviar su respuesta. Tan pronto como llega, nuestros protectores substituyen la carta del farmacéutico con una frase preparada por papá, dando señales de vida; la carta de papá, que ellos enseñan entonces al señor Van Dijck, parece haber pasado de contrabando por Bélgica y mandada vía Zelandia; éste puede leerla sin sospechar de la treta. Se ha elegido la Zelandia porque es limítrofe de Bélgica, donde el contrabando es cosa corriente, y, además, porque no se puede ir allí sin permiso especial.

Tuya.   ANA

Domingo, 27 de septiembre de 1942.

Querida Kitty:

Mamá se la toma de nuevo conmigo, en estos últimos tiempos; lo siento, pero no nos entendemos muy bien. Con Margot tampoco marchan las cosas. Entre nosotros no hay los estallidos que oímos a veces en casa de nuestros vecinos de arriba; con todo, no es agradable para mí, ni mucho menos. Estas dos naturalezas, las de mamá y de Margot, me son totalmente extrañas. Yo llegaba a comprender mejor a mis amigas que a mi propia madre. ¡Es una lástima!

La señora Van Daan, está, una vez más, de un mal humor aplastante; es muy caprichosa, y guarda lo suyo bajo llave cada vez con mayor encarnizamiento. Mamá podría responder a la desaparición de un objeto Frank con la de un objeto Van Daan. Así aprendería.

Hay personas que se complacen en educar no solamente a sus propios hijos, sino también a los ajenos. Los Van Daan pertenecen a esta categoría. No se ocupan de Margot: ¡ella es la cordura, la delicadeza y la inteligencia personificadas! Pero los mayores necesitan absolutamente alguien que sea disipado e insoportable, y, claro, yo me transformo en el chivo expiatorio. Por eso, lo que no reace sobre Margot recae automáticamente sobre mí. Más de una vez sucede que, a la mesa, las palabras de censura y las respuestas insolentes hagan fuego. Papá y mamá me defienden calurosamente; sin ellos, yo no podría sostener esta lucha y mantener algún amor propio. Aunque mis padres no cesen de reprocharme mi cotorreo, recomendándome que no me entrometa en nada y que sea más modesta, fracaso con más frecuencia que lo consigo. Y si papá no exteriorizase tanta paciencia conmigo, hace tiempo que yo habría abandonado toda esperanza de poder satisfacer a mis padres, cuyas exigencias, sin embargo, no son a tal punto difíciles de atender.

Si se me ocurre servirme pocas legumbres y tomar más papas, los Van Daan, sobre todo la señora, se sublevan: dicen que estoy demasiado mimada.

—Vamos, Ana, un poco más de legumbres.

—No, señora, gracias —digo yo—; las papas me bastan.

—Las legumbres verdes son buenas para la salud. Tu madre lo dice también. Vamos, un poco más —insiste ella, hasta que papá interviene para aprobar mi negativa.

Entonces, la señora estalla:

—¡Había que ver lo que sucedía en nuestra casa! ¡En nuestra casa, por lo menos, sabíamos educar a los hijos! ¡Llaman ustedes educación a eso! Ana está terriblemente consentida. Yo no lo permitiría nunca, si Ana fuera mi hija... Es siempre el comienzo y el final de sus peroratas: «Si Ana fuera hija mía...» Afortunadamente, no lo soy.

Volviendo a este tema de la educación, un silencio siguió a las últimas palabras de la señora. Luego, papá repuso:

—Yo considero que Ana está muy bien educada. Hasta ha aprendido a no contestar a sus largos sermones. En cuanto a las legumbres, ese reproche, viniendo de usted, está particularmente fuera de lugar.

La señora estaba derrotada, ¡y cómo! Por «reproche fuera de lugar», papá aludía a la porción mínima de legumbres que ella misma se servía. La señora se cree con el derecho de cuidarse un poco, porque sufre del estómago: se sentiría molesta si comiera demasiadas legumbres antes de acostarse. De cualquier modo, que me deje en paz y cierre el pico. Es gracioso verla enojarse por cualquier pretexto. Yo no, y eso desde luego la horripila, aunque se lo guarde para sí.

Tuya.   ANA

Lunes, 28 de septiembre de 1942.

Querida Kitty:

Mi carta de ayer estaba lejos de haber terminado, pero me vi obligada a cesar. No puedo contenerme, de ponerte al corriente de una nueva desinteligencia, pero, antes, otra cosa:

Juzgo muy extraño que las personas mayores regañen tan fácilmente por cualquier minucia; hasta aquí, yo estaba persuadida de que eso de pelearse era una costumbre de niños, de la que cada cual se libraba con la edad. Puede producirse una «verdadera» disputa, por una razón seria, pero las palabras ofensivas proferidas constantemente aquí no tienen ninguna razón de ser y están ahora a la orden del día; a la larga, tendría que habituarme a ello. Ahora bien, no es el caso, y no me habituaré nunca mientras esas discusiones (utilizan esta palabra en lugar de «disputa») se produzcan por mi causa. Ellos no me reconocen ninguna cualidad, yo no tengo nada de bueno, estrictamente nada: mi apariencia, mi carácter, mis maneras están condenados uno detrás de otro, y minuciosamente criticados, a juzgar por sus discusiones interminables. Pero hay algo a que nunca estuve acostumbrada: son esos gritos esas palabras duras que estoy obligada a absorber poniendo buena cara. ¡Es superior a mis fuerzas! Eso no puede durar. Me niego a soportar todas esas humillaciones. Les demostraré que Ana Frank no nació ayer; y cuando les diga, de una vez por todas, que comiencen por cuidar su propia educación antes de ocuparse de la mía, no podrán reaccionar y terminarán de una vez por cerrar el pico. ¡Qué maneras! ¡Son unos bárbaros! Cada vez que eso ocurre, quedo desconcertada ante semejante desenfado y, sobre todo... ante semejante estupidez (la señora Van Daan); pero tan pronto como me recobre —y no ha de tardar—, les contestaré «tac-tac» y sin vueltas. ¡Así cambiará la música! ¿Es que en realidad estoy tan mal educada? ¿Soy tan pretenciosa, tan terca, tan insolente, tan tonta, tan perezosa, etcétera, como ellos pretenden? ¡Oh!, ya sé que tengo muchos defectos, pero ellos exageran. ¡Si supieras, Kitty, cómo me hacen hervir la sangre esas injurias y esos insultos! Pero no será por mucho tiempo más. ¡Mi rabia no va a tardar en estallar!

Basta ya. Te he fastidiado bastante con mis disputas. Sin embargo, hubo una conversación muy interesante en la mesa, y tengo ganas de contártela.

Ya no recuerdo cómo, pero se terminó por hablar de la modestia legendaria de Pim (Pim es el apodo que se da a papá). Las personas más idiotas no podrían discutir este hecho. De pronto, la señora, que no puede seguir una conversación sin aplicarla a sí misma, dijo:

—Yo también soy modesta, y mucho más que mi marido.

¡Qué descaro! ¡Sólo con decirlo demuestra su inmodestia! El señor Van Daan, que juzgaba necesario aclarar el «mucho más que mi marido», contestó, muy tranquilo:

—Yo no me empeño en ser modesto. Sé por experiencia que las personas modestas no van muy lejos en la vida.

Y, volviéndose hacia mí:

—Nunca seas modesta, Ana. ¡Eso no te ayudará para nada!

Mamá aprobó este punto de vista. Pero la señora Van Daan tenía, naturalmente, que decir su palabra sobre un tema tan interesante como la educación. Esta vez se dirigió, no directamente a mí, sino a mis padres:

—Ustedes tiene un concepto singular de la vida, al decirle a Ana una cosa semejante. En mi juventud... Pero, ¡ah, qué diferencia! Y estoy segura de que, en nuestros días, esa diferencia existe todavía, salvo en las familias modernas como la de ustedes.

Estas últimas palabras estaban destinadas al método moderno de la educación, repetidas veces proclamado por mamá.

La señora se había puesto roja de emoción; mamá, en cambio, permanecía impasible. La persona que enrojece es arrastrada de más en más por sus emociones y corre el riesgo de perder más pronto la partida. Mamá, con las mejillas pálidas, quiso zanjar esta cuestión lo más rápidamente posible, y apenas si reflexionó, antes de responder:

—Señora Van Daan, yo opino, efectivamente, que es preferible ser un poco menos modesta en la vida. Mi marido, Margot y Peter, los tres son demasiado modestos. Su marido, Ana, usted y yo, no somos lo que se puede decir modestos, pero no nos dejamos atropellar.

Señora. —Querida señora, no lo comprendo. Yo soy verdaderamente la modestia personificada. ¿Qué es lo que le hace a usted dudarlo?

Mamá. —Nada en concreto. ¡Pero nadie dirá que usted brilla por su modestia!

Señora. —¡Me gustaría saber en qué falto yo de modestia! Si no me ocupase de mí misma, nadie aquí lo haría, y se me dejaría morir de hambre. Pero eso no es una razón para dejar de admitir que soy tan modesta como su marido.

Esta autodefensa ridícula hizo reír a mamá, a pesar suyo. La señora, cada vez más irritada, continuó su perorata en una linda prosa sazonada de palabras interminables, en un magnífico alemán-neerlandés y neerlandés-alemán, hasta que esta oradora nata, perdida en sus propias palabras, tomó la resolución de abandonar la habitación. Al levantarse, se volvió para dejar caer su mirada sobre mí. ¡Era como para verlo! En el momento en que ella estuvo de espaldas, yo tuve la desgracia de menear la cabeza, casi inconscientemente, con una expresión de lástima mezclada sin duda de ironía; a tal punto me sentía fascinada por la oleada de sus palabras. La señora se crispó, se puso a lanzar injurias en alemán, sirviéndose de una jerga poco bonita y muy vulgar. ¡Era un lindo espectáculo! Si hubiera podido dibujar, le habría hecho un croquis en esta actitud; a tal punto resultaba cómica, demasiado cómica la pobre y estúpida mujer.

Después de esta escena, de cualquier modo, estoy segura de una cosa: peleándose abiertamente de una buena vez es como se aprende a conocerse a fondo. ¡Es entonces cuando en realidad puede juzgarse un carácter!

Tuya.   ANA

Martes, 29 de septiembre de 1942.

Querida Kitty:

¡Las personas escondidas adquieren experiencias curiosas! Figúrate que no tenemos bañera, y que nos lavamos en una tina. Y como hay agua caliente en la oficina (quiero decir, en todo el piso inferior), los siete aprovechamos esta ventaja por turno.

Pero como somos muy diferentes unos de otros —algunos de nosotros plantean el problema del pudor, más pronunciado por unos que por otros—, cada miembro de la familia se ha reservado su rincón personal a guisa de cuarto de baño. Peter se da el suyo en la cocina, a pesar de la puerta de vidrios. Cuando piensa en bañarse, viene a anunciar que durante media hora no habrá que pasar por delante de la cocina. Esta medida le parece suficiente. El señor Van Daan se toma el suyo en su alcoba; la seguridad de lavarse en su cuarto le compensa el fastidio de subir el agua al segundo piso. Papá ha elegido la oficina privada como cuarto de baño, y mamá la cocina, detrás de la pantalla de la estufa; Margot y yo nos hemos reservado la oficina de delante para el lavoteo. Se bajan las cortinas todos los sábados por la tarde; la que aguarda su turno espía, por una estrecha rendija, a toda la extraña gente de afuera que va y viene.

Desde la semana última, mi cuarto de baño dejó de agradarme, y me puse, pues, a buscar una instalación más cómoda. Peter me dio una buena idea: la de colocar mi pequeña tina en el espacioso W.C. de la oficina. Allí puedo sentarme, hasta encender la luz, cerrar la puerta con llave, hacer correr el agua sucia sin ayuda de terceros, y estoy al abrigo de miradas indiscretas. El domingo utilicé por primera vez mi nuevo cuarto de baño y, resulta cómico decirlo, lo juzgo el más práctico de todos.

La semana pasada, los plomeros trabajaron en el piso de abajo en la conexión de agua que debía ser llevada del W.C. de las oficinas al corredor. Esta transformación no es más que una precaución contra un invierno riguroso, destinada a impedir el hielo en las cañerías exteriores. Esta visita de los plomeros nos resultaba muy desagradable. No sólo no había que tocar los grifos del agua durante el día, sino que había también una orden de no servirse de los W.C. Quizá no sea muy delicado el contarte lo que hicimos en tal caso, pero no soy lo suficientemente gazmoña para callarme sobre el particular.

Desde la utilización de nuestro Anexo, papá y yo estábamos cada uno provisto de un orinal improvisado, a falta de uno verdadero, sacrificando para ello dos grandes recipientes de vidrio del laboratorio. Durante los trabajos, pusimos los recipientes en la alcoba, donde no tuvimos más remedio que guardarlos. Con todo, eso se me antojaba menos horrible que verme forzada, como lo estaba, a permanecer encerrada en una habitación, inmóvil en una silla, sin tener el derecho de hablar durante todo el día. No puedes imaginar el suplicio de la señorita Cuá-cuá. Ya durante las horas de trabajo no hacemos más que cuchichear; pero no hablar en absoluto y no moverse es cien veces más terrible. Después de tres días de este régimen, me sentía entumecida y ya no notaba mi trasero. Afortunadamente, los ejercicios físicos de la noche alivian.

Tuya.   ANA

Jueves, 1º de octubre de 1942.

Querida Kitty:

Ayer tuve un miedo terrible. A las ocho sonó el timbre con persistencia. Sólo se me ocurrió una cosa: que eran ellos. Pero todo el mundo afirmó que sólo se trataba de pilletes o del cartero, y me tranquilicé.

El silencio aumenta alrededor nuestro de día en día. Lewin, un joven químico y farmacéutico judío, trabaja en la cocina de las oficinas para el señor Kraler. Conoce el edificio como su bolsillo; por eso tememos que un día se le ocurra subir a ver su antiguo laboratorio. Somo buenos como las imágenes de los altares. ¿Quién habría podido sospechar, hace tres meses, que Ana-azogue sería capaz de quedarse inmóvil en una silla durante horas y horas, sin moverse?

El 29 era el aniversario de la señora Van Daan. Aunque no haya podido festejárselo suntuosamente, se la honró con flores, con regalitos y platos deliciosos. Los claveles rojos de su marido parecen ser una tradición familiar. Hablando de la señora, te diré que su *flirt* constante con papá me fastidia sobremanera. Ella le acaricia la mejilla y los cabellos, se levanta la falda por sobre la rodilla, se hace la chistosa..., todo para atraer la atención de Pim. Por suerte, Pim no la juzga bonita ni ocurrente, y no se presta a ese juego. Por si no lo sabes, soy bastante celosa por naturaleza, y eso me resulta insoportable. Mamá no busca el *flirt* con el señor Van Daan y yo no he vacilado en decírselo a la señora.

Peter, ¿quién lo hubiera creído?, es capaz de hacer reír de vez en cuando. Ambos sentimos predilección por los disfraces, y eso el otro día fue causa de una gran hilaridad general. Él apareció con un vestido de cola perteneciente a su mamá, y yo, con un traje de él; él con un sombrero de mujer, y yo con una gorra. Los mayores rieron hasta saltárseles las lágrimas. Nosotros también. Nos divertimos de veras.

Elli compró en la tienda «De Bijenkorf», faldas para Margot y para mí. Es pacotilla de la peor clase, verdaderas bolsas de yute, y costaron, respectivamente, veinticuatro y siete y medio florines. ¡Qué diferencia con lo de antes!

Te anuncio nuestra última diversión. Elli se las ha arreglado para hacernos llegar, a Margot, a Peter y a mí lecciones de estenografía por correspondencia. El año que viene, ya verás, esperamos ser taquígrafos perfectos. De cualquier modo, yo me siento muy importante pensando que estoy aprendiendo seriamente esa especie de código secreto.

Tuya.   ANA

Sábado, 3 de octubre de 1942.

Querida, Kitty:
Ayer hubo bulla otra vez. Mamá provocó una escena terrible al contar a papá todos mis pecados. Ella se echó a llorar, yo también, y eso me dio un dolor de cabeza espantoso. Terminé por decirle a papá que yo lo quería a él mucho más que a mamá; él me contestó que eso pasaría, pero le costará trabajo hacérmelo creer. Es necesario que me esfuerce por permanecer tranquila con mamá. Papá querría verme solícita cuando mamá tiene dolor de cabeza o no se siente bien. Por ejemplo, debería llevarle algo sin hacerme rogar. Pero yo no lo hago nunca.

Estudio mucho el francés, y estoy leyendo *La Belle Nivernaise*.

Tuya.   ANA

Viernes, 9 de octubre de 1942.

Querida Kitty:
Hoy no tengo que anunciarte más que noticias deprimentes. Muchos de nuestros amigos judíos son poco a poco embarcados por la Gestapo, que no anda con contemplaciones; son transportados en furgones de ganado a Westerbork, al gran campo para judíos, en Dentre. Westerbork debe de ser una pesadilla; cientos y cientos están obligados a lavarse en un solo cuarto, y faltan los W.C. Duermen los unos encima de los otros, amontonados, en cualquier rincón. Hombres, mujeres y niños duermen juntos. De las costumbres, no hablemos: muchas mujeres y muchachas están encintas.

Imposible huir. La mayoría está marcada por el cráneo afeitado, y otros, además, por su tipo de judío.

Si esto sucede ya en Holanda, ¿qué será en las regiones lejanas y bárbaras de las que Westerbork no es más que el vestíbulo? Nosotros no ignoramos que esas pobres gentes serán masacradas. La radio inglesa habla de cámaras de gases. Después de todo, quizá sea la mejor manera de morir rápidamente. Eso me tiene enferma. Miep cuenta todos esos horrores de manera tan impresionante, que ella misma se siente convulsionada. Un ejemplo reciente: Miep ha encontrado ante su puerta a una vieja judía paralítica, aguardando a la Gestapo, que había ido a buscar un auto para transportarla. La pobre vieja se moría de miedo bajo los bombardeos de los aviones ingleses y temblaba viendo los haces luminosos cruzándose en el cielo como flechas. Miep no ha tenido el valor de hacerla entrar en su propia casa; nadie se hubiera atrevido a hacerlo. Los alemanes prodigan los castigos.

Elli ha recibido también lo suyo: su novio tiene que partir para Alemania. Ella teme que los aviadores que vuelan sobre nuestras casas dejen caer su cargamento de bombas, a menudo de millares de kilos, sobre la cabeza de Dirk. Bromas tales como que «nunca tendremos mil» y «una sola bomba basta», me parecen fuera de lugar. Cierto que Dirk no es el único obligado a partir; todos los días hay trenes atestados de muchachos de ambos sexos destinados al trabajo obligatorio en Alemania. Cuando se detienen en el trayecto, en tal o cual cruce, algunos tratan de escapar; eso resulta a veces, pero en muy pequeña proporción.

Aún no he terminado con mi oración fúnebre. ¿Has oído hablar alguna vez de rehenes? Es su último invento para castigar a los saboteadores. La cosa más atroz que pueda imaginarse. Ciudadanos inocentes y absolutamente respetables son arrestados, y aguardan en la cárcel su condena. Si el saboteador no aparece, la Gestapo fusila a cinco rehenes sin más rodeos. Los diarios publican a menudo los anuncios de defunción de esos hombres, ¡bajo el título de «accidente fatal»! ¡Hermoso pueblo los alemanes! ¡Y decir que yo pertenecía a él! Pero no, hace mucho tiempo que Hitler nos hizo apátridas. Por lo demás, no hay enemigos más grandes que los alemanes y los judíos.

Tuya.   ANA

Viernes, 16 de octubre de 1942.

Querida Kitty:
Estoy muy ocupada. Acabo de traducir un capítulo de *La Belle Nivernaise*, anotando las palabras que ignoro. He resuelto también un problema execrable, y he escrito tres páginas de gramática francesa. Problemas, todos los días; esto no va adelante. Papá los detesta también; yo me las arreglo mejor que él, pero, a decir verdad, ni el uno ni el

otro nos sentimos muy fuertes, de manera que, a menudo, necesitamos recurrir a Margot. Yo soy la más adelantada de las tres en taquigrafía. Ayer terminé de leer *De Stormers*. Es encantador, pero está a cien codos de *Joop ter Heul*. En general, considero a Cissy van Marxveldt un autor formidable. Tengo la firme intención de leer todos sus libros a mis hijos.

Mamá, Margot y yo somos de nuevo las mejores amigas del mundo; es mucho más agradable. Anoche Margot vino a tenderse a mi lado. Ambas en mi cama tan minúscula, no tienes idea de lo divertido que era. Ella me preguntó si un día podrá leer mi *Diario*. Le dije que sí, para ciertos pasajes; le pedí lo mismo para el suyo, y está de acuerdo. De una cosa a otra, hablamos del porvenir. Le pregunté qué quería ser, pero ella no quiere hablar de eso y lo mantiene en gran secreto. Se habló vagamente de la enseñanza, no sé si ella hará algo en ese sentido, pero creo que sí. En el fondo yo no debería ser tan curiosa...

Esta mañana me tendí yo en la cama de Peter, después de echarlo de allí. Estaba furioso, lo que me importa bien poco. Ya es hora de que se muestre un poco más amable conmigo; más tarde en la noche, le regalé una manzana.

Le he preguntado a Margot si me encontraba muy fea. Ella me ha dicho que tengo una expresión atractiva y ojos bonitos. Bastante vago, ¿no te parece?

Hasta la próxima.

Tuya. ANA

Martes, 20 de octubre de 1942.

Querida Kitty:
Tengo aún la mano que me tiembla, aunque el terror de hace dos horas debería estar olvidado. En el edificio hay cinco aparatos Minimax contra incendios. El carpintero, o algún otro obrero que no sé cómo se llama, tenía que venir a reemplazar esos aparatos; estábamos al corriente, pero nadie nos había advertido de que era para hoy.

Sucedió que ninguno de nosotros ha observado totalmente las reglas de silencio impuestas en semejantes circunstancias. En un momento dado oí desde el relleno sendos martillazos del otro lado de nuestra puerta-armario. Inmediatamente pensé en el carpintero, y fui a decirle a Elli, que comía con nosotros, que no bajase. Papá y yo montamos guardia a la puerta para enterarnos de la partida del obrero. Después de haber trabajado un cuarto de hora, dejó su martillo y sus otras herramientas sobre nuestro armario (así lo creímos) y golpeó a nuestra puerta. Cada uno de nosotros palideció. ¿Había oído algo y quería examinar aquella armazón misteriosa? Se hubiera jurado que era eso: golpeaba, tiraba, empujaba sin cesar. Aterrorizada, casi me desvanecí pensando que aquel hombre, que nos era totalmente extraño, iba a lograr descubrir nuestro hermoso escondite. Fue en ese preciso instante, cuando yo ya creía entregar el alma, que oí la voz del señor Koophuis, que decía:

—¡Ábranme!, ¿quieren? ¡Soy yo!

Le abrimos inmediatamente la puerta. Se le había trabado el pestillo que sujeta la puerta del armario y del que los iniciados se sirven desde fuera; por eso, nadie puedo prevenirnos de la hora de los trabajos. El obrero se había ido, y el señor Koophuis, al venir a buscar a Elli, no lograba abrir la puerta-armario.

¡Qué alivio, y no de los menores! En mi imaginación, aquel tipo dispuesto a entrar en nuestro refugio asumía proporciones de más en más formidables; a la larga, habíase transformado en un verdadero gigante y en el fascista más fanático, por añadidura.

Bien, afortunadamente, por esta vez, el miedo se ha terminado.

Pero el lunes nos divertimos mucho. Miep y Henk Van Santen pasaron la noche con nosotros. Margot y yo dormimos con papá y mamá, a fin de ceder nuestro lugar a los jóvenes esposos. Comimos deliciosamente bien. El festín fue interrumpido por un corto circuito causado por una de las lámparas. ¿Qué hacer? Había otros tapones en la casa, pero el tablero eléctrico se encuentra en el fondo del almacén; por eso, dar con él en la oscuridad es toda una empresa. Los hombres decidieron, sin embargo, arriesgarse, y después de diez minutos se pudo apagar la graciosa iluminación de las velas.

Hoy he madrugado mucho. Henk tenía que irse a las ocho y media. Miep bajó a la oficina después de un buen desayuno en familia, encantada de librarse del trayecto en bicicleta, porque llovía a torrentes.

La semana próxima, Elli, a su vez, vendrá a pasar una noche con nosotros.

Tuya.   ANA

Jueves, 29 de octubre de 1942.

Querida Kitty:

Papá está enfermo, y su estado me inquieta mucho. Sufre de eczema, con fuerte fiebre; se diría que es sarampión. ¡Como te imaginarás, ni siquiera podemos ir a buscar al médico! Mamá se esfuerza por hacerle sudar. Quizá su fiebre baje.

Esta mañana Miep ha contado que el departamento de los Van Daan ha sido saqueado. Todavía no se lo hemos dicho a la señora, ya tan nerviosa en estos últimos tiempos; no tenemos ganas de oír sus jeremiadas con respecto a su hermoso servicio de mesa y a las lindas sillitas que dejó allí. Nosotros también nos vimos obligados a abandonar casi todo lo que era bonito; no se logra nada con lamentarse. Desde hace poco se me permite leer algunos libros para personas mayores. Me he enfrascado en *Eva's Jeugd*, de Nico van Suchtelen. No veo gran diferencia entre los libros para muchachas y éste. En él se habla de mujeres que exigen un montón de dinero por vender su cuerpo a hombres desconocidos, en calles dudosas. Yo me moriría de vergüenza. Además, he leído que Eva estaba indispuesta. ¡Así! ¡Oh, qué ganas tengo de estarlo yo también! Se debe de sentir una muy importante.

Papá ha sacado de la biblioteca las tragedias de Goethe y de Schiller; va a leerme algunas páginas cada noche. Ya hemos comenzado con «Don Carlos».

Para seguir el buen ejemplo de papá, mamá me ha puesto en las manos su libro de rezos. He leído algunas plegarias en alemán, por descargo de conciencia; son hermosas, pero no me dicen gran cosa. ¿Por qué me obliga ella a exteriorizar sentimientos religiosos?

Mañana encenderemos el fuego por primera vez. ¡Cómo vamos a ahumarnos! ¡Hace tanto tiempo que no se deshollina! ¡Ojalá ese artefacto tire!

Tuya. ANA

Sábado, 7 de noviembre de 1942.

Querida Kitty:
Mamá está terriblemente nerviosa, lo que me pone en evidente peligro. ¿Es verdaderamente un azar que sea yo siempre quien sufre las consecuencias y nunca Margot? Anoche, por ejemplo: Margot estaba leyendo un libro ilustrado con dibujos magníficos; como se había levantado y ausentado de la habitación, dejó su libro a fin de reanudar su lectura tan pronto como volviera. Yo no tenía nada de especial que hacer en aquel momento, y lo cogí para mirar las imágenes. A su regreso, Margot, viendo su libro en mis manos frunció el ceño y me rogó que se lo devolviera. Yo hubiera querido retenerlo un instante más. Margot se enfadó de veras, y mamá intervino diciendo:
—Margot está leyendo ese libro. Debes dárselo.

Entrando en la habitación e ignorando de qué se trataba, papá notó, sin embargo, el gesto de víctima de Margot, y exclamó:

—¡Querría verte a ti si Margot se pusiera a hojear uno de tus libros! Yo cedí inmediatamente, y, después de haber dejado el libro, salí de la habitación..., humillada, según la expresión de papá. No se trataba de sentirse humillada, ni de estar enojada. Yo estaba apenada. En toda justicia, papá no debió reprenderme sin preguntar la causa de nuestra discusión. Yo misma hubiera devuelto el libro a Margot, y mucho más pronto, si papá y mamá no hubiesen intervenido; en cambio, se alinearon en seguida de parte de mi hermana, como si yo le hubiera causado una ofensa considerable.

Mamá protege a Margot, huelga decirlo; ellas se protegen siempre mutuamente. Estoy tan acostumbrada a ello, que me he vuelto totalmente indiferente a los reproches de mamá y al humor irritable de Margot.

Yo no las quiero sino porque son mi madre y mi hermana. En cuanto a papá, es otra cosa. Me repudro cada vez que él exterioriza su preferencia por Margot, que aprueba sus actos, que la colma de elogios y de caricias. Porque yo estoy loca por Pim. Él es mi gran ideal. No quiero a nadie en el mundo tanto como a papá.

Él no repara en que no se porta con Margot igual que conmigo. ¡Margot es indudablemente la más inteligente, la más amable, la más bella y la mejor! Pero, de todos modos, yo tengo un poco de derecho de ser tomada en serio. Siempre he sido el payaso de la familia, siempre tratada de insoportable, siempre el chivo expiatorio: siempre soy yo quien expía y quien paga, ya sea recibiendo reprimendas, ya sea guardándome para mí sola mi desesperación. Las amabilidades pasajeras ya no pueden agradarme, ni tampoco las conversaciones llamadas serias. Yo espero de papá algo que él no es capaz de darme.

No estoy celosa de Margot, nunca lo he estado. No envidio su belleza ni su inteligencia. Todo cuanto pido es el cariño de papá, su afecto verdadero no solamente a su hija, sino a Ana, tal como es.

Yo me aferro a papá porque él es el único que mantiene en mí los últimos restos del sentimiento familiar. Papá no quiere comprender que, a veces, siento una necesidad irresistible de desahogarme, de hablarle de mamá; se niega a escucharme, evita todo cuanto se relaciona con sus defectos.

Más que todo lo demás, es mamá, con su carácter y sus faltas, quien pesa terriblemente sobre mi corazón. Ya no sé qué actitud adoptar;

no puedo decirle brutalmente que es desordenada, sarcástica y dura..., y, sin embargo, no puedo soportar el ser siempre acusada. En todo yo soy distinta a ella, y chocamos fatalmente. Yo no juzgo el carácter de mamá, porque no me corresponde a mí juzgar; pero la comparo con aquella cuya imagen he forjado. Para mí, mi madre no es *la* madre: y me es necesario, pues, cumplir yo misma con esa misión. Me he alejado de mis padres, bogo un poco a la deriva, e ignoro cuál será mi puerto de atraque. Todo eso porque tengo en el espíritu un ejemplo ideal: el ideal de la mujer que es madre, y del que no hallo nada en aquella a quien estoy obligada a llamar mamá.

Siempre me he propuesto no detenerme en los defectos de mamá, no ver más que sus cualidades, y tratar de encontrar en mí lo que vanamente busco en ella. Mas no lo he conseguido, y lo desesperante es que ni papá ni mamá sospechan que ellos me faltan en la vida y que yo los repruebo por esta razón. ¿Hay padres capaces de dar entera satisfacción a sus hijos?

En ocasiones se me ocurre que Dios quiere ponerme a prueba, no sólo ahora sino también más tarde: lo principal es hacerse razonable, sin ejemplos y sin palabras inútiles, a fin de ser más tarde la más fuerte.

¿Quién otro leerá nunca estas cartas, si no soy yo misma? ¿Quién otro me consolará? Porque yo necesito a menudo consuelo: muy a menudo me faltan las fuerzas, lo que hago no es suficiente, y no realizo nada. No lo ignoro; trato de corregirme, y todos los días hay que empezar de nuevo.

Me tratan de la manera más inesperada. Un día, Ana es la inteligencia misma y se puede hablar de todo delante de ella: al día siguiente, Ana es una pequeña ignorante que no comprende nada de nada y que se imagina haber sacado de los libros cosas formidables. Ahora bien, yo no soy ya la nenita a quien se festeja con risas benévolas con cualquier motivo. Tengo mi ideal, es decir, tengo varios; tengo mis ideas y mis proyectos, aunque todavía no pueda expresarlos. ¡Ah!, todas las cosas que se presentan a mi espíritu de noche, cuando estoy sola e incluso de día, cuando me veo obligada a soportar a quienes me fastidian, y que se engañan sobre todo lo que yo quiero decir. Al fin de cuentas, me vuelvo siempre automáticamente a mi *Diario*, que es para mí el principio y el fin, porque a Kitty no le falta nunca la paciencia; yo le prometo que, a pesar de todo, me mantendré firme, recorreré mi camino, y me trago las lágrimas. Pero, ¡cómo me agradaría ver un resultado, ser alentada, aunque sólo fuera una vez, por alguien que me quisiera!

No me juzgues, sino considérame simplemente como un ser que siente a veces que la copa desborda.

Tuya.   ANA

Lunes, 9 de noviembre de 1942.

Querida Kitty:

Ayer festejamos el decimosexto aniversario de Peter. Recibió regalos preciosos, entre otros, un juego de ruleta, un neceser para afeitarse y un encendedor. Él no fuma mucho, es decir, raramente, pero eso es elegante.

El señor Van Daan nos trajo la mayor sorpresa al anunciarnos, a las trece horas, que los ingleses habían desembarcado en Túnez, en Argel, en Casablanca y en Orán. La opinión de todo el mundo era: «Es el comienzo del fin», pero Churchill, el primer ministro inglés, que indudablemente había oído las mismas exclamaciones, dijo: «Este desembarco es un acontecimiento, pero no hay que denominarlo el comienzo del fin. Yo más bien diría el fin del comienzo.» ¿Aprecias la diferencia? De todos modos, hay como para ser optimista. Stalingrado, que los rusos defienden desde hace tres meses, sigue sin caer en manos de los alemanes.

Para hablar en el lenguaje del Anexo, voy a describirte cómo nos aprovisionamos. El pan nos lo trae un amable panadero que el señor Koophuis conoce bien. No disponemos de tanto como anteriormente en casa, pero es suficiente. Compramos clandestinamente tarjetas de racionamiento, cuyos precios no cesan de subir: de veintisiete a treinta y tres florines, en el momento actual, ¡por un trozo de papel impreso!

Nuestros invitados del piso superior son muy glotones. Además de nuestras ciento cincuenta latas de legumbres, hemos comprado doscientas setenta libras de legumbres secas, que no están destinadas a nosotros solos, sino también al personal de oficinas. Estas legumbres estaban embaladas en bolsas que pendían en nuestro pequeño corredor, detrás de la puerta-armario; el peso hizo reventar algunas costuras. Decidimos, pues, alinear nuestras provisiones de invierno en el granero, y confiar a Peter el fastidio de subirlas. Cinco de las seis bolsas habían llegado a destino sin accidente; Peter estaba subiendo la sexta, cuando la costura posterior se abrió y dejó caer desde lo alto de la escalera una lluvia, mejor dicho, una granizada de porotos colorados.

Como contenía alrededor de cincuenta libras, aquella bolsa derramó su contenido con un estrépito de juicio final: en la oficina imaginaban ya que la casa iba a hundirse (afortunadamente, no estaban allí más que los iniciados). Asustado durante un instante, Peter no tardó en echarse a reír al verme al pie de la escalera, tal como una isla engullida por las olas de porotos colorados que me subían hasta los tobillos. Nos pusimos a recogerlos, pero los porotos son tan pequeños y tan lisos, que siempre quedan algunos en todos los rincones posibles e imposibles. A raíz de este accidente, ya no pasamos por la escalera sin recuperar con sendas genuflexiones los restos de porotos, que llevamos a la señora Van Daan.

Casi me había olvidado de decirte que papá se ha restablecido completamente.

Tuya. ANA

P.S.—La transmisión radial acaba de anunciar que Argel ha caído. Marruecos, Casablanca y Orán están, desde hace algunos días, en manos de los ingleses. Ahora, esperamos el turno de Túnez.

Martes, 10 de noviembre de 1942.

Querida Kitty:
Una noticia formidable: ¡vamos a recibir a una persona suplementaria en nuestro escondite! Sí, verdaderamente, siempre habíamos pensado en poder albergar y alimentar a una octava persona. Pero temíamos abusar de la responsabilidad de Koophuis y Kraler. A raíz del terror creciente, papá se decidió a tantear el terreno; nuestros dos protectores estuvieron inmediatamente de acuerdo:

—El peligro para ocho es el mismo que para siete —dijeron ellos con mucha lógica.

Pusiéronse a deliberar; pasamos en revista el círculo de nuestros amigos. ¿Quién, entre ellos, estaba aislado y podía acordarse de nosotros? No era difícil descubrir uno. En el transcurso de un consejo de guerra, durante el cual papá rechazó ciertas proposiciones de los Van Daan en favor de miembros de su familia, se pusieron de acuerdo sobre el elegido: un dentista, llamado Albert Dussel, cuya esposa estaba a resguardo en el extranjero. Nosotros no habíamos tenido con él más que un trato superficial, pero su reputación de idealista nos lo hacía simpático a nosotros, lo mismo que a los Van Daan. Como Miep le conoce, ella ha sido encargada de comunicar a Albert Dussel nuestra invitación y de organizar lo demás. En caso de que él acepte. Margot irá a dormir en la cama-jaula, y él compartirá la alcoba conmigo.

Tuya.   ANA

Jueves, 12 de noviembre de 1942.

Querida Kitty:

Sabemos por Miep que Dussel ha aceptado gozoso. Ella ha insistido para que se prepare lo más rápidamente posible, con preferencia para el sábado. Esto a él le pareció poco probable; tenía que poner sus fichas en orden y la caja al día; y aún debía atender a dos clientes. Miep ha venido esta mañana para ponernos al corriente de este retraso eventual. No nos agradaba prolongar el plazo; todos estos preparativos exigen de parte de Dussel explicaciones a personas que nosotros preferimos dejar en la ignorancia, sea de lo que sea. Miep va a procurar decidir a Dussel para que llegue el sábado.

¡Pues bien, no! Dussel se ha negado diciendo que vendrá el lunes. Juzgo idiota que no se someta inmediatamente a una proposición sensata. Si se deja atrapar en la calle, no podrá poner sus fichas en orden, ni su caja al día, ni cuidar a sus pacientes. ¿Para qué postergar? En mi opinión, papá ha cometido una tontería al consentir. Ninguna otra novedad.

Tuya.   ANA

Martes, 17 de noviembre de 1942.

Querida Kitty:

Dussel ha llegado. Todo ha pasado sin tropiezos. Miep le había dicho que tenía que encontrarse a las once de la mañana frente a la oficina de correos donde, en un lugar convenido, un señor debía esperarle para conducirle. Fue puntual a la cita. Dussel vio que se le acercaba el señor Koophuis, a quien también conocía y que le rogó que pasara por la oficina a ver a Miep, pues él había tenido un impedimento. Koophuis tomó el tranvía para volver a la oficina, en tanto que Dussel seguía el mismo camino, a pie, para llegar allí a las once y veinte. Llamó a la puerta. Miep le ayudó a quitarse el sobretodo, de manera que la estrella fuera invisible, y lo introdujo en la oficina privada, donde Koophuis lo ha retenido hasta que se hubo ido la sirvienta. Anticipando como pretexto que se necesitaba la oficina privada, Miep hizo subir a Dussel, abrió el armario giratorio y franqueó el alto umbral del Anexo ante el hombre desconcertado.

Nosotros estábamos con los Van Daan en círculo alrededor de su mesa aguardando a nuestro invitado con café y coñac. Miep le había hecho entrar primero en nuestra vivienda; él reconoció en seguida nuestros muebles, pero de ahí a pensar que no estábamos separados más que por un techo... Cuando Miep se lo dijo, estuvo a punto de desmayarse, pero ella no le dio tiempo y le mostró el camino. Dussel se dejó caer en una silla, nos miró alternativamente sin poder pronunciar una sílaba, como si tratase de leer la verdad en nuestros rostros. Luego, tartamudeó:

—Pero... *aber*, ¿ustedes no *sind* en Bélgica? ¿No vino *Der Militär*, en el auto, la huida, *nicht* logrado?

Nosotros le explicamos toda la historia del oficial y del auto, ese rumor que habíamos hecho correr adrede para desorientar a los curiosos y, sobre todo, a los alemanes, que habrían vuelto a buscarnos, tarde o temprano. Dussel quedó turulato ante tanto ingenio, y su mirada se paseó nuevamente de uno a otro, hasta que nos rogó que le dejásemos ver de más cerca nuestro suntuoso pequeño Anexo, maravillosamente práctico.

Después de haber terminado la comida con nosotros, se fue a dormir un poco, y, luego de tomar una taza de té, se ocupó de poner en orden sus cosas —que Miep trajera antes de su llegada—, comenzando a sentirse un poco en su casa, sobre todo cuando le entregaron los reglamentos del Anexo (producción Van Daan):

Prospecto y Guía del Anexo.

Instalación especial para la estada provisional de judíos y de simpatizantes.

Abierto todo el año.

Sitio aislado, rodeado de verdura, en el corazón de Amsterdam. Vecinos excluidos. Llégase con los tranvías trece y diecisiete, o bien con un coche o una bicicleta. En caso de prohibición por los alemanes de estos medios de transporte, se puede llegar a pie.

Alquiler: Gratuito.

Régimen: Sin materias grasas.

Cuarto de baño con agua corriente: (¡Ay!, sin bañera).

Amplio espacio reservado a las mercancías de cualquier clase.

En posesión de un receptor de radio, con transmisiones directas de Londres, Nueva York, Tel Aviv y muchos otros lugares. A partir de las dieciocho horas, este aparato está exclusivamente a disposición de los habitantes de la casa, que hacen caso omiso de las prohibiciones, y que, por excepción, pueden escuchar una transmisión alemana, por ejemplo, la de la música selecta.

Las horas de descanso: De veintidós horas a ocho horas de la mañana. El domingo, hasta las diez y cuarto. En razón de las circunstancias, obsérvanse también las horas de descanso diurno indicadas por la dirección. En interés común, cada cual debe respetar estrictamente las horas de descanso prescritas.

Idiomas extranjeros: Sea el que fuere, ruégase hablar en voz baja y hablar una lengua civilizada; es decir, no el alemán.

Cultura física: Todos los días.

Vacaciones: Prohibición de abandonar el lugar hasta nueva orden.

Lecciones: Una lección de taquigrafía por semana. El inglés, el francés, las matemáticas y la historia a toda hora.

Departamento especial para animalitos: Cuidados asegurados (salvo para los piojos, respecto a los cuales hay que pedir una autorización especial).

Horas de comida: El desayuno, todos los días, excepto los festivos, a las nueve de la mañana. Domingos y feriados: hasta las once y media.

Almuerzo: Parcial o completo, de trece y cuarto a trece y tres cuartos.

Cena: Caliente o fría, sin hora fija, en razón de las transmisiones radiales.

Obligaciones con el Comité de reaprovisionamiento: Estar siempre dispuesto a secundar a nuestros protectores.

Baños: La tina está a disposición de cada cual los domingos, a partir de las nueve. Se puede tomar un baño en el W.C., en la cocina, en la oficina privada, en la oficina de adelante, a su elección.

Bebidas alcohólicas: Bajo prescripción médica solamente.

Fin.

Tuya.

ANA

Jueves, 19 de noviembre de 1942.

Querida Kitty:
No nos hemos engañado con Dussel. Es persona muy correcta. Ha consentido en compartir conmigo el pequeño dormitorio; a decir verdad, esto no me entusiasma demasiado: un extraño que comparte mi intimidad no me cuadra, pero es menester que cada cual haga lo suyo, y yo soporto de buena gana este pequeño sacrificio. «Todas esas cosas carecen de importancia cuando podemos salvar a alguien», dice papá, con razón.

Desde el primer día, Dussel me ha pedido toda clase de informaciones, tales como: cuáles eran las horas de la sirvienta, cómo nos arreglábamos para el baño, y las horas de acceso al W.C. No hay por qué reírse: todo eso no es tan simple en un escondite. Durante el día se trata de no llamar la atención, a fin de evitar que nos oigan desde la oficina, sobre todo si hay alguien de afuera, como la sirvienta; en tal caso, todas las precauciones son pocas. Yo se lo he explicado todo lo más claramente posible, pero he tenido la sorpresa de hallarlo un poco lento de comprensión; repite cada pregunta dos veces, y no retiene las respuestas. Confío en que eso pasará. Probablemente aún no se ha amoldado a este cambio tan brusco.

Por lo demás, parece que las cosas marchan. Dussel tenía mucho que contarnos sobre el mundo exterior, del que nosotros no formamos parte desde hace tanto tiempo. Sus relatos son tristes. Muchos amigos han desaparecido, y su destino nos hace temblar. No hay noche en que los coches militares verde o gris no recorran la ciudad; los alemanes llaman a todas las puertas para dar caza a los judíos. Si los encuentran, embarcan inmediatamente a toda la familia; si no, llaman a la puerta siguiente. Los que no se ocultan, no escapan a su suerte. Los alemanes se dedican a veces a eso sistemáticamente, con la lista en la mano, golpeando a la puerta tras la cual les aguarda un rico botín. A veces se les paga un rescate, a tanto por cabeza, como en los mercados de esclavos de antaño. Es demasiado trágico para que tú lo tomes a broma. Por la noche, veo a menudo desfilar a esas caravanas de inocentes, con sus hijos llorando, arrastrándose bajo el comando de algunos brutos que los azotan y los torturan hasta hacerlos caer. No respetan a nadie, ni a los viejos, ni a las criaturas, ni a las mujeres encinta, ni a los enfermos: todos son buenos para el viaje hacia la muerte.

¡Qué bien estamos nosotros aquí, al abrigo y en la calma!

Podríamos cerrar los ojos ante toda esa miseria, pero pensamos en los que nos eran queridos, y para los cuales tememos lo peor, sin poder socorrerlos.

En mi cama, bien abrigada, me siento menos que nada cuando pienso en las amigas que más quería, arrancadas a sus hogares y caídas en este infierno. Me da miedo el cavilar que aquellos que estaban tan próximos a mí se hallen ahora en manos de los verdugos más crueles del mundo.

Por la única razón de que son judíos.

Tuya.   ANA

Viernes, 20 de noviembre de 1942.

Querida Kitty:
Ninguno de nosotros sabe ya cómo tomar las cosas. Hasta ahora, las noticias sobre el terror nos llegaban con cuentagotas, y habíamos resuelto mantener nuestra moral conservando en todo lo posible nuestro buen humor. Cuando a Miep se le escapaba una mala noticia referente a alguno de nuestros amigos, mamá y la señora Van Daan se echaban a llorar cada vez, de manera que Miep prefirió no contar nada más. Pero Dussel, tomado de asalto, nos ha narrado tantos horrores espantosos y bárbaros, que no nos es posible olvidarlos tan pronto. Sin embargo, esto terminará por pasar también, y necesariamente volveremos a los chistes y a las bromas. De nada sirve quedarse mustios como estamos ahora; ni a nosotros, ni a los que están en peligro. Volver melancólico a todo el Anexo no tiene ningún sentido.

A todo esto se añade otra miseria, pero que es de naturaleza completamente personal, y de la que no debería ocuparme al lado de las que acabo de contarte. Sin embargo, no puedo dejar de decirte que cada vez me siento más abandonada, que noto que el vacío crece en torno mío. Antes, las diversiones y los amigos no me dejaban tiempo para reflexionar a fondo. En estos días de ahora, tengo la cabeza llena de cosas tristes, tanto a propósito de los acontecimientos como a propósito de mí misma. Cuando más ahondo, más me percato de que, por querido que me sea, papá nunca podrá reemplazar a mis amigos de antaño: todo mi pequeño dominio. Pero, ¿por qué importunarte con cosas tan inconsistentes? Soy terriblemente ingrata, Kitty, lo sé, pero al regañárseme sin cesar, se me hacen pasar verdaderos malos ratos, y, además, por añadidura, ¡me aflige tanto esa otra miseria!
Tuya. ANA

Sábado, 28 de noviembre de 1942.

Querida Kitty:
Hemos gastado demasiada electricidad, hasta hemos franqueado los límites. Resultado: la más grande economía y la perspectiva de que nos corten la corriente durante quince días. Es regocijante, ¿eh? Pero, ¡quién sabe! Con un poco de suerte… Está demasiado oscuro a partir de las cuatro o de las cuatro y media. Matamos el tiempo con

toda clase de tonterías, tales como adivinanzas, cultura física, hablar inglés o francés, criticar libros…, y a la larga nos cansamos. Desde anoche, tengo algo nuevo: tomo los gemelos y miro en las habitaciones iluminadas de nuestros vecinos. Durante el día, no nos está permitido descorrer las cortinas ni un centímetro, pero por la noche no veo ningún mal en ello.

Yo no me había dado cuenta antes de que los vecinos pudieran ser gente tan interesante…, al menos los nuestros. He sorprendido a unos en el momento de su comida, más allá a toda una familia que estaba filmando, y al dentista de enfrente que atendía a una anciana medrosa.

El señor Dussel, que tenía la reputación de querer a los niños y entenderse maravillosamente con ellos, se revela un educador del más viejo estilo, y predica a lo largo del día. Como yo tengo la rara suerte (!) de compartir mi alcoba, demasiado estrecha, ¡ay!, con el honorable pedagogo, y como paso por ser la más mal educada de los tres retoños, no sé cómo esquivar sus reprimendas y sus sermones, y termino por fingirme dura de oído.

Si la cosa quedara ahí, sería soportable. Pero el señor se muestra un espía de primer orden, y hace de mamá otra espía, ¿comprendes? Primero me dejo atrapar por él, y en seguida viene el remache de mamá. Por suerte que tenga, la señora Van Daan me llama cinco minutos después para hacerme responder de tal o cual cosa. A diestra, a siniestra, por sobre mi cabeza, por todas partes estalla la tormenta.

En realidad, no resulta cosa fácil eso de servir como símbolo de todos los defectos en una familia autoritaria. Por la noche, en la cama, pasando revista a los numerosos pecados y faltas que se me atribuyen, me pierdo de tal manera en ese montón de acusaciones, que o me echo a reír o me pongo a llorar, según mi estado de ánimo.

En seguida me duermo con esa sensación extraña de querer ser distinta de como soy, o también de no ser como yo quiero, o de proceder quizá de manera distinta a como yo querría o a como yo soy. ¡Caramba! No lo veo claro, y tú tampoco, desde luego; discúlpame por esta confusión, pero no me gusta hacer correcciones, y, actualmente, la falta de papel nos prohíbe romperlo. Sólo me resta aconsejarte que no releas la frase precedente y, sobre todo, que no trates de profundizarla, porque nunca sacarías nada en limpio.

Tuya.   ANA

Lunes, 7 de diciembre de 1942.

Querida Kitty:

Con un día de diferencia, nuestra Januka[1] y San Nicolás han caído en la misma fecha este año. Para la fiesta de la Januka, no hemos preparado muchas cosas: algunas golosinas solamente, y, sobre todo, las velitas. Debido a la escasez de velas, únicamente las encendimos durante diez minutos; pero el canto ritual no fue olvidado, y eso es lo principal. El señor Van Daan fabricó una lámpara de madera; así la ceremonia se desarrolló como es debido.

La noche de San Nicolás; el sábado, fue mucho más linda. Elli y Miep habían excitado nuestra curiosidad, cuchicheando todo el tiempo con papá, y sospechábamos que algo se preparaba.

Y, naturalmente, descenso general a las ocho de la noche por la escalera de madera, y en seguida las tinieblas del largo corredor que lleva al vestuario. (Yo tenía la piel de gallina, y sentía la nostalgia del Anexo.) Como esta habitación no tiene ventana, podía encenderse la electricidad, tras lo cual papá abrió el gran armario. Todo el mundo exclamó: «¡Oh, qué bonito!» En medio había una gran cesta adornada con papeles multicolores, sobre ellos, una máscara de Pedro el Negro.

Nos apresuramos a transportar la cesta a nuestra casa. Cada cual encontró en ella su regalito, acompañado de un cumplido de circunstancias, de acuerdo con la costumbre holandesa.

Yo he recibido un bizcocho en forma de muñeca, papá un sujetalibros, etcétera. Todos los regalos eran muy ingeniosos, y resultó muy divertido, tanto más que nosotros, hasta entonces, nunca habíamos celebrado la fiesta de San Nicolás. Para ser la primera vez, había sido un éxito.

Tuya.   ANA

Lunes, 7 de diciembre de 1942.

Querida Kitty:

El señor Van Daan fue en un tiempo comerciante de embutidos en general, salchichones y otras especialidades. Fue tomado en las oficinas de papá precisamente por su experiencia en los negocios.

---

[1] *Januka:* fiesta de los macabeos, coincidente, más o menos, con las fiestas de San Nicolás y de Navidad, y celebrada por los judíos. (*N. del T.*)

Hemos encargado mucha carne (en el mercado negro, desde luego) para hacer conservas, en vista de los tiempos difíciles. Era un curioso espectáculo el ver las tripas transformarse en salchichas, después de haber sido atiborradas de carne picada y repicada, y sazonada con todos los ingredientes. Inmediatamente, comimos de eso en el almuerzo, con chucrú. Pero los salchichones van a ser puestos a secar en el techo, pendientes de un palo con hilos. Cada cual, al entrar en la habitación y ver la exposición de salchichones frescos, se echó a reír. No era para menos.

La habitación resultaba irreconocible. Cubierto con un delantal de su mujer, y que lo hacía aún más voluminoso, el señor Van Daan se afanaba con la carne: sus manos cubiertas de sangre, su cabeza de un rojo de sangre y su delantal manchado de rojo, le daban el aspecto de un verdadero carnicero. La señora se ocupaba de todo a la vez: aprender su lección de neerlandés, cuidar la sopa y mirar a su marido, suspirando y gimiendo de dolor al acordarse de su costilla rota. ¡Así aprenderá a no hacer, a su edad, ejercicios idiotas de cultura física! ¡Todo eso para afinar un poco su grueso trasero!

Sentado al lado de la estufa, Dussel ponía compresas de manzanilla en su ojo inflamado. Pim había colocado su silla en el delgado rayo de sol que se filtraba por la ventana; se tropezaba con él de vez en cuando; sin duda, el reumatismo le hacía sufrir, porque semejaba exactamente un viejo pequeño diácono encorvado, mirando con gesto de irritación los dedos del señor Van Daan. Peter jugaba a la pelota con su gato; mamá, Margot y yo estábamos pelando papas; en suma, nadie tenía la cabeza en lo que hacía, a tal punto Van Daan llamaba la atención.

Dussel ha inaugurado su nuevo consultorio odontológico. Por si te divierte, voy a contarte cómo ha sido. Mamá estaba planchando, cuando la señora Van Daan se ofreció como primera paciente. Se sentó en medio de la habitación. Con gesto importante, Dussel abrió su estuche y sacó sus instrumentos, pidió agua de colonia como desinfectante y vaselina en reemplazo de cera.

Miró el interior de la boca de la señora, tocó un diente o un molar, lo que hízola estremecerse como si fuera a morir de dolor, en tanto que lanzaba sonidos inverosímiles. Tras un largo examen (así dice la señora, aunque no duró más de dos minutos), Dussel empezó a hacer un agujerito. Pero no fue posible. La señora tomada de improviso, revolcó brazos y piernas, hasta que Dussel soltó bruscamente su pequeño gancho... que quedó en el diente de la señora.

¡Entonces comenzó el lindo espectáculo! La señora lanzó los brazos en todas direcciones, llorando (todo lo que ello sea posible con tal instrumento en la boca) y tratando de arrancar el pequeño gancho, que se había hundido todavía más. Muy tranquilo, el señor Dussel miró la escena, los brazos en jarras. Los demás espectadores eran presa de una risa loca. Esto era estúpido, pues estoy segura de que yo hubiera chillado más fuerte que ella.

Después de muchas contorsiones, golpes, gritos y llamadas, la señora terminó por arrancarse el gancho, y el señor Dussel continuó su trabajo como si nada hubiera sucedido.

Se desempeñó tan rápidamente, que la señora no tuvo tiempo para recomenzar, gracias a la manera en que fue secundado. Dos ayudantes, personificados en el señor Van Daan y yo misma, resultaron valiosos. Todo ello me hizo pensar en un grabado medieval que lleva esta leyenda: «Charlatán trabajando.»

Por fin, la señora se mostró impaciente; tenía que cuidar *su* sopa y toda *su* comida.

De una cosa estoy segura; ¡ella no se ofrecerá ya, tan pronto, como paciente en el consultorio de nuestro dentista!

Tuya.   ANA

Domingo, 12 de diciembre de 1942.

Querida Kitty:

Estoy cómodamente instalada en la oficina del frente, y puedo mirar afuera por la rendija de la espesa cortina. Aunque en la penumbra, tengo todavía bastante luz para escribirte.

Resulta extraño ver pasar a la gente. Me parece que todos tienen prisa y que a cada instante van a chocar contra sus propios pies.

En cuanto a los ciclistas, a la velocidad que van ni siquiera llego a distinguir sus fisonomías.

Las gentes de este barrio no son verdaderamente seductoras, especialmente los niños, que están muy sucios: no se les tocaría sino con pinzas. Verdaderos hijos del arrabal, muermosos, que hablan una jerga apenas comprensible.

Ayer por la tarde, cuando Margot y yo tomamos aquí nuestro baño, le dije:

—Si pudiéramos atrapar a esos chicos que pasan por aquí, uno detrás de otro, darles un baño, lavarlos, cepillarlos, zurcirles sus ropas y dejarlos en seguida...

Margot me interrumpió:

—Los verías mañana lo mismo de sucios, con idénticos harapos, como antes.

Pero yo me dejo llevar. Hay otras cosas que ver. Hay autos, barcos y la lluvia. Oigo el tranvía y su estrépito, y eso me distrae. Nuestros pensamientos varían tan poco como nosotros mismos. Forman un círculo perpetuo, que va de los judíos a los alimentos, y de los alimentos a la política. Entre paréntesis, hablando de judíos, ayer, por entre las cortinas, vi pasar a dos; yo estaba muy triste, tenía la sensación de traicionar a esas gentes y de espiar su desgracia.

Exactamente delante de nostros hay una barca habitada por un barquero y su familia, con su perrito: nosotros no conocíamos del perro más que sus ladridos y su colita, que divisábamos cuando él daba la vuelta, a la embarcación.

Ahora que la lluvia persiste, la mayoría de la gente está oculta bajo su paraguas. ¡Qué remedio! No veo más que impermeables, y a veces una nuca debajo de una gorra. Casi no vale ya la pena de mirar a nadie. Ya he visto bastante a esas mujeres abotargadas por las papas, vestidas con un abrigo verde o rojo, los tacones gastados, la bolsa al brazo. Algunas tienen el rostro bondadoso, otras aspecto macabro; eso depende del humor de sus maridos.

Tuya.   ANA

Martes, 22 de diciembre de 1942.

Querida Kitty:

Todo el mundo en el Anexo se regocija de la novedad: tendremos ciento veinticinco gramos de manteca para Navidad. El diario anuncia media libra, pero esa ración está reservada a los privilegiados que obtienen sus tarjetas del Estado, y no a los judíos ocultos que, por economía, compran cuatro tarjetas para ocho personas.

Cada uno de nosotros ha querido amasar con manteca. Esta mañana he preparado bizcochos y dos tortas. Hay mucho que hacer, por eso, para obedecer a mamá, he tenido que interrumpir mis lecciones y mi lectura hasta que se haya terminado el trabajo de casa.

La señora Van Daan guarda cama debido a su costilla lastimada; se queja todo el día, hace renovar sus compresas y no se contenta con nada. Me gustaría volver a verla de pie y en sus cosas. Hay que hacerle justicia: es muy activa y ordenada; mientras se halla en buena condición física y moral, hasta se muestra buena compañera.

Porque se me dice: «¡chis, chis!» todo el día cuando hago demasiada bulla, mi compañero de alcoba cree poder permitirse el lanzarme sus «¡chis, chis!» durante la noche. ¿Es que ya no tengo el derecho de darme vuelta en la cama? Me niego a hacer caso a eso, y tengo la firme intención de devolver un «¡chis, chis!» la próxima vez. Me hace rabiar, sobre todo el domingo, cuando enciende la luz por la mañana temprano para hacer gimnasia. Eso dura —me parece a mí, ¡pobre víctima!— horas y horas, porque desplaza constantemente las sillas que sirven de larguero bajo mi cabeza todavía dormida. Después de haber terminado sus ejercicios de ablandamiento, agitando violentamente los brazos, el señor empieza a arreglarse, yendo ante todo a la percha para buscar sus calzoncillos. Ida y vuelta. Lo mismo para su corbata olvidada sobre la mesa chocando, como es natural, cada vez, contra mis sillas.

Pero ¿para qué aburrirte con viejos señores insoportables? Mis gemidos no harán cambiar las cosas. En cuanto a mis medios de venganza tales como destornillar la lámpara, cerrar la puerta con llave, esconder las ropas, renuncio a ellos para que reine la paz.

¡Oh, me he vuelto muy razonable! Aquí se necesita buen sentido para todo: para aprender a escuchar, para callarse, para ayudar, para ser amable, y quién sabe para qué más aún. Temo que abusen de mi cerebro, ya de por sí no demasiado lúcido, y que no quede nada de él después de la guerra.

Tuya.   ANA

Miércoles, 13 de enero de 1943.

Querida Kitty:
Toda esta mañana me han molestado, y no he podido acabar nada convenientemente.

El terror reina en la ciudad. Noche y día, transportes incesantes de esas pobres gentes, provistas tan sólo de una bolsa al hombro y de un poco de dinero. Estos últimos bienes les son quitados en el trayecto, según dicen. Se separa a las familias, agrupando a hombres, mujeres y niños.

Los niños al volver de la escuela, ya no encuentran a sus padres. Las mujeres, al volver del mercado, hallan sus puertas selladas y notan que sus familias han desaparecido.

También les toca a los cristianos holandeses: sus hijos son enviados obligatoriamente a Alemania. Todo el mundo tiene miedo.

Centenares de aviones vuelan sobre Holanda para bombardear y dejar en ruinas las ciudades alemanas; y a cada hora, centenares de hombres caen en Rusia y en África del Norte. Nadie está al abrigo, el globo entero se halla en guerra, y aunque los aliados ganen la guerra, todavía no se ve el final.

Y nosotros sí, nosotros estamos bien, mucho mejor huelga decirlo, que millones de otras personas. Nosotros estamos aún a resguardo y nos comemos el dinero que pretendemos nuestro. Nosotros somos a tal punto egoístas que nos permitimos hablar de la posguerra, regocijándonos de la perspectiva de ropas nuevas y de zapatos nuevos, cuando deberíamos economizar cada céntimo para salvar a los afligidos después de la guerra, o, al menos, todo lo que quede por salvar. Se ve a los niños de aquí circular con blusita de verano, zuecos en los pies sin abrigo, ni gorra, ni medias, y nadie acude en su ayuda. No tienen nada en el vientre y, royendo una zanahoria abandonan el departamento frío para salir al frío y para llegar a una clase más fría aún. Muchos niños detienen a los transeúntes para pedirles un trozo de pan. Holanda ha llegado a eso.

Podría seguir durante horas hablando de la miseria acarreada por la guerra, pero eso me desalienta de más en más. No nos queda más que aguantar y esperar el término de estas desgracias.

Judíos y cristianos esperan, el mundo entero espera, y muchos esperan la muerte.

Tuya. ANA

Sábado, 30 de enero de 1943.

Querida Kitty:

Me repudro y rabio, sin poder demostrarlo. Me gustaría gritar, golpear con los pies, llorar, sacudir a mamá, sacudirla bien; querría no sé qué... ¿Cómo soportar de nuevo, cada día, esas palabras hirientes, esas miradas burlonas, esas acusaciones, como flechas lanzadas por un arco demasiado tenso, que me penetran y que son tan difíciles de retirar de mi cuerpo?

A Margot, a Van Daan, a Dussel y también a papá yo querría gritarles: «Déjenme en paz, déjenme dormir una sola noche sin mojar de lagrimas mi almohada, sin esos latidos en mi cabeza y sin que los ojos me ardan. ¡Déjenme partir, déjenme abandonarlo todo, y sobre todo este mundo!»

Pero soy incapaz de eso, no puedo traslucirles mi desesperación, no puedo exponer a sus miradas las heridas que me causan, ni soportar su lástima o su burlona bondad, lo que me haría gritar tanto más. Ya no puedo hablar sin que se me juzgue afectada, ni callarme sin ser ridícula, soy tratada de insolente cuando respondo, de astuta cuando tengo una buena idea, de perezosa cuando estoy fatigada, de egoísta cuando como un bocado de más, de estúpida, de apocada, de calculadora, etcétera. Durante todo el día no oigo más que eso, que soy una chiquilla insoportable; aunque me ría y finja desentenderme, confieso que eso me hace efecto. Tomaría a Dios por testigo y le pediría que me diese otra naturaleza, una naturaleza que no provocara la cólera ajena.

Pero es imposible, no puedo rehacerme, y sé bien que no soy tan mala como pretenden. Hago cuanto puedo por contentar a todo el mundo a mi alrededor; te aseguro que mis esfuerzos los dejarían cavilosos; cuando estoy en casa de nuestros vecinos, me río a la menor cosa para no darles a entender que soy desgraciada.

Más de una vez, después de reproches interminables y poco razonables, le he lanzado a mamá, en la cara:

—No me importa lo que tú dices. No te ocupes más de mí. Yo soy un caso desesperado, ya lo sé.

A renglón seguido me ha sido menester oír que era una insolente; durante dos días se ignora mi existencia, o poco más o menos, y luego todo es olvidado y vuelve a entrar en su órbita... para los demás.

Me es imposible ser un día la chiquita bonita, cuando la víspera estuve a punto de lanzarles mi odio a la cara. Prefiero mantenerme en un justo término medio, que desde luego no tiene nada de justo, y guardarme para mí mis pensamientos. Si vuelven a tratarme con desprecio, adoptaré por una vez la misma actitud hacia ellos, para probar.

¡Ah, si fuese capaz de hacerlo!

Tuya.   ANA

Viernes, 5 de febrero de 1943.

Querida Kitty:
No creas que no haya más altercados porque ya no te los menciono; eso no ha cambiado. Poco después de su llegada, el señor Dussel había tomado nuestra incompatibilidad de genio más o menos a lo trágico, pero ahora ha empezado a acostumbrarse y ha abandonado todo esfuerzo por tratar de arreglar las cosas.

Margot y Peter son ambos tan aburridos y fastidiosos, que no se les debería incluir entre los que se llaman «jóvenes». Yo sirvo de contraste, y oigo a cada momento:

—¡Margot y Peter no harían eso!

¡Los dos ejemplos eternos! Me sacuden los nervios. Te confieso que no tengo ninguna gana de ser como Margot; ella, para mi gusto, es demasiado indiferente y tornadiza, es la primera que cede en una conversación, y está siempre de acuerdo con quien dice la última palabra. Yo, por mi parte, quiero ser más firme de espíritu. Pero estas teorías me las guardo para mí. ¿Acaso no se me burlarían si las expusiera como defensa?

En la mesa, la atmósfera es muy tensa la mayoría de las veces. Por suerte, los estallidos son interrumpidos en ocasiones por los comedores de sopa, es decir, por los pocos iniciados de la oficina que vienen a buscar una escudilla de potaje.

Esta tarde, el señor Van Daan ha hecho notar, una vez más, que Margot come muy poco.

—Sin duda, para mantener la línea —agregó en tono zumbón.

Tomando la defensa de Margot, como de costumbre, mamá dijo en alta voz:

—No puedo seguir soportando sus estúpidas observaciones.

La señora Van Daan enrojeció como una peonia, el señor miró fijamente por un segundo, y se calló. El uno o el otro nos hacen reír tarde o temprano; pocos días atrás, la señora Van Daan habíase exaltado a propósito de sus recuerdos de juventud, de una tontería irresistible: se entendía con su padre a las mil maravillas, había tenido tantos pretendientes, etcétera.

—Y, ¿saben ustedes? —prosiguió—, mi padre me aconsejó que dijera a un caballero que se estaba volviendo demasiado demostrativo: «¡Señor, no olvide usted que soy una dama!»

Nos echamos a reír a carcajadas.

Tuya.   ANA

Sábado, 27 de febrero de 1943.

Querida Kitty:

Pim espera el desembarco de un día a otro. Churchill tuvo una pulmonía, de la que se restableció lentamente. Gandhi, el libertador de la India, hace, una vez más, la huelga de hambre.

La señora Van Daan pretende ser fatalista. Pero ¿quién es la más chillona durante los bombardeos? Nadie más que Petronella.

Henk nos ha traído el sermón impreso por los obispos y distribuido entre los fieles de la iglesia. Es magnífico y está muy bien escrito: «Holandeses, no os quedéis acostados, combatid, todos y cada uno, con vuestras propias armas, por la libertad de la patria, del pueblo y de la religión. Dad, socorred sin titubeos.» ¡Y eso viene del púlpito! ¿Van a dar en seguida? Nuestros correligionarios seguramente que no. Imagínate lo que nos sucede. El propietario ha vendido este edificio, sin avisar antes a Kraler y Koophuis. La otra mañana tuvieron la visita del nuevo propietario, acompañado de un arquitecto, que ha venido a examinar la construcción. El señor Koophuis se encontraba afortunadamente aquí para hacer los honores; les enseñó toda la casa, salvo nuestro Anexo, diciéndoles que la llave de esta puerta la tenía en su domicilio. El nuevo propietario no ha insistido. ¡Con tal de que no vuelvan para echar una ojeada al Anexo! Nos veríamos en un buen aprieto.

Papá ha renovado uno de los ficheros, que nos servirá a Margot y a mí para los libros que ya hemos leído; cada una inscribirá el título de los libros, el autor, etcétera. Yo tengo un cuaderno especial para las palabras extranjeras.

Las cosas marchan mejor entre mamá y yo desde hace algunos días, pero nunca seremos la una confidente de la otra. Margot está cada vez más pronta a sacar las uñas, y papá tiene algo que le fastidia, pero es siempre muy bueno.

Nuevas raciones de manteca y de margarina en la mesa. En cada plato, tantas materias grasas. En mi opinión, los Van Daan no tienen la noción del reparto equitativo, pero mis padres temen demasiado las disputas para permitirse una observación. Por mi parte, yo no perdería una ocasión de portarme igual con esas gentes.

Tuya.   ANA

Miércoles, 10 de marzo de 1943.

Querida Kitty:
Anoche tuvimos un cortocircuito, precisamente durante un bombardeo. No puedo librarme del miedo a los aviones y a las bombas, y me paso casi todas las noches en el lecho de papá, buscando allí protección. Es una niñería, lo admito, pero si tú tuvieras que pasar por eso... Los cañones hacen un estruendo de mil diablos, que nos vuelve sordos. La señora fatalista estaba a punto de soltar las lágrimas cuando dijo, con una vocecita quejumbrosa:

—¡Oh, qué desagradable es eso que tiran!

Lo que quería decir: «Me muero de miedo.»

A la luz de las velas era menos terrible que en la oscuridad. Yo me estremecía como si tuviera fiebre y suplicaba a papá que reencendiera la velita. Él era inflexible: había que permanecer en la oscuridad. De repente, empezaron a tirar con las ametralladoras, lo que es cien veces más aterrador que los cañones. Mamá saltó de la cama y encendió la vela, a pesar de que papá refunfuñaba. Mamá se mantuvo firme, replicando:

—¿Es que tomas a Ana por un viejo soldado?

Asunto concluido.

¿Te he hablado ya de los otros miedos de la señora Van Daan? Creo que no. Sin ello, no estarías completamente al tanto de las aventuras del Anexo. Una noche, la señora creyó oír ladrones en el granero: percibía sus pasos, no cabía duda, y estaba tan asustada, que despertó a su marido. Pero en ese momento los ladrones habían desaparecido: el señor no oyó más que el tumulto de los latidos del corazón de la fatalista.

—¡Oh, Putti! (apodo del señor). Seguramente se han llevado los salchichones y todas nuestras bolsas de porotos. ¿Y Peter? ¿Estará todavía Peter en su cama?

—No te alarmes, no han robado a Peter. No tengas miedo y déjame dormir.

Pero no hubo más remedio. La señora sentía tal pavor, que ya no podía volver a dormirse. Algunas noches después despertó a su marido y a su hijo debido al ruido que hacían unos fantasmas. Peter subió al granero con la lámpara de bolsillo, ¿y qué vio? ¡Brrr! ¡Un montón de ratas que huían! Los ladrones habían sido descubiertos. Hemos dejado a Mouschi en el granero para que cace a los indeseables, que no han vuelto, por lo menos de noche.

Noches atrás, Peter subió a la buhardilla a buscar periódicos viejos. Al bajar la escalera, apoyó la mano, sin mirar, en... una rata enorme. Le faltó poco para que rodase de terror y de dolor, porque la rata le mordió el brazo, ¡y cómo! Al entrar en nuestra habitación estaba pálido como la cera y con su pijama todo manchado de sangre: apenas si se mantenía en pie. ¡Qué sorpresa tan fea! No es divertido eso de acariciar a una rata que, por añadidura, le muerde a uno. Es espantoso.

Tuya.

ANA

Viernes, 12 de marzo de 1943.

Querida Kitty:

Permíteme que te presente a mamá Frank, última campeona de los niños. Ella reclama manteca suplementaria para los jóvenes; se trata de los problemas de la adolescencia moderna. Problema tras problema, mamá los defiende todos y entabla la lucha en pro de la juventud; y, aunque los mayores se encalabrinen, el triunfo siempre es suyo.

Una orza de conserva de lengua a la escarlata se ha echado a perder. Cena de gala para Mouschi y Boche.

Tú no conoces aún a Boche, que, sin embargo, formaba ya parte del edificio antes de nuestra llegada al Anexo. Es el gato de la oficina, o, mejor dicho, del almacén, donde tiene a las ratas a raya. Su nombre político se explica como sigue: la empresa poseía dos gatos, uno para el almacén y otro para el granero. Cuando estos dos gatos se encontraban, libraban siempre batallas monstruosas. El del almacén atacaba infaliblemente primero, mientras que, a la larga, el del granero salía siempre vencedor. Exactamente como en la política. Agresivo, o alemán, al gato del almacén se le había dado el nombre de Boche, y al gato del granero, con su carácter inglés, Tommy. Tommy ha desaparecido, y Boche nos distrae cuando bajamos a la oficina.

Comemos tantos porotos blancos y rojos, que ya no puedo verlos. ¡Se me paraliza el corazón con sólo pensar en ellos! Las pequeñas cenas antes de ir a dormir han sido suprimidas.

Papá acaba de declarar que no está de buen humor; muestra los ojitos tristes, ¡pobre viejo!

Soy esclava del libro *De Klop op de Deur,* de Ina Boudier-Bakker. La descripción de familia resulta muy bien, y está perfectamente escrito, aunque los capítulos vinculados a la guerra y a la emancipación de las mujeres me gustan menos: en verdad, eso no me interesa bastante.

Violentos bombardeos sobre Alemania. El señor Van Daan está enfadado, y con razón: no tiene cigarrillos. Deliberación sobre el problema de comer o no comer legumbres en latas; decisión a nuestro favor.

Ya no me sirve mi calzado, salvo las botinas, que son poco prácticas para la casa. Un par de sandalias de paja al precio de seis y medio florines, ha durado una semana, después de ser puestas fuera de combate. Miep quizá encuentre algo en el mercado negro. Tengo que ir a cortarle el pelo a Pim. Él asegura que no querrá otro peluquero después de la guerra, a tal punto me desempeño bien en mi tarea. ¡Yo le daría crédito, si tan a menudo no le hiciera un corte en la oreja! Tuya.   ANA

Jueves, 18 de marzo de 1943.

Querida Kitty:
Turquía va a entrar en la guerra. Gran emoción. Aguardamos las transmisiones conteniendo el aliento.
Tuya.   ANA

Viernes, 19 de marzo de 1943.

Querida Kitty:
Decepción, apenas una hora después de la alegría; Turquía aún no está en guerra; el discurso del ministro no era más que un llamamiento a suspender la neutralidad. Un vendedor del centro de la ciudad ha gritado: «¡Turquía al lado de los ingleses!» Liquidados así en un abrir y cerrar de ojos, sus diarios llegaron hasta nosotros con sus falsas noticias.

Los billetes de quinientos y de mil florines van a ser declarados caducos. Quienes se ocupan del mercado negro, etcétera, van a verse en apuros, pero es mucho más serio para los propietarios que ocultan su dinero y para quienes están escondidos por la fuerza de las circunstancias. Cuando se quiere cambiar un billete de mil, se está obligado a declarar y probar su proveniencia. Podrán utilizarse para pagar los impuestos, hasta la semana próxima.

Dussel ha hecho traer su perforadora. Bien pronto voy a ser sometida a una examen minucioso.

El Führer de los germanos ha hablado delante de sus soldados heridos. ¡Triste audición! Preguntas y respuestas poco más o menos de esta clase.

—Mi nombre es Heinrich Scheppel.

—¿Dónde fue usted herido?

—En el frente de Stalingrado.

—¿Qué heridas?

—Dos pies helados y fractura del brazo izquierdo.

Esta transmisión se parecía al teatro de títeres. Los heridos parecían estar muy orgullosos de sus heridas; cuantas más tenían, más orgullosos se sentían. Uno de éstos parecía demasiado turbado para hablar

convenientemente, por la simple razón de que le fue permitido tender
al Führer la mano (si es que le quedaba una).
Tuya.   ANA

Jueves, 25 de marzo de 1943.

Querida Kitty:
Ayer, cuando estábamos agradablemente reunidos papá, mamá,
Margot y yo, Peter entró bruscamente y murmuró algo al oído de
papá. Yo pude vagamente oír: «Un tonel derribado en el almacén», y
«alguien que está tocando en la puerta», tras lo cual salieron en seguida.
Margot había comprendido lo mismo, pero trataba de calmarme,
porque, naturalmente, yo me había puesto lívida.
Ya solas, las tres, no había más que aguardar. Apenas dos minutos
más tarde, la señora Van Daan, prevenida por Pim, vino a reunírsenos
muy despacio. Después de otros cinco minutos, Peter y Pim reaparecieron, muy pálidos, y nos contaron sus desventuras. Se habían
puesto en acecho al pie de la escalera, al principio sin resultado. De
pronto —nada de ilusión— oyeron dos golpes violentos, como si
golpeasen dos puertas. De un salto, Pim subió hasta nuestra casa; al
pasar, Peter avisó a Dussel, que, como siempre, era el último en
unirse a nosotros. Todos nos pusimos en marcha para subir a casa de
los Van Daan, no sin antes quitarnos el calzado. El señor Van Daan
estaba en cama con resfrío; nos agrupamos alrededor de su cabecera
para cambiar, en voz baja, nuestras sospechas.
Miedosas, la señora Van Daan y yo casi dábamos vuelta a los ojos
cada vez que el señor tosía; por fin, uno de nosotros tuvo la luminosa
idea de darle codeína; los accesos se calmaron inmediatamente.
Tras una espera interminable, hemos supuesto que, puesto que ya
no se percibía ningún ruido, los ladrones habían oído nuestros pasos
en aquellas oficinas cerradas, y habían emprendido la fuga. Pensamos
con aprensión en el receptor de radio, a cuyo alrededor las sillas
formaban círculo, y que todavía estaba sintonizado con Inglaterra. Si
la puerta hubiera sido forzada y si alguien iba a advertir a la policía
denunciando tal irregularidad, las consecuencias no podrían ser más
serias. El señor Van Daan se levantó, se puso el abrigo y el sombrero,
siguió a papá, y ambos bajaron la escalera; Peter, que para mayor
seguridad se había armado de un gran martillo, se unió a ellos. Las
señoras, Margot y yo quedamos en una espera angustiosa durante
cinco minutos; por fin, los señores reaparecieron para decirnos que
todo estaba tranquilo en la casa.

Quedaba entendido que no utilizaríamos el agua de los grifos, ni la descarga del W.C. Pero la emoción causó el mismo efecto en cada uno de nosotros. Se hacía cola frente al retrete: puedes imaginar el olor... Cuando un incidente de tal clase sucede, siempre hay un montón de cosas que se mezclan a él, y en este caso: 1º, el carillón de la Westertoren ya no sonaba, y por tanto yo me veía privada de ese amigo que infaliblemente me infundía confianza; 2º, nos preguntábamos si la puerta de la casa había sido bien cerrada la víspera, porque el señor Vossen había partido antes de la hora esa tarde, e ignorábamos si Elli pensó en pedirle la llave antes de que se fuera.

Sólo alrededor de las once y media de la noche cada uno de nosotros pareció un poco más tranquilo. Los ladrones nos habían alarmado a eso de las ocho. A pesar de su rápida fuga, nos hicieron pasar una velada de execrable incertidumbre. Bien pensado, nos pareció extremadamente improbable que un ladrón se arriesgara a forzar una puerta de entrada, a una hora en que la gente circula aún por las calles. Además, uno de nosotros sugirió que el capataz de nuestros vecinos podía haber trabajado hasta más tarde, que el ruido podía provenir de allí, puesto que las paredes eran delgadas; en tal caso, la emoción general habría jugado una mala pasada a nuestro oído, y nuestra imaginación habría hecho lo demás, durante aquelllos instantes críticos.

Nos acostamos, por fin, aunque nadie tuviera sueño. Papá, mamá y Dussel pasaron una noche casi en blanco; en cuanto a mí, puedo decir, sin exageración, que apenas si cerré los ojos. Al alba, los señores bajaron hasta la puerta de entrada para observar la cerradura: todo estaba en orden y, por tanto, nos tranquilizamos.

Cuando contamos a nuestros protectores nuestra aventura y nuestras inquietudes en todos sus detalles, empezaron a burlarse de nosotros; pasado el susto, es bien fácil reírse de estas cosas. Solamente Elli nos ha tomado en serio.

Tuya.   ANA

Sábado, 27 de marzo de 1943.

Querida Kitty:
Hemos terminado el curso de taquigrafía por correspondencia, y vamos a dedicarnos a la velocidad.

¡Cómo nos hemos hundido! Aún tengo cosas que contarte sobre mis estudios durante los días de tumba (así llamo yo a este periodo que nos obliga a vivir escondidos, en la esperanza de que no será mucho tiempo): me entusiasman la mitología y, sobre todo, los dioses griegos y romanos. «Es una chifladura pasajera», dicen los que me rodean; nunca han oído hablar de una escolar que aprecie a los dioses a ese punto. ¡Bah, seré yo quien rompa el fuego!

El señor Van Daan sigue resfriado, o, mejor dicho, tiene la garganta un poco irritada. Resulta fantástico con sus aspavientos. Hace gárgaras con una infusión de manzanilla y se pincela el paladar con azul de metileno, se desinfecta los dientes, la lengua, hace inhalaciones, y, además, el caballero está de mal humor.

Rauter, uno de los grandes bonetes nazis, ha pronunciado un discurso: «Todos los judíos deberán abandonar los países germánicos antes del 1º de julio. La provincia de Utrecht será depurada del 1º de abril al 1º de mayo (como si se tratase de camanduleros); en seguida, las provincias de Holanda del Norte y del Sur, del 1º de mayo al 1º de junio.» Llevan a esas pobres gentes al matadero como un tropel de animales enfermos y sucios. Pero prefiero no hablar de eso, porque es una pesadilla.

Una buena pequeña noticia: el Buró de colocación alemán ha sido saboteado, le han prendido fuego. Algunos días más tarde, otro tanto con el Buró de la población, en el que hombres disfrazados de polizontes alemanes han maniatado a los centinelas y se han apoderado de documentos importantes.

Tuya.

ANA

Jueves, 1º de abril de 1943.

Querida Kitty:

Nada de pescado de abril hoy —ver fecha—;[1] al contrario, hay algo serio, que justifica que diga: «Una desgracia nunca viene sola.»

Ante todo, el señor Kopphuis, ese protector que nunca deja de alentarnos, tuvo ayer una fuerte hemorragia en el estómago y tiene que guardar cama al menos tres semanas. Luego, Elli está con gripe.

---

[1] A fines del siglo XVI, Carlos IX, rey de Francia, dictó una ordenanza que debía convulsionar las costumbres de esa época, pues designaba el 1º de enero como primer día del año, que hasta esa época comenzaba el 1º de abril. De ahí proviene que el 1º de abril, en algunos países de Europa, aún hoy, formulen felicitaciones de fantasía o bromas que llegan hasta hacer falsos regalos. Estas mistificaciones tomaron el nombre de «pescadores de abril» probablemente debido al signo zodiacal, Piscis, correspondiente a dicha fecha. (*N. del T.*)

Además, el señor Vossen tiene probablemente también una úlcera en el estómago, y será internado en el hospital, la semana próxima, para que lo operen. Por añadidura, importantes conversaciones de negocios iban a entablarse, y ya habían sido fijados los detalles entre papá y Koophuis. El tiempo faltaba para poner suficientemente al tanto a Kraler, el único portavoz que nos quedaba.

Esta reunión de hombres de negocios en la oficina privada, tenía a papá terriblemente ansioso en cuanto al resultado.

—¡Si yo pudiera estar presente! ¡Ah, si yo pudiera estar allí! —exclamaba.

—¿Por qué no pegas el oído al suelo? —le aconsejaron—. Como ellos están en la oficina privada, lo oirías todo.

El rostro de papá se iluminó. Ayer por la mañana, a las once y media, Margot y Pim (dos oídos valen más que uno) se tendieron a todo lo largo para tomar el puesto de escucha. La conversación, inacabada por la mañana, postergóse hasta la tarde. Papá estaba acalambrado por aquella postura poco práctica, e incapaz de proseguir la campaña de espionaje, a las dos y media, cuando las voces hiciéronse oír, me rogó que lo reemplazara al lado de Margot. Pero las conversaciones se eternizaban y se hacían tan aburridas, que me dormí sobre el linóleo duro y frío. Margot no se atrevió ni siquiera a tocarme, y mucho menos a llamarme, por miedo al menor ruido que delatara nuestra presencia. Me desperté después de una buena media hora, y me había olvidado de la conversación importante. Afortunadamente, la atención de Margot no había flaqueado.

Tuya.   ANA

Viernes, 2 de abril de 1943.

Querida Kitty:

¡Ay!, otro pecado viene a agregarse a mi ya larga lista. Anoche, cuando ya estaba acostada, aguardando a papá que debía rezar conmigo, antes de darme las buenas noches, mamá entró, se sentó en mi cama y me preguntó muy discretamente:

—Ana, ya que papá no está todavía aquí, ¿quieres que recemos juntas esta vez?

—No, mamá —contesté.

Mamá se levantó, se quedó quieta un poco, se dirigió lentamente hacia la puerta, de donde se volvió de repente y, el rostro demudado por la aflicción, dijo:

—Prefiero no enojarme. Al cariño no se le ordena.

Las lágrimas resbalaban por sus mejillas cuando cerró la puerta.

Yo permanecí inmóvil, juzgándome odiosa por haberla rechazado tan brutalmente, aunque sabiendo que no podía responder de otra manera. Yo soy incapaz de hipocresías, e incapaz de rezar con ella a disgusto. Lo que ella me había pedido era sencillamente imposible. Sentí lástima de mamá, la compadecí de todo corazón, pues por primera vez en mi vida me daba cuenta de que mi frialdad no le era indiferente. La pesadumbre se leía en su cara cuando dijo que al cariño no se le ordena. La verdad es dura. Sin embargo, mamá me ha rechazado —es también la verdad—, me ha abrumado siempre con sus observaciones intempestivas y sin tacto, y se ha mofado de cosas que yo me resisto a tomar por bromas. Ella se ha estremecido al comprobar que todo amor entre nosotras ha desaparecido verdaderamente, exactamente como yo me estremecía al recibir cada día sus duras palabras.

Ella ha llorado largo rato y ha pasado una noche en blanco. Papá no me mira casi, y, cuando sus ojos se cruzan con los míos, puedo leer en ellos. «¿Cómo has podido ser tan mala, cómo te has atrevido a causar esa pena a tu madre?»

Ellos esperan que yo me disculpe, pero es imposible disculparme en un caso semejante, porque he dicho una verdad que, tarde o temprano, mamá se verá obligada a reconocer. Ya no necesito aparentar, pues me he vuelto indiferente a las lágrimas de mamá y a las miradas de papá; por primera vez, ambos se aperciben de lo que siento constantemente. No puedo sino apiadarme de mamá, que se ve obligada a guardar su compostura ante mí. Por mi parte, he resuelto callarme y mantenerme fría; no recularé ante ninguna verdad, sea la que fuere, pues cuanto más tarde en decirla, más costará oírla.

Tuya. ANA

Martes, 27 de abril de 1943.

Querida Kitty:

Las disputas hacen retumbar toda la casa. Mamá contra mí, los Van Daan contra papá, la señora contra mamá. Todo el mundo está encolerizado. ¿Nos divertimos, eh? Los innumerables pecados de Ana han sido puestos de nuevo sobre el tapete, en toda su amplitud.

El señor Vossen está en el hospital. El señor Koophuis se ha restablecido más pronto de lo que se creía, pues, por esta vez, su hemorragia del estómago ha sido combatida fácilmente. Nos ha contado que el Buró de población ha sido tan bien tratado por los bomberos, que no solamente han extinguido las llamas, sino que, además, han dejado todo el interior bajo agua. Eso me alegra. El Carlton Hotel está en ruinas; dos aviones ingleses con un pesado cargamento de bombas incendiarias, han acertado con el *Offiziersheim*, dando fuego a todo el inmueble de la esquina. Los ataques de la R.A.F. a las ciudades alemanas son cada vez más numerosos. Se acabó el descanso por la noche; tengo unas ojeras enormes por falta de sueño. Nuestra alimentación es abominable. Desayuno: pan duro y sucedáneo de café. Comida: espinacas o ensalada, desde hace quince días. Las papas, de veinte centímetros de largo, saben a podredumbre azucarada. ¡Quienes deseen adelgazar no tienen más que hacerse pensionistas del Anexo! Nuestros vecinos no dejan de lamentarse; pero nosotros tomamos la situación menos a lo trágico. Todos los hombres que hayan sido movilizados o que hayan combatido en 1940 son llamados para el trabajo obligatorio en Alemania. ¡Una medida más, sin duda, contra el desembarco!

Tuya.   ANA

Sábado, 1º de mayo de 1943.

Querida Kitty:

Al reflexionar, de vez en cuando, sobre la manera como vivimos aquí, llego casi siempre a la misma conclusión: en comparación con los judíos que no están escondidos, nosotros debemos creernos en el paraíso. Sin embargo, más tarde, cuando todo retorne a la normalidad y habitemos, como antes, nuestra casa decentemente arreglada, no podré dejar de asombrarme al recordar hasta qué punto nos vemos ahora reducidos.

Reducidos, en el verdadero sentido de la palabra, en lo que concierne a nuestra manera de vivir. Por ejemplo, desde que estamos aquí, utilizamos el mismo hule, que ya no puede llamarse limpio después de un uso tan prolongado. Trato a menudo de frotarlo con un repasador, pero éste tiene más de agujeros que de repasador. Por mucho que se lave y enjabone la mesa, nunca se logra nada satisfactorio. Durante todo el invierno, los Van Daan han dormido sobre un retazo de franela que no se puede lavar aquí, por la mala clase y la escasez del detergente. Papá lleva un pantalón raído y una corbata deshilachada. El corsé de mamá ha exhalado hoy su último suspiro, en tanto que Margot se pasea con un corpiño demasiado pequeño, de dos presillas.

Mamá y Margot han llevado alternativamente, durante todo el invierno, las tres mismas camisas; las mías se han vuelto tan cortas, que ni siquiera me llegan al ombligo.

Desde luego, todas esas cosas son pasajeras, y por tanto intrascendentes, pero a veces tengo mis aprensiones: «Nosotros, que nos adaptamos actualmente a nuestras cosas requeteusadas, desde mis calzones hasta la brocha de afeitar de papá, ¿volveremos a ver un día el tren de vida de la preguerra?»

Esta noche, los aviones han bombardeado de tal forma, cuatro veces, que he empaquetado todas mis cosas. Hoy, hasta he preparado una maletita con lo estrictamente necesario en caso de huida. Mamá me ha preguntado, y con razón:

—¿A dónde quieres huir?

Toda Holanda es castigada por sus numerosas huelgas. Ha sido declarada en estado de sitio, y su ración de pan reducida a cien gramos por persona. ¡Ahí tienen los niños que no han sido buenos!

Tuya.   ANA

Martes, 18 de mayo de 1943.

Querida Kitty:

He sido espectadora de una batalla monstruosa entre aviones ingleses y alemanes. Desgraciadamente, algunos aliados han sido obligados a abandonar sus aparatos incendiados y a saltar en paracaídas. Nuestro lechero, que vive cerca de la ciudad, ha visto a cuatro canadienses sentados en la cuneta del camino, uno de ellos hablaba fluidamente el holandés, le ha pedido fuego para su cigarrillo y le han contado que ellos formaban un equipo de seis hombres. El piloto estaba carbonizado, y el quinto se había ocultado no sabían dónde. La feld-gendarmería ha ido a recoger a esos cuatro hombres en perfecta salud. ¿Cómo es posible conservar tal presencia de espíritu después de un salto tan formidable?

A pesar del calor primaveral, estamos obligados a encender la estufa todos los días para quemar las mondaduras de hortalizas y otros residuos. Como tenemos que preocuparnos del hombre del almacén, no podemos utilizar la cloaca. La menor imprudencia bastaría para delatarnos.

Todos los estudiantes que hayan terminado o piensan proseguir sus estudios este año han sido invitados a firmar una lista presentada por la Dirección, comprometiéndose a simpatizar con los alemanes y con el nuevo orden. El ochenta por ciento se han negado resueltamente a renegar de su conciencia y de sus convicciones, y han tenido que sufrir las consecuencias. Todos los estudiantes que no han firmado serán enviados a un campo de trabajo alemán. Si todos los jóvenes son condenados a trabajos forzados en tierra de nazis, ¿qué va a quedar de la juventud holandesa?

La noche pasada, yo estaba en la cama de papá, y mamá había cerrado la ventana, debido al bombardeo. De pronto, oí que uno de nuestros vecinos saltaba de la cama (no muy ligero, era la señora), e inmediatamente después, la detonación espantosa de una bomba. Grité: «¡Luz, luz!» Pim encendió. Yo esperaba ver la habitación devorada por las llamas de un momento a otro. No sucedió nada. Subimos rápidamente a ver qué era lo que les había alarmado. El señor y la señora Van Daan habían visto una luz rosada en el cielo. El señor había creído que había fuego no lejos de nosotros, y la señora que las llamas se habían apoderado de nuestra casa. La detonación de la bomba hízola saltar sobre sus piernas temblorosas. Pero como por aquí no había sucedido nada, volvimos a meternos todos en la cama.

Los disparos se reanudaron apenas un cuarto de hora más tarde. Inmediatamente, la señora Van Daan se levantó y bajó a la habitación del señor Dussel, buscando allí la calma que inútilmente procuraba encontrar al lado de su marido. Dussel la recibió con estas palabras:

—¡Ven a mi cama, hijita!

Lo que provocó en todo el mundo una loca risa histérica, que bastó para ahuyentar el miedo y hacer olvidar el estruendo de los cañones.

Tuya. ANA

Domingo, 13 de junio de 1943.

Querida Kitty:

Para mi cumpleaños, papá me ha escrito un cumplido que es demasiado bonito para dejar de mencionarlo. Pim no puede componer poemas sino en alemán, y Margot se encargó de la traducción. Según el fragmento que cito aquí, podrás juzgar si Margot se ha desempeñado bien en su cometido. Suprimo el comienzo, que no es más que un resumen de los acontecimientos del año transcurrido:

«Aunque ya no chiquilla, aún eres la más joven,
y tu vida no es fácil; cada cual quiere hacerse
un poco dueño tuyo y, como tal, ostenta
pretendidos derechos, contra tu voluntad:
—Soy yo quien te lo digo.
—Yo sé por experiencia
lo que has de hacer o no...
    Un día y otro día
    durante todo el año,
    te toca ir oyendo
    tan sagradas verdades.
¿Fallas de los fiscales?:
jamás tienen valor.
Ningún regaño suyo les duele nunca a ellos,
y solamente tú vas soportando el peso.
Y hasta tus pobres padres tienen la obligación
    de actuar como jueces
    aun sin saber ser justos.
Parecería extraño que a ti se te ocurriera
    criticar a los grandes;
    aunque es bien natural,
    ya que estás circundada
de estos viejos gruñones, que lanzan sus sermones
que tú has de engullirte como píldora amarga
    por conservar la paz.
Mas si el tiempo transcurre, no ha sido disipado,
    pues que están los estudios,
    y cuentas con los libros,
    y leer te entretiene.
Un punto delicado es la coquetería:
    —¿Qué me pondré esta tarde?
    —¿Qué me pondré mañana?
    —Ya no tengo calzones.
    —¡Qué harapo de camisa!
    —¡Oh, mi pobre calzado!
¡Ah, eso sí que es plaga! ¡Sí que es calamidad!»

He suprimido también algún otro pasaje que Margot no ha logrado
poner en verso. ¿No te parece lindo este poema? Además, he sido
muy obsequiada: tres bonitos regalos, entre ellos un grueso libro sobre

mi tema preferido: la *Mitología de Grecia y de Roma*. A propósito de golosinas, tampoco tengo que quejarme; como Benjamín, pienso que cada cual me ha sacrificado un poco de sus últimas reservas. En realidad me han honrado demasiado, dadas las circunstancias, y he recibido más de lo que merecía.

Tuya.   ANA

Martes, 15 de junio de 1943.

Querida Kitty:

Siempre tengo cosas que contarte, pero a menudo las paso por alto, por no juzgarlas bastante interesantes y, asimismo, por miedo de aburrirte con demasiadas cartas. He aquí las últimas novedades. Seré breve.

No han operado la úlcera del señor Vossen. En la mesa de operaciones, el cirujano ha comprobado que había un cáncer demasiado avanzado para arrancarlo. Ha vuelto a coserlo y lo ha mantenido en el hospital durante tres semanas, alimentándole bien, antes de mandarlo a casa. Le compadezco profundamente y, si pudiera salir, no habría dejado de ir a verle a menudo, para distraerle. ¡Cómo extrañamos al bueno de Vossen, que nos tenía tan al corriente de todo cuanto sucede y se dice en el almacén, prestándonos ayuda y alentándonos! ¡Pobre amigo! ¡Qué desastre!

El mes próximo habrá que ceder el aparato de radio. El señor Koophuis está obligado a entregar el suyo a las autoridades. Pero nuestro protector ha comprado en el mercado negro un aparato Baby, que reemplaza al gran receptor Philips. Es una lástima tener que desprenderse de un aparato tan bueno, pero una casa que sirve de escondite no puede permitirse el atraer la atención de las autoridades con una irregularidad. Vamos a colocar aquí el receptor Baby; un receptor clandestino, en casa de judíos clandestinos que compran en el mercado negro con dinero clandestino, se encontrará completamente como en su casa. Todo el mundo se esfuerza por entrar en posesión de un viejo receptor para sustituir el que las autoridades reclaman. Cuanto peores son las noticias, más la voz maravillosa de las transmisiones de ultramar significa para todos ese alentador: «¡Ánimo, arriba el corazón, volverán tiempos mejores!», de que no podemos prescindir.

Tuya.   ANA

Domingo, 11 de julio de 1943.

Querida Kitty:
Con referencia una vez más al problema de la educación, puedo
asegurarte que me esfuerzo mucho por hacerme útil, por ser amable
y cariñosa, en una palabra, por cambiar el clima y atenuar la lluvia
de las observaciones. ¡Qué estupidez la de pretender ser ejemplar con
quienes no congeniamos! Pero, en verdad, comprendo que con un
poco de hipocresía tengo mucho más que ganar que con mis opiniones
sinceras, que nadie ha pedido ni estimado nunca.

A veces me olvido de interpretar la comedia y no puedo contener
la rabia cuando se produce una injusticia, de manera que necesito
soportar durante cuatro semanas o más las alusiones a «la chiquilla
más insolente del mundo». ¿No es como para compadecerme? Afortunadamente, no soy rezongona, pues me agriaría de más en más y
perdería para siempre mi buen humor.

Tengo ganas de dejar un poco la taquigrafía, después de todo el
tiempo que le he dedicado... Primero, para poder consagrarme mejor
a mis otras asignaturas, y luego, por mis ojos. ¡Otra calamidad! Cada
día me vuelvo más miope, y hace tiempo que hubiera debido usar
lentes (¡uf, parecería un búho!), pero imaginarás que nosotros, para
salir... Ayer, en toda la casa no se ha hablado más que de los ojos de
Ana, porque mamá ha sugerido que yo fuera al consultorio del oculista
acompañada de la señora Koophuis. Ante esta sola perspectiva, creí
desmayarme. Salir... no es una tontería.

¿Puedes imaginártelo? ¡Salir a la calle! ¡Estar en la calle! Es
inimaginable. Al principio, sólo al pensarlo, tuve mi buen susto; luego,
me sentí encantada. Pero no es tan sencillo como parece. Esta decisión
concierne a todo el mundo, y como todos los interesados tienen algo
que decir, no han podido ponerse de acuerdo así como así. Todas las
dificultades, todos los riesgos han sido pesados y sopesados, aun
cuando Miep se haya ofrecido inmediatamente para acompañarme.

Yo no tardé en sacar mi abrigo gris, pero se se ha quedado tan
chico, que parece pertenecer a mi hermana menor. Siento verdadera
curiosidad por ver qué resulta de eso, aunque pienso que ellos no se
seguirán ocupando del proyecto, porque, entretanto, los ingleses han
desembarcado en Sicilia y papá, una vez más, está persuadido de «un
final próximo y rápido».

Elli nos confía, a Margot y a mí, una gran parte de su trabajo de
oficina; eso le ayuda enormemente y a nosotras nos da importancia.

Se trata de clasificar la correspondencia y de inscribir las ventas; todo el mundo puede hacerlo, pero nosotras somos muy concienzudas. Miep está siempre cargada como un pequeño asno. No hace más que transportar paquetes. Casi todos los días, recorre kilómetros para descubrir legumbres que trae en grandes bolsas atadas a su bicicleta. Cada sábado, fielmente, llega con cinco libros de la biblioteca; los esperamos toda la semana con impaciencia. Exactamente como niñitos a quienes se ha prometido un juguete.

Jamás las personas libres podrían concebir lo que los libros significan para las personas escondidas. Libros, más libros, y la radio... Eso es toda nuestra distracción.

Tuya.   ANA

Martes, 13 de julio de 1943.

Querida Kitty:

Con permiso de papá, ayer después de almorzar, pregunté a Dussel si, por favor, querría concederme (¡más cortesía, imposible!) el uso de la mesa en el cuarto que compartimos, dos tardes por semana, de cuatro a cinco y media. Una pequeña explicación: yo la utilizo todos los días, de dos a cuatro, mientras Dussel duerme la siesta. A partir de las cuatro, la habitación y la mesa me están vedadas. Por la tarde, hay demasiada gente en el cuarto de mis padres para poder estudiar allí y, además, a papá también le gusta utilizar la mesa cuando tiene trabajo.

Yo considero haber pedido algo razonable, y lo hice por pura cortesía. ¿Y qué imaginarás que el señor Dussel contestó «No.» Lisa y llanamente. «No.» Yo estaba indignada. Le pregunté la razón de ese «no», bien decidida a no dejarme avasallar. ¡Pero él me mandó con viento fresco! He aquí lo que me dijo:

—Yo también tengo que trabajar. Si no trabajo por la tarde, no trabajo en absoluto. He de terminar mi tesis, que aún no está ni en su comienzo. Y tú, no tienes nada serio que hacer. La mitología no es trabajo; tejer y leer, tampoco. Yo me he reservado la mesita, y me la quedo.

He aquí mi respuesta:

—Pero señor Dussel, yo trabajo seriamente, todo lo seriamente que es posible; en la habitación de mis padres, es imposible, por la tarde. ¡Le ruego que tenga la amabilidad de reflexionar sobre lo que le he pedido!

Acto seguido, Ana, muy ofendida, le volvió la espalda, e hizo como si el gran doctor no existiera. Yo lo veía todo rojo frente a aquel Dussel abominablemente mal educado (¿verdad?), cuando yo me había mantenido tan correcta. Por la noche, me las arreglé para hablar a solas con Pim; le conté cómo habían sucedido las cosas, y discutí con él de qué manera tenía que portarme, porque no quería ceder y deseaba resolver el asunto completamente sola, si era posible. Pim me dio algunos vagos consejos, entre otros el de aguardar hasta el día siguiente, porque me sentía demasiado exaltada.

Pero eso no me gustaba. Después de limpiar la vajilla, me reuní con Dussel en mi cuarto; teniendo a Pim en la habitación de al lado y la puerta abierta, el aplomo no me faltaba. Empecé:

—Señor Dussel, usted quizá juzgue que no vale la pena considerar mi pedido más detenidamente, pero, sin embargo, yo le ruego que reflexione.

Dussel, con la más amable de sus sonrisas, observó:

—Sigo dispuesto, en todo instante, a hablar de ese asunto, aunque lo juzgue terminado.

A pesar de la interrupción de Dussel, seguí hablando:

—Cuando usted llegó a nuestra casa, quedó bien entendido que, al compartir la habitación conmigo, compartiríamos también su uso, y usted aceptó ocuparla por la mañana, en tanto que yo dispondría de ella por la tarde, ¡toda la tarde! Ni siquiera le pido tanto: dos tardes por semana me parece cosa razonable.

Dussel saltó como si una fiera lo hubiese mordido:

—Tú no tienes ningún derecho... Y, además, ¿a dónde quieres que vaya yo? Le diré al señor Van Daan que me construya un compartimiento en el granero para trabajar allí tranquilo; aquí no se está tranquilo en ninguna parte. No se puede vivir contigo sin reñir. Si tu hermana Margot hubiera venido a pedirme lo mismo y eso estaría más justificado, yo no habría pensado siquiera en negárselo; pero, a ti...

Siguieron entonces las mismas monsergas: la mitología, el tejido, etcétera. Es decir, humillaciones para Ana. Ella, sin embargo, no se dio por aludida y dejó terminar a Dussel:

—Pero, ¿qué quieres? Contigo es inútil cualquier discusión. Tú eres el egoísmo personificado, sólo piensas en hacer lo que se te antoja, no retrocedes ante nada ni nadie con tal de salirte con la tuya. Nunca he visto una niña igual. Pero, en resumidas cuentas, me veré obligado a aceptarlo; de lo contrario, no terminaré de oír más tarde que Ana Frank ha fracasado en sus exámenes porque el señor Dussel se negó a cederle la mesita a la señorita.

Y así sucesivamente, sin miras de acabar; a la larga, yo no podía seguirle ya. Ora pensaba: «Voy a darle tal bofetada, que se estrellará contra el techo con todos sus embustes»; y ora me decía a mí misma: «¡No pierdas las brújula, que este tipo no vale la pena!»

Por fin, el señor Dussel se quedó sin resuello, pero, a la vez, el enfado y el triunfo leíanse en su cara cuando dejó la habitación, con su gabán de bolsillos repletos de papelotes. Yo corrí hacia papá para repetirle mi pequeña discusión en todos sus pormenores, por si acaso no la había escuchado. Pim decidió volver a hablar de ello con Dussel, esa misma noche; el diálogo duró una media hora. Ellos recapitularon, poco más o menos, como sigue: se trataba de saber si Ana tenía o no derecho a su mesita. Papá le recordó que ellos ya habían hablado antes de eso. Él había tenido la debilidad, en aquel momento, de darle la razón, para mantener el prestigio de los mayores frente a los chicos. Pensándolo mejor, concretó papá, tenía que admitir que se había equivocado. Dussel protestó y dijo que Ana no tenía ningún derecho a tratarle como un importuno que se apodera de todo; papá protestó a su vez, diciendo que él mismo acababa de ser testigo de la conversación entre Dussel y yo, y que nada de semejante había sido dicho. Algunas observaciones aún, de una parte y de la otra, y papá terminó por defender mis estudios, que Dussel denominaba mi egoísmo y mis futilezas. Éste se contentó con refunfuñar.

Por último, no tuvo más remedio que acceder y dejarme estudiar dos tardes, sin interrupción hasta las cinco. Ha adoptado un gesto de suficiencia, y no me ha dirigido la palabra durante dos días. A las cinco en punto, viene a tomar posesión de su mesita —hasta las cinco y media— por pura niñería, naturalmente.

Una no puede pedirle a un viejo mono de cincuenta y cuatro años que cambie de manera de ser.

Tuya.   ANA

Viernes, 16 de julio de 1943.

Querida Kitty:
¡Un robo más, y esta vez de veras!

Esta mañana, a las siete, Peter, cuando bajó al almacén como de costumbre, notó inmediatamente que la puerta del almacén así como la puerta de entrada estaban abiertas de par en par. Informó de ello a Pim, que se apresuró a fijar la aguja del dial del aparato de radio en la onda de Alemania y a cerrar cuidadosamente la puerta del despacho privado antes de volver a subir con Peter.

La consigna para estos casos: no abrir ningún grifo, y, por tanto, no lavarse, mantenerse quietos, estar en acecho hasta las ocho, no utilizar el W.C... Consigna estrictamente observada. Los ocho habíamos dormido bien durante la noche, y nos alegrábamos de no haber oído nada. Sólo alrededor de las once y media el señor Koophuis ha venido a contarnos toda la historia: los rateros debían de haber abierto la puerta de entrada con una ganzúa, y forzado la puerta del almacén. Como allí no había gran cosa que robar, habían probado suerte con el primer piso.

Se han llevado dos cajitas conteniendo cuarenta florines, tarjetas de traspaso de valores y, lo más importante, todos los bonos de azúcar, que representan una provisión de ciento cincuenta kilos.

El señor Kopphuis piensa que estos ladrones y nuestros misteriosos visitantes de hace seis semanas —que, entonces, no lograron abrir las tres puertas—, deben de ser los mismos.

Este incidente ha tornado de nuevo tormentosa la atmósfera, pero el Anexo no parece por ello resentirse. Hemos tenido la satisfacción de haber podido conservar las máquinas de escribir y la gran caja, que subimos a casa todas las noches, para colocarlas en nuestro armario.

Tuya. ANA

Lunes, 19 de julio de 1943.

Querida Kitty:
El domingo, el norte de Amsterdam ha sido rudamente bombardeado. Una devastación espantosa. Calles enteras en ruinas; hará falta cierto tiempo antes de poder retirar todos los cadáveres. Se han contado, hasta ahora, doscientos muertos y numerosos heridos; los hospitales están atestados. Se oye hablar de niños que buscan a sus padres perdidos bajo las cenizas aún calientes.

Me estremezco al pensar en el refugio sordo y lejano que era para nosotros el presagio de esta destrucción.

Tuya. ANA

Viernes, 23 de julio de 1943.

Querida Kitty:
Quiero contarte lo que cada uno de nosotros desea hacer al salir de aquí. Lo que más desean Margot y el señor Van Daan es meterse hasta la barbilla en un baño muy caliente, y quedarse en él por lo menos media hora. La señora Van Daan, antes que cualquier otra cosa, quiere ir a comer golosinas. Dussel no puede pensar más que en Lotte, su mujer. Mamá, en su taza de café. Papá, en visitar al señor Vossen. Peter en ir al cine. Y yo me sentiría extasiada y tan contenta, que no sabría por dónde empezar.

Lo que yo más deseo es estar en mi casa, poder circular libremente, moverme y, en fin, ser dirigida en mis estudios, es decir, volver a la escuela.

Elli nos ha regalado frutas, ¡al precio a que están!... Uvas, cinco florines el kilo. Grosella, setenta centavos la libra. Un durazno, medio florín...Melón, florín y medio el kilo. Y todas las noches puede leerse en los diarios: «¡El alza de los precios es una especulación!»

Tuya.   ANA

Lunes, 26 de julio de 1943.

Querida Kitty:
Ayer, día tumultuoso, y lleno de emociones. Sin duda, tú te preguntarás cuándo pasamos un día sin emociones.

Alarma por la mañana, durante el desayuno, pero nos despreocupamos, porque eso quiere decir que los aviones se acercan por la costa. Luego me tendí durante una hora, debido a un fuerte dolor de cabeza, y me reuní con los demás alrededor de las dos de la tarde. A las dos y media, apenas Margot había terminado de ordenar su trabajo de oficina, las sirenas pusiéronse a rugir; ella volvió a subir en seguida conmigo. Era hora, pues, cinco minutos después, se produjeron tales sacudidas, que los cuatro nos refugiamos en el comedor. No cabían engaños: la casa temblaba y las bombas no estaban lejos.

Yo aferré mi maletita, más para asirme a algo que para huir, pues, de cualquier modo, nosotros no podíamos salir. Nuestra huida sólo sería en última instancia, y la calle nos reserva tantos peligros como los bombardeos. Después de media hora, hubo menos aviones; en cambio, una enorme batahola en la casa. Peter había vuelto a bajar de su puesto de observación del granero. Dussel se hallaba en el despacho. La señora creíase a salvo en la oficina privada. El señor Van Daan había visto todo el espectáculo desde la buhardilla. Y nosotros nos habíamos quedado en el pequeño corredor. Subí a la buhardilla para ver las columnas de humo por sobre el puerto, de que ellos hablaban. Bien pronto nos invadió un olor a quemado, y el aire de afuera se transformó en una bruma espesa.

Aunque el espectáculo de un gran incendio no sea un chiste, cada uno de nosotros retornó poco después a sus ocupaciones. ¡Y dichosos de poder hacerlo! Por la noche, a la hora de la cena, nueva alarma. Por una vez, comíamos bien, pero el rugido de las sirenas me quitó el apetito. Sin embargo, todo permaneció tranquilo hasta la señal del final de la alarma, tres cuartos de hora más tarde. Apenas fregados los platos, alarma, detonaciones, y un número inconcebible de aviones. «¡Cielos, dos ataques en un solo día es demasiado!», pero no se nos pedía nuestra opinión, una vez más, lluvia de bombas, ahora por el otro lado, por Schipol, según el comunicado inglés. Subiendo, bajando, los aviones hacían vibrar el aire y me ponían la piel de gallina. A cada momento, yo me decía: «Adiós, esta bomba es para ti.»

Puedo asegurarte que, al acostarme a las nueve, mis piernas temblaban todavía. A media noche exactamente: los aviones. Dussel estaba desvistiéndose; despertada por los primeros cañonazos, no hice caso de eso y salté de mi cama para ir a refugiarme en la de papá. Dos horas de vuelo y de tiros incesantes; luego, silencio. Me volví a mi cama, y me dormí a las dos y media de la mañana.

Las siete. Me desperté sobresaltada. Van Daan estaba con papá. Mi primer pensamiento fue el de los ladrones. Oí a Van Daan decir «todo», y pensé que lo habían robado todo. Pero no. Esta vez la noticia era maravillosa, la más deliciosa desde hacía varios meses, ¿qué digo?, desde que comenzó la guerra. «Mussolini ha presentado su renuncia al rey de Italia.» Exultábamos, todos y cada uno. Después de la espantosa jornada de ayer, por fin un buen presagio..., una esperanza. La esperanza del final, la esperanza de la paz.

Kraler ha venido a decirnos que Fokker había sido arrasado. Esta noche, dos nuevas alarmas. Estoy extenuada por las alarmas y por la falta de sueño, y no tengo ninguna gana de estudiar. Es la sacudida de Italia lo que nos tiene despiertos, y la esperanza de ver el fin de todo eso, quizá este mismo año...

Tuya.

ANA

Jueves, 29 de julio de 1943.

Querida Kitty:

La señora Van Daan, Dussel y yo estábamos fregando los platos. Y, lo que casi nunca ocurre e iba seguramente a llamar su atención: yo había guardado un silencio absoluto.

A fin de evitar cuestiones y lograr una distracción, yo había encontrado un tema que creía neutro: el libro *Henri van den Overkant.* ¡Ay, cómo me engañé! Si la señora Van Dan no me zahiere, es Dussel quien lo hace, y yo debí contar con él. Es él quien nos había recomendado dicho libro como extraordinario y excelente. Lo mismo que yo, Margot no lo encontró ni extraordinario ni excelente. Sin dejar de secar los platos, admití que el autor estaba acertado en el retrato del chico, pero que, en cuanto a lo demás..., era preferible no hablar; y me atraje la indignación del señor.

—¿Cómo puedes comprender la psicología de un hombre? Vaya y pase, si se tratara de un niño (¡!). Tú eres demasiado joven para un libro así; ni siquiera estaría al alcance de un hombre de veinte años.

(Entonces, ¿por qué nos lo recomendó tan calurosamente a las dos?)

Dussel y la señora Van Daan prosiguieron sus observaciones, por turno:

—Tú sabes demasiado para tu edad. Tu educación deja mucho que desear. Más tarde, cuando seas mayor, no encontrarás ya atractivo en nada, y dirás: «Todo eso ya lo leí en los libros, hace veinte años.» Apresúrate, pues, a enamorarte y a encontrar un marido, pues, si no, corres el riesgo de sufrir decepción tras decepción. Tú has aprendido todas las teorías. ¡No te falta más que la práctica!

¡Qué concepto tan curioso tienen ellos de la educación al azuzarme siempre contra mis padres, que es lo que hacen en realidad! ¡Y al callarse delante de una muchacha de mi edad cuando les sorprendo hablando de «cosas para los mayores»! Sin embargo, en su opinión, es un método también excelente. ¡Viendo los resultados, resultan preciosos!

En el primer momento, los hubiera abofeteado a los dos, que no encontraban nada mejor que ponerme en ridículo. Estaba fuera de mí. ¡Ah, si pudiera saber cuándo me veré libre de esa gente! La señora Van Daan..., ¡qué muestra! Y es ella, esa gran persona, quien debería servirme de ejemplo..., sí, de mal ejemplo.

Todos están de acuerdo en que es muy indiscreta, egoísta, hipócrita, calculadora, y que está siempre en desacuerdo sobre cualquier cosa. A eso puede añadirse la vanidad y la coquetería. En fin, indudablemente, ¡es una fantasmona! Podría escribir sobre ella volúmenes enteros, y, ¿quién sabe?, acaso un día me ponga a hacerlo. Todo el mundo es capaz de crearse una aureola. Con los desconocidos, sobre todo con los hombres, la señora es amable, y así engaña de buenas a primeras.

Según mamá, es demasiado tonta y no vale la pena atormentarse por ella. Margot la considera insignificante. Pim la encuentra demasiado fea, física y moralmente. Y yo, que al principio no tenía ningún prejuicio, debo admitir, tras muchas vueltas, que tienen razón los tres, y estoy lejos de ser demasiado severa. Tiene tantos defectos, que no hay por dónde tomarla.

Tuya. ANA

P. S. Te advierto que, al escribir lo que antecede, estoy todavía bajo los efectos del enojo.

Miércoles, 4 de agosto de 1943.

Querida Kitty:

Hace más de un año que te cuento muchas cosas sobre la vida del Anexo, y, sin embargo, nunca llegaré a darte de él una idea perfecta. Hay tantos detalles, que una se pierde, y hay demasiada diferencia entre la vida que llevamos y la de las personas normales en tiempo normal. Hoy te daré un resumen de nuestra vida diaria. Comenzaré por el final de la jornada.

Alrededor de las nueve de la noche, todo el mundo se ocupa de sus preparativos para dormir provocando un desplazamiento de cosas del que no tienes idea.

Se apartan las sillas y se van a buscar las frazadas y se las despliega: todo el mobiliario del día se transforma. Yo duermo en el divancito que no tiene más que un metro cincuenta de largo y que, por tanto, precisa dos sillas como larguero. Un acolchado, las sábanas, las almohadas y las frazadas, todo hay que retirarlo del lecho de Dussel, donde estos objetos son colocados durante el día.

Más allá —un crujido tremendo—, está la cama-jaula de Margot, cuyos travesaños de madera hay que atiborrar de almohadones y de mantas para que su colchón sea un poco más blando.

En casa de nuestros vecinos, un estruendo terrible: no es más que la cama de la señora que es empujada hacia la ventana, para que las naricitas de Su Gracia, vestida de una «mañanita» rosa, puedan tener un poco de aire vivificante.

A las 9: Después de Peter, tomo posesión del tocador y me entrego a una higiene minuciosa; me ocurre a veces (durante los calores) hacer nadar a una pulga. Además, limpiarme los dientes, ponerme las rizadoras, revisarme las uñas, emplear trozos de algodón embebidos de agua oxigenada (para dorar la pelusilla negra de mi labio superior), y todo ello en poco más de una media hora.

A las 9:30: Rápido la salida del baño sobre los hombros y, con el jabón en un mano, orinal, horquillas, rizadoras y algodón en la otra, salida rápida, seguida a menudo por un toque de atención de parte de mi sucesor, ligeramente nauseado por algunos cabellos que ondulan graciosamente sobre la mesa de tocador.

A las 10: Extinción de los fuegos. Buenas noches. Durante un buen cuartito de hora, crujidos de los lechos y de los muelles rotos, suspiros, y luego silencio, siempre y cuando los vecinos de arriba no empiecen a regañar.

A las 11:30. La puerta del tocador chirría. Una delgada red de luz penetra en el dormitorio. Crujido de suelas, y luego la sombra de un gran gabán, que agranda al hombre que lo lleva. Dussel ha terminado su trabajo en el escritorio de Kraler. Durante diez minutos, ruido de pasos, frotes de papeles y ordenamiento de sus vituallas, y, en seguida, él se hace la cama. La silueta desaparece otra vez; de vez en cuando, ruido sospechoso del W.C.

A las 3: Me levanto para hacer una pequeña necesidad en la vasija de hierro enlozado que utilizo como orinal, que está bajo mi cama y sobre una alfombrita de goma que protege el piso. Cada vez que ello me ocurre, retengo la respiración, pues tengo la impresión de oír una verdadera caída de agua precipitándose desde lo alto de una montaña. Repongo el orinal en su sitio y la pequeña forma blanca, en camisón —la obsesión de Margot, que al verla exclama siempre: «¡Oh, qué camisón tan indecente!»—, vuelve a su cama.

Sigue por lo menos un cuarto de hora de insomnio, escuchando los ruidos nocturnos. ¿No entran ladrones en la casa? Además, hay los ruidos de las camas, arriba, al lado, en la misma habitación, que me informan sobre los que duermen y los que se agitan.

Si es Dussel quien no puede dormir, resulta muy fastidioso. Primero, percibo un ruidito como de un pez que traga aire, repetido no menos de diez veces; sucesivamente, se humedece los labios

—creo— y hace chasquear la lengua, o bien da vueltas y más vueltas, interminablemente, hundiendo las almohadas. Cinco minutos de inmovilidad completa. Pero —no hay que hacerse ilusiones— estas maniobras pueden repetirse hasta tres veces, antes de que el doctor Dussel se amodorre por fin.

No es improbable que se nos sorprenda, entre la una y las cuatro de la madrugada, por los aviones y las detonaciones ininterrumpidas. Casi siempre, yo ya he saltado de la cama antes de saber qué ocurre. A veces, sigo pensando, repasando mis verbos irregulares franceses, o regañando mentalmente con nuestros vecinos; en tal caso, yo misma me sorprendo de encontrarme todavía en mi cuarto cuando suena el final de la alarma. Pues, habitualmente, me apodero presurosa de una almohada y de un pañuelo, me pongo un batón y corro en zapatillas hasta donde está papá, como lo ha dicho Margot en un verso de aniversario:

«En la noche, al primer disparo,
la puerta gime, y es más que seguro
que llegan el pañuelo, la almohada y la chiquilla...»

Llegada al lecho paterno, tengo menos miedo, salvo cuando las sacudidas son demasiado fuertes.

A las 6:45: Rrrring... Es el pequeño despertador, que puede hacer oír su voz a pedido (a veces, también por sorpresa). Ring..., ring... La señora lo ha parado. ¡Crac!... El señor se ha levantado. Pone agua a hervir y hace sus abluciones.

A las 7:15: Chirría la puerta. Le toca el turno a Dussel de prepararse. Ya sola, descorro las cortinas... y el nuevo día principia en el Anexo.

Tuya.   ANA

Jueves, 5 de agosto de 1943.

Querida Kitty:
Te escribo la hora neutra.
Son las 12:30: Todo el mundo respira. Los hombres del almacén han ido a almorzar. Oigo a la señora que pasa el aspirador a su única alfombra. Margot recoge sus libros; se prepara para la enseñanza holandesa sobre la educación de los niños retardados, categoría a la que podría muy bien pertenecer Dussel. Mamá se dispone a dar una mano a la buena cocinera Van Daan, y yo, yo voy al tocador para ordenarlo un poco y para refrescarme.

A las 12:45: Llegan uno detrás de otro: primero, el señor Van Santen, luego Koophuis o Kraler. Elli, y, a veces, también Miep. *A la 1:* Agrupados alrededor del receptor Baby, todo el mundo escucha a la B.B.C.; son los únicos instantes en que los miembros del Anexo no se interrumpen, y oyen hablar a alguien que no puede ser contradicho, ni siquiera por el señor Van Daan. *A la 1.15:* Distribución de víveres. Cada uno de los invitados del escritorio recibe una escudilla de sopa y, cuando hay postre, se lo reparte con ellos. Contento, el señor Van Santen se sienta en el diván o se apoya contra la mesa, con su escudilla, su diario y el gato; cuando alguna de estas tres cosas le falta, refunfuña. Koophuis —fuente excelente— da las últimas noticias de la ciudad. Adivínase la llegada de Kraler por su paso pesado en la escalera, y por el golpe violento que asesta a la puerta; tras lo cual, entra, frotándose las manos, presuroso u ocioso, taciturno o locuaz, según esté de humor. *A las 1.45:* El almuerzo de los oficinistas ha terminado. Se levantan y cada cual vuelve a sus ocupaciones. Margot y mamá friegan la vajilla. Los esposos Van Daan van a dormir la siesta a su cuarto. Peter sube al granero. Papá se tiende en el diván. Dussel en el suyo. Y Ana se pone a estudiar. Es la hora tranquila; como todo el mundo duerme, no seré molestada. Dussel tiene sueños de glotón, eso se ve, pero no le miro mucho tiempo: los minutos están contados, pues a las cuatro en punto el doctor se pone de pie, reloj en mano, para que, sin un minuto de retardo, yo despeje la mesita.

Tuya. ANA

Lunes, 9 de agosto de 1943.

Querida Kitty:
Continuación del horario. Es la hora de cenar.

A la cabeza, *el señor Van Daan,* que es el primero en servirse, y abundantemente, de todo lo que le gusta. Ello no le impide dirigir resueltamente la conversación y dar su opinión, que hace ley. ¡Pobre de quien se atreviera a contradecirle! Porque sabe resoplar como un gato enfurecido... ¿Qué quieres?, a mí me agrada tanto callarme...

Él está absolutamente seguro de sus opiniones y persuadido de que es infalible. Hay muchas cosas en su caletre, de acuerdo, pero eso no es razón para tanta suficiencia y presunción. Su fatuidad es vertiginosa.

La señora: Mejor sería que me callara. Ciertos días, cuando está de mal humor, desearía muchísimo no verla. Bien pensado, ella es la causa de todas las disputas, y no la razón. ¡Oh, no cabe duda! Cada cual evita con todo cuidado incurrir en su enojo. Pero podríamos apodarla la provocadora. Cuando puede provocar, está en su elemento: enojar a Ana con la señora Frank, enojar a Margot con papá..., aunque esto es menos fácil.

En la mesa, no hay cuidado de que la señora se prive de algo, aunque ella, más de una vez, se imagine lo contrario. Las papas más chicas, los mejores trozos, lo mejor de todo: «elegir» es la divisa de la señora; los otros seguirán su turno, cuando ella haya encontrado lo que desee.

Y habla. Que se le escuche o no, que nos interesemos o no en lo que expresa, eso, aparentemente, no tiene ninguna importancia. Seguramente piensa. «Lo que la señora Van Daan tiene que decir interesa a todo el mundo...»

Y con esa sonrisa de coquetería y esa pretensión de saber hablar de todo, esmerándose con el uno y con el otro, dándoles buenos consejos..., todo eso puede causar buena impresión. Pero, conociéndola mejor, de eso no queda gran cosa.

Característica N° 1: su actividad. N° 2: su jovialidad, en caso de buen humor. N° 3: su coquetería. Y, a veces, una mueca encantadora. He ahí a Petronella Van Daan.

El tercer invitado: No se destaca. El señor Van Daan junior es taciturno y apagado la mayor parte del tiempo. En cuanto a su apetito, devora a lo Van Daan y nunca está satisfecho. Después de una comida de las más sustanciosas, pretende, con la indiferencia más completa, poder comer aún el doble.

Margot, cuarta invitada: Come como un pajarito y no habla en absoluto. No tiene apetito sino para las legumbres y las frutas. Es tratada como «niña mimada» por Van Daan. En nuestra opinión, su mal apetito proviene de la falta de aire y de movimiento.

Mamá, quinta invitada: Gran conversadora, excelente apetito. Nunca se la tomaría por la dueña de casa, como la señora Van Daan. ¿Por qué? Pues porque la señora se ocupa de la cocina, en tanto que mamá limpia las cacerolas, lava, plancha, etcétera.

Números 6 y 7: No me extenderé en lo que se refiere a papá y a mí misma. Pim es el más discreto de todos. Cuida primero de que cada uno se haya servido. Él no necesita nada. Todo lo que es bueno, lo destina a los niños. He ahí la bondad personificada... y, al lado suyo, el incurable manojo de nervios que yo soy.

Dr. Dussel: Se sirve, no mira a su alrededor, come, no habla... Absorbe cantidades enormes, y, ya sea bueno o malo, nunca dice que no. Su pantalón le llega hasta el pecho; lleva una chaqueta roja, zapatillas negras y gafas de carey. Con esta indumentaria puede vérsele trabajar en la mesita, trabajar siempre, con la única interrupción de su pequeña siesta durante la hora neutra, sus comidas, etcétera; su lugar predilecto... el W.C. Tres, cuatro, cinco veces al día, alguien se impacienta frente a la puerta del retrete, apretando los puños y haciendo ruido con los pies. ¿Crees que hace algún caso? *Niks,* le importa un comino. De las siete quince a las siete treinta, de las doce treinta a la una, de dos a dos quince, de seis a seis quince y de once treinta a medianoche. No se necesita reloj:· con sus «sesiones» a hoja fija. Él las observa estrictamente, y no se preocupa para nada de las súplicas del otro lado de la puerta, que anuncian un desastre inminente.

N.º 9: No pertenece a los miembros de la gran familia, pero se cuenta entre los invitados. Elli tiene muy buen apetito. No deja nada, no es remilgada. La menor cosa le agrada, con gran satisfacción también de nuestra parte. Siempre de buen humor, servicial, buena: he ahí sus virtudes.

Tuya.   ANA

Martes, 10 de agosto de 1943.

Querida Kitty:

Mi último hallazgo: en la mesa, me hablo a mí misma en vez de hacerlo a los demás. Es un éxito, desde dos puntos de vista. Ante todo, ellos se alegran de no tener que dejarme ya la palabra por mucho tiempo; además, ya no tengo que sulfurarme por las opiniones ajenas. En cuanto a mi opinión personal, yo no la juzgo más tonta que la de los demás, y por eso me la guardo para mí. Otro tanto en lo que se refiere a la comida: si tengo que tragarme una cosa que detesto, tomo mi plato, trato de imaginar que hay en él algo delicioso y, mirándolo lo menos posible, ya lo he engullido todo antes de darme cuenta. Para levantarme por la mañana (tanto como me cuesta), otra maniobra: salto de la cama diciéndome: «Volverás a acostarte en seguida, con toda comodidad», pero corro a la ventana, quito el disfraz de la defensa pasiva, aspiro el aire fresco por la rendija entreabierta, hasta que estoy bien despabilada. Luego, en seguida a quitar las sábanas para no dejarse tentar. Mamá llama a eso «el arte de vivir». ¿No te parece divertido?

Desde hace una semana, nadie tiene ya la hora exacta. El reloj de nuestro querido y fiel Westertoren ha sido quitado, sin duda para la fundición de metales destinados al material de guerra. Ya no hay manera de averiguar la hora, ni de día, ni de noche. Yo sigo esperando que el reloj sea reemplazado con un invento cualquiera, un artefacto de hierro o de cobre, por ejemplo, que recuerde al barrio su campanario. Esté yo donde esté, mis pies suscitan la admiración a mi alrededor. A pesar de las circunstancias, estoy admirablemente, maravillosamente calzada, gracias a Miep que ha descubierto un par de zapatos de ocasión, por veintisiete florines y medio; son de gamuza, con refuerzos de cuero, de un rojo borra de vino y con tacones bastante altos. Me aumentan mucho la estatura, tengo la impresión de andar con zancos.

Dussel ha estado a punto de poner nuestras vidas en peligro. Ha tenido la ocurrencia de encargarle a Miep un libro prohibido: una sátira sobre Hitler y Mussolini. Al volver en bicicleta con el famoso libro, tuvo un choque con unos S.S. motociclistas. Perdiendo la cabeza, ella les gritó: «¡Canallas!», y se escabulló a toda prisa. Prefiero no pensar en lo que habría acontecido, si la llevan a la comisaría.

Tuya.   ANA

Miércoles, 18 de agosto de 1943.

Querida Kitty:

Podría titular lo que sigue: «La tarea diaria de la comunidad: mondar papas.»

Uno va a buscar los periódicos; otro, los cuchillos, reservándose el mejor para sí mismo; un tercero, las papas; un cuarto la cacerola llena de agua.

El señor Dussel comienza. Si no monda siempre bien, en todo caso monda sin interrupción y mira a diestra y siniestra para ver si los demás lo hacen de la misma manera que él. No:

—Ana, mira un poco cómo tengo yo el cuchillo y pelo de arriba abajo. No, así no... Así.

Yo respondo tímidamente:

—Pero yo estoy acostumbrada, señor Dussel, y lo hago con rapidez.

—Sin embargo, yo te enseño la manera más cómoda. Puedes fiarte de mí. Naturalmente, en resumen, me es igual. Haz como quieras.

Seguimos pelando. Miro de soslayo a mi vecino. Agacha la cabeza, perdido en sus pensamientos (¿piensa en mí?), pero se calla. Aún no hemos terminado de pelar. Luego, miro a Papá, que está en el otro lado; mondar papas no es para él un fastidio, sino un trabajo de precisión. Cuando lee, en su frente se graba una arruga profunda; pero, cuando ayuda a preparar papas, chauchas u otras legumbres, parece impermeable a todo pensamiento, y adopta su expresión de papas, asegurándose de que no entrega ninguna que no esté perfectamente pelada; con una expresión semejante, la imperfección es inconcebible.

Mientras trabajo, no tengo más que levantar los ojos para estar informada. La señora Van Daan trata de atraer la atención de Dussel. Primero, le lanza una mirada furtiva; él finge no haber notado nada. En seguida, ella guiña el ojo: él prosigue su trabajo atentamente. Luego, ella se ríe; Dussel mantiene los ojos bajos. Entonces, mamá se ríe también; Dussel permanece impasible. La señora no ha logrado ningún resultado, y va, pues, a proceder de otra forma. Corto silencio. Después:

—Putti, ¿por qué no te pones un delantal? Mañana me veré nuevamente obligada a desmancharte el pantalón.

—¡No me ensucio!

Otro silencio breve.

—Putti, ¿por qué no te sientas?

—Estoy bien de pie. ¡Lo prefiero!

Intervalo.

—Putti, ten cuidado, *du spatst schon!* ¡Te salpicas!

—Sí, mami, tendré cuidado.

La señora busca otro tema de conversación.

—¿Viste, Putti? Los ingleses no han reanudado los bombardeos. ¿Por qué?

—Porque hace demasiado mal tiempo, Kerli.

—Pero ayer, hacía buen tiempo, y no hubo aviones.

—¿Si habláramos de otra cosa?

—¿Y por qué, si a mí me agrada saber lo que tú piensas de eso?

—Nada.

—¿Por qué, nada?

—Cállate, querida.

—El señor Frank contesta siempre a su esposa cuando ella le pregunta algo, ¿no es verdad?

Ella ha tocado el punto sensible del señor Van Daan. Él se calla: es su defensa. Y ella prosigue:

—¡Nunca harán el desembarco!

El señor palidece. Viendo el efecto que ha producido, la señora enrojece, y luego persiste:

—¡Los ingleses no terminan nunca nada!

La bomba estalla.

—¡Bueno, cállate, *donnerwetter, noch einmall!*

Mamá se muerde los labios para no soltar la carcajada. Por mi parte, me mantengo muy seria.

He ahí una muestra. Eso se repite casi todos los días, a menos que no hayan reñido antes; en tal caso, se callan el uno y el otro, con obstinación.

Faltan papas: subo a buscarlas al granero. Veo a Peter que espulga al gato. Levanta los ojos, el gato aprovecha y, ¡hop!, huye por la ventana abierta al alero.

Tuya.   ANA

Viernes, 20 de agosto de 1943.

Querida Kitty:

A las cinco y media en punto, los hombres dejan el almacén para volver a sus casas. Para nosotros, es la libertad.

Cinco y media: llega Elli, como anunciadora de la libertad. Comenzamos a movernos. Subo con Elli a casa de los Van Daan, para darle su parte de nuestro postre de la noche. Aún no ha tenido tiempo de sentarse, y ya tiene que prestar atención a los deseos de la señora:

—Querida Elli, me gustaría...

Elli me mira rápidamente, sabiendo que la señora no pierde ocasión de expresar sus deseos a todo el que se presenta, sea quien fuere. Seguramente por eso cada cual se abstiene, en lo posible, de ir hasta su alojamiento.

Seis menos cuarto: partida de Elli. Bajo dos pisos, paso por la cocina para trasladarme a la oficina privada, y luego al depósito del carbón; abro la puertecita por la cual Mouschi acecha a los ratones. Mi gira de inspección me lleva al escritorio de Kraler. Van Daan abre cajones y clasificadores para encontrar la correspondencia del día. Peter se encarga de la llave del almacén y de Mouschi. Pim sube a nuestra casa las máquinas de escribir, Margot busca un sitio tranquilo para liquidar su trabajo de oficina, la señora pone el agua sobre el gas y mamá se acerca con las papas. Todo el mundo tiene su tarea.

Peter no tarda en volver del almacén y pregunta dónde está el pan. Generalmente, está puesto en el armario de la cocina. Hoy, no. ¿Se habrán olvidado del pan? Peter se dispone a ir a ver al escritorio de delante.

Antes de entrar en él, se pone a cuatro patas para no ser visto desde fuera, avanza hasta el armario de acero donde, en efecto, ve el pan, se apodera de él y da media vuelta; pero antes de que pueda salir, Mouschi ha saltado por sobre su espalda, instalándose debajo del escritorio.

Peter juega al escondite con el gato, al que no puede dejar en ese local, y por fin logra atraparlo por la cola. Mouschi resopla, Peter suspira. Ya lo tiene... No. Mouschi huye y se instala junto a la ventana para lamerse muy complacido, contento de haber escapado a su amo; como último recurso, éste le tiende un trozo de pan, Mouschi se deja seducir, y la puerta se cierra detrás de ellos.

He seguido esta escenita desde la puerta entornada. El trabajo prosigue. Tac, tac, tac... Llaman tres veces. Es hora de ir a la mesa.

Tuya.   ANA

Lunes, 23 de agosto de 1943.

Querida Kitty:

Continuación del empleo del tiempo en el Anexo. Por la mañana, a las ocho y media en punto:

—¡Chis!... ¡Papá, silencio!

—¡Pim, chis!... Son las ocho y media. Ven aquí, no dejes correr el agua, camina despacio.

Y otras exclamaciones semejantes para papá, que está en el cuarto de baño. Debe volver a su habitación a las ocho y media en punto. Todos los grifos son cerrados, la descarga del W.C. está prohibida. Nada de ruido, es la consigna. Hasta que no llegue el personal de oficina, los hombres del almacén podrían oírnos en el silencio de los locales vacíos.

A las ocho y veinte, tres golpecitos en nuestro techo anuncian que Ana puede ir a buscar su sopa de avena a la cocina. Bien, ya está preparado mi plato de perros. Subo a buscarlo. De regreso a mi cuarto, tengo que darme prisa, peinarme ligero, no hablar más, reponer la cama en su lugar. Silencio, es la hora. La señora se pone sus zapatillas, el señor también; todos los ruidos son ahogados.

Ahora comienza la apoteosis del cuadro de familia ideal. Yo me dedico a mis lecciones o aparento hacerlo; Margot, otro tanto; papá se instala con su Dickens, naturalmente, y su diccionario sobre el borde de la cama desfondada y gimiente, de colchones que no merecen ya ni ese nombre; dos almohadas travesaños pueden también ser útiles, pero papá las rechaza enérgicamente:

—¡No las quiero!

Enfrascado en su lectura, no mira ya a nadie; se ríe de vez en cuando y, a veces, quiere obligar a mamá a escuchar una anécdota. Respuesta:

—No tengo tiempo.

Él queda cariacontecido por espacio de un segundo, y luego sigue leyendo; un instante después, impresionado por un párrafo divertido, hace una nueva tentativa:

—Lee esto, madre. No es largo.

Mamá está siempre instalada en el diván, leyendo, cosiendo, tejiendo o estudiando, eso depende. Le sucede que se acuerda bruscamente de algo, y dice rápidamente:

—Ana, acuérdate... Margot, ¿quieres anotar?...

Nuevo silencio, Margot cierra repentinamente su libro, papá frunce el ceño, su arruga de lectura reaparece y vuelve a sumirse en su libro; mamá empieza a parlotear con Margot; yo, por mi parte, escucho, porque soy curiosa. Y Pim, ¿qué piensa de eso?... ¡Son las nueve! ¡Desayuno!

Tuya.   ANA

Viernes, 10 de septiembre de 1943.

Querida Kitty:

Cuando te anuncio un nuevo acontecimiento, se trata casi siempre de una cosa desagradable. Esta vez ocurre algo maravilloso. El miércoles 8 de septiembre, por la noche, la transmisión de las siete nos anunció: *Here follow the best new of the whole war. Italy has capituled!* ¡Italia ha capitulado sin condiciones! A las ocho y cuarto fue la transmisión de la Holanda de ultramar: «Holandeses, hace una hora, acababa yo de terminar mi crónica diaria, cuando hemos recibido la espléndida noticia de la capitulación de Italia. Puedo aseguraros que nunca he roto mis papelotes con tanto placer.» Tocaron *God save the King,* el himno inglés, y *La Internacional.* Como siempre, la Holanda de ultramar ha sido muy alentadora, aunque sin demostrarse demasiado optimista.

Sin embargo, no todo es color de rosa entre nosotros. El señor Koophuis está enfermo. Ya te he dicho cuánto le queremos todos; nunca se siente bien, sufre mucho, no puede comer demasiado, ni andar demasiado, y, a pesar de todo eso, siempre está de buen humor y demuestra un coraje admirable. Mamá tiene razón al decir: «El sol brilla cuando el señor Koophuis entra en nuestra casa.»

Pues bien, acaban de transportarlo al hospital, donde tiene que soportar una grave operación intestinal. Tendrá que quedarse allí por lo menos cuatro semanas. Si hubieras visto de qué manera se despidió de nosotros..., como si saliera para dar un paseo. Es la sencillez en persona.

Tuya.   ANA

Jueves, 16 de septiembre de 1943.

Querida Kitty:

En el Anexo, las cosas van de mal en peor. En la mesa, nadie se atreve ya a abrir la boca (salvo para comer), porque la menor palabra corre el riesgo de ser mal interpretada o de molestar a uno o a otro. Me dan todos los días valeriana para calmarme los nervios, lo que no impide que al día siguiente me sienta todavía más fastidiada. Conozco un remedio mejor: reír, reír de buena gana; pero nosotros casi nos hemos olvidado ya de la risa. Si esto dura aún mucho tiempo, temo mucho verme con una larga cara seria, de labios colgantes.

Decididamente, las cosas no mejoran porque todos tenemos la aprensión, ahora, del obstáculo insuperable del invierno.

Otra cosa, y no es la más regocijante: uno de los hombres del almacén, un tal V. M., recela algo sobre el Anexo. Se prescindiría sin más trámites de la opinión de V. M., pero aparentemente ese hombre no puede ocultar su gran curiosidad, no se deja engañar fácilmente y, por añadidura, no inspira ninguna confianza.

Una vez, Kraler, como medida de prudencia, ha dado un rodeo para reunirse con nosotros. Es decir: a la una menos diez, se ha puesto el abrigo y ha ido a la farmacia de la esquina; cinco minutos después, se ha servido de la otra puerta de entrada para subir a nuestra casa, como un ladrón, por la escalera que da acceso a ella directamente. Quería irse a la una y cuarto, pero, habiendo sido interceptado por Elli que ha podido prevenirle de que V. M. se encontraba en la oficina, ha dado media vuelta y se ha quedado con nosotros hasta la una y media. Entonces, se ha descalzado y, con los zapatos en la mano, ha vuelto a bajar por la misma escalera con tal prudencia, que, a fuerza de evitar el crujido de los peldaños, ha tardado un cuarto de hora en volver a su escritorio, entrando por la calle.

Entretanto, liberada de V. M., Elli ha vuelto a buscar al señor Kraler que ya había partido haciendo sus ejercicios acrobáticos por la otra escalera. ¡Un director que baja descalzo y se ve obligado a calzarse en la calle! ¡Extraño prestigio!

Tuya.   ANA

Miércoles, 29 de septiembre de 1943.

Querida Kitty:

Es el cumpleaños de la señora Van Daan. Le hemos regalado un tarrito de confitura, aparte de tarjetas para queso, carne y pan. Su marido, Dussel y nuestros protectores se han limitado también a las cosas comestibles, además de las flores. ¡En nuestros días, se hace lo que se puede!

Esta semana, Elli ha estado a punto de sufrir una crisis de nervios; le había hecho tantos encargos, insistido tan a menudo sobre las cosas urgentes y sobre lo que nos faltaba, rogándole que volviera porque había comprendido mal, que estuvo a punto de perder la brújula. No es de sorprenderse, cuando se piensa en todo el trabajo acumulado en la oficina. Ella reemplazaba a Miep, agripada, y a Koophuis, enfermo; además, tiene un tobillo lastimado, y se siente apesadumbrada por su pena de amor y por un padre regañón. Nosotros la hemos consolado diciéndole que nuestra lista de encargos se acortaría por sí sola, si ella tuviera la energía y la firmeza suficiente para decirnos que le falta tiempo.

En cambio, noto que hay tirantez entre papá y Van Daan. Papá, por una u otra razón, está furioso. ¡Es lo que nos faltaba! ¡Si al menos yo no me viera tan directamente mezclada en estas escaramuzas! ¡Si pudiera marcharme! Van a volvernos locos.

Tuya.   ANA

Domingo, 17 de octubre de 1943.

Querida Kitty:

Koophuis ha vuelto, gracias a Dios. Está todavía bastante paliducho, pero ya se ha puesto en marcha, lleno de ánimo, encargándose de vender ropas por cuenta de Van Daan. Los Van Daan andan cortos de fondos; resulta desagradable, pero es así. La señora tiene abrigos, vestidos, calzados para revender, pero no quiere deshacerse de nada, mientras que el señor no logra deshacerse ni de un traje porque pide un precio demasiado elevado. No se sabe en qué terminará todo esto. La señora no tendrá más remedio que desprenderse de su abrigo de pieles. La disputa entre marido y mujer sobre el asunto ha sido violentísima; ahora, asistimos a la fase de reconciliación: «¡Oh, querido Puttio!» y «¡Kerli querida!»

La cabeza me da vueltas todavía al pensar en las injurias lanzadas en nuestra honorable morada desde hace un mes. Papá no abre la boca. Cuando alguien se dirige a él, se muestra huraño, como si temiera tener que intervenir en un nuevo litigio. Los pómulos de mamá están rojos de emoción. Margot se queja de dolores de cabeza. Dussel, de insomnio. La señora se lamenta todo el día, y yo... yo me vuelvo completamente idiota. En verdad, termino por olvidar con quién habíamos reñido y con qué persona hemos hecho las paces.

Sólo el estudio hace olvidar, y estudio mucho.

Tuya. ANA

Viernes, 29 de octubre de 1943.

Querida Kitty:

Otra gresca tormentosa entre el señor y la señora Van Daan. Cuestión financiera. Los Van Daan se han comido su dinero, ya te lo escribí. Hace algún tiempo el señor Koophuis habló de un amigo que trabaja en el comercio de pieles; el señor Van Daan, atando cabos, opinó que debía venderse un abrigo de pieles de su mujer, enteramente de conejo, y ya llevado por ella durante diecisiete años. Han obtenido por él trescientos veinticinco florines, lo que es un precio enorme. La señora hubiera querido guardarse para ella ese dinero, a fin de poder comprar nuevas ropas después de la guerra. Hubo que remover cielo y tierra para que su marido llegara a hacerle comprender que de esa suma había necesidad urgente para el hogar.

No puedes imaginar qué alaridos, qué gritos, qué injurias y qué accesos de cólera. Era horrible. Nosotros nos situamos al pie de la escalera, conteniendo la respiración y preparados para subir a separar a las furias. Todo esto repercute en el sistema nervioso y causa tal tensión, que por la noche, cuando me acuesto, lloro y agradezco al cielo el tener una media hora para mí sola.

El señor Koophuis está nuevamente ausente; sus males del estómago no le dan tregua. Ni siquiera sabe si la hemorragia ha sido bien contenida. Por primera vez le hemos visto deprimido, cuando nos anunció que se iba a su casa porque no se sentía bien. En cuanto a mí, la única novedad es que no tengo ningún apetito. Constantemente me repiten: «¡Qué mala cara tienes!» Te confieso que hacen lo indecible porque mi salud no flaquee; me dan azúcar de uva, aceite de hígado de bacalao y tabletas de levadura y de calcio. Mis nervios me juegan malas pasadas: estoy de un humor espantoso. La atmósfera de la casa es deprimente, soñolienta, aplastante, sobre todo el domingo. Afuera, ningún canto de pájaros; dentro, un silencio mortal y sofocante planea sobre todos y todas las cosas, y pesa sobre mí como si quisiera arrastrarme a profundidades insondables.

En momentos así, me olvido de papá, mamá y Margot. Indiferente, voy de una habitación a otra, subiendo y bajando las escaleras, y me veo como el pájaro cantor cuyas alas han sido brutalmente arrancadas y que, en la oscuridad total, se hiere al golpearse contra los barrotes de su estrecha jaula. Una voz interior me grita: «¡Quiero salir, quiero aire, quiero reír!» Ni siquiera contesto ya: me tiendo en un diván y me duermo para acortar el tiempo, el silencio y la espantosa angustia, porque no llego a matarlos.

Tuya. ANA

Miércoles, 3 de noviembre de 1943.

Querida Kitty:

Papá ha hecho venir un programa del Instituto de Enseñanza de Leyden, a fin de que nos distraigamos aprendiendo. Margot ha recorrido por lo menos tres veces el voluminoso tomo, sin hallar en él un curso que nos resulte verdaderamente agradable. La decisión de papá fue rápida: ha elegido un curso de «latín elemental» por correspondencia, que no ha tardado en llegar, y Margot se ha dado a él con entusiasmo. Es demasiado difícil para mí, aunque me habría gustado mucho aprender el latín.

Por juzgar que yo necesitaba también algo nuevo, papá ha pedido a Koophuis que le obtenga una Biblia para niños, a fin de ponerme al corriente del Nuevo Testamento.

—¿Es que quieres regalarle a Ana una Biblia para Januka? —preguntó Margot, bastante consternada.

—Sí..., y pienso que la fiesta de San Nicolás será además la mejor ocasión.

—Yo no veo muy bien a Jesús entre los macabeos.

Tuya.   ANA

Lunes por la noche, 8 de noviembre de 1943.

Querida Kitty:

Si tú leyeras mis cartas una detrás de otra, no podrías dejar de notar que varían según esté bien o mal dispuesta. No me agrada depender de mi humor, eso me fastidia; pero en el Anexo no soy la única, pues todo el mundo está malhumorado. Cuando leo un libro que me impresiona, necesito hacer un gran esfuerzo de readaptación antes de ir a encontrarme de nuevo con los humanos de nuestra casa. De no ser así, ellos me juzgarían una especie de fenómeno. No vas a tardar en notar que paso en este momento por un periodo de depresión. No sabría decirte por qué he caído en tal pesimismo, pero creo que es mi cobardía, con la cual ando siempre forcejeando.

Este anochecer, cuando Elli estaba todavía en nuestra casa, llamaron a la puerta, largo rato y con insistencia. Inmediatamente me puse lívida, tuve cólicos y palpitaciones, todo eso por la angustia únicamente.

De noche, una vez acostada, me veo en una prisión, sola, sin mis padres. Ora voy a la ventura por una carretera, ora me imagino el Anexo pasto de las llamas, ¡o que vienen a buscarnos a todos, durante la noche!

Miep nos dice a menudo que nos envidia, porque gozamos de reposo. Hay quizá en ello algo de verdad, pero Miep olvida nuestras angustias diarias. Ya no concibo siquiera que el mundo pueda volver a ser normal para nosotros. Cuando se me ocurre hablar de la «posguerra» es para mí algo así como un pequeño castillo en España, una cosa que nunca se realizará. Nuestra casa de antes, las amigas, las bromas en la escuela, ¡Oh!, pienso en todo eso como si hubiera sido vivido por otra persona que no fuera yo misma.

Nos vemos, los ocho del Anexo, como si fuéramos un trozo de cielo azul rodeado poco a poco por nubes sombrías, pesadas y amenazantes. El circulito, este islote que nos mantiene aún a salvo, se achica constantemente por la presión de las nubes que nos separan todavía del peligro, cada vez más cercano. Las tinieblas y el peligro se estrechan a nuestro alrededor; buscamos un escape y, por la desesperación, chocamos los unos contra los otros. Todos nosotros miramos hacia abajo, allá donde los hombres luchan entre sí; todos nosotros miramos a lo alto, allí donde sólo reina la calma y la belleza, de las que, sin embargo, nosotros estamos impedidos por la masa de las tinieblas que nos cierran el paso, tal un muro impenetrable que está a punto de aplastarnos, pero que aún no es bastante fuerte. Con todas mis fuerzas, suplico e imploro: «¡Círculo, círculo, ensánchate y ábrete ante nosotros!»

Tuya.   ANA

Jueves, 11 de noviembre de 1943.

Querida Kitty:

Tengo exactamente el título que corresponde para este capítulo: «Oda a mi estilográfica. *In memoriam.*» Mi estilográfica ha sido siempre para mí una cosa preciosa; la aprecié mucho, sobre todo por su gruesa pluma, porque yo no puedo escribir cómodamente sino con una estilográfica de pluma gruesa. La vida de mi estilográfica fue larga y muy interesante; así que te la contaré brevemente.

La recibí cuando tenía nueve años. Llegó, envuelta en algodón en un paquetito postal con la mención: «muestra sin valor». Había recorrido su camino: venía de Aix-la-Chapelle, desde donde me la mandaba mi abuelita, mi buena hada. En tanto que el viento de febrero hacía estragos, yo estaba en cama con gripe. La gloriosa estilográfica, reclinada en su estuche de cuero rojo, era la admiración de todas mis amigas. Yo, Ana Frank, podía estar orgullosa, porque al fin poseía una estilográfica.

A la edad de diez años me permitieron llevarla a la escuela, y la maestra me permitió utilizarla.

A los once años, mi tesoro se quedó en casa, porque la maestra de sexto se atenía rigurosamente al reglamento de los portaplumas y tinteros de escolar.

A los doce años, en el liceo judío, mi estilográfica volvía a entrar en funciones con tanto más honor y autenticidad cuanto que estaba encerrada en un nuevo estuche con cierre relámpago, que contenía, igualmente, un portaminas.

A los trece años, la estilográfica me siguió al Anexo, donde desde entonces ha galopado como un *pur-sang* sobre mi *Diario* y sobre mis cuadernos.

Y acaba su existencia en mi año decimocuarto...

En la tarde del viernes, después de las cinco, salí de mi cuartito para seguir trabajando en la habitación de mis padres. Instalada enseguida a la mesa, fui empujada sin demasiada suavidad por Margot y papá que iban a dedicarse a su latín. Abandonando mi estilográfica sobre la mesa, utilicé el rinconcito que accedían a dejarme para escoger y frotar los porotos, es decir, para eliminar los enmohecidos y limpiar los buenos.

A las seis menos cuarto recogí todos los desehechos y los tiré. La estufa que en los últimos días casi no tiraba, escupió una llama enorme; ahora funcionaba bien, y eso me alegraba. Cuando los «latinistas» terminaron, me dispuse a proseguir mi tarea epistolar, pero mi estilográfica era inhallable. Busqué yo. Buscó Margot, papá y Dusssel buscaron también. Esfuerzo inútil: mi tesoro había desaparecido sin dejar rastros.

—Quizá se haya caído en la estufa con los porotos— sugirió Margot.

—¡Vamos! ¡No puede ser! —repuse yo.

Por la noche, como seguíamos sin dar con mi estilográfica, empecé a creer, como todo el mundo, que había ardido. La prueba: aquella llama enorme, que sólo podía ser provocada por la bakelita.

En efecto, la triste suposición trocóse en verdad a la mañana siguiente, cuando papá retiró de las cenizas el sujetador de la estilográfica. La punta de oro se había derretido misteriosamente.

—Debe de haberse fundido en una de las piedras refractarias —sugirió papá.

Me queda un consuelo, por mínimo que sea: mi estilográfica ha sido incinerada y no enterrada. Confío que otro tanto será para mí, más tarde.

Tuya.   ANA

Miércoles, 17 de noviembre de 1943.

Querida Kitty:

Algunos palitroques en las ruedas. Hay epidemia en la casa de Elli; ella está en cuarentena y no podrá, pues, venir a nuestra casa durante seis semanas. Es bien fastidioso, pues está encargada de nuestro reaprovisionamiento y de nuestros encargos; además, ella nos levanta la moral, y extrañamos su ausencia terriblemente. Koophuis sigue en cama, y desde hace tres semanas soporta un régimen severo: leche y cocción de avena. Kraler se siente exhausto.

Las lecciones de latín por correspondencia de Margot son corregidas por un profesor que parece muy amable y, por añadidura, espiritual. Sin duda se siente encantado de tener una alumna tan capaz. Margot le manda sus lecciones firmadas con el nombre de Elli. Dussel pierde completamente el tino. Nosotros nos preguntamos por qué. No despega los labios, cada vez que nos reunimos en casa de los Van Daan. Todos lo hemos notado, y, al cabo de varios días de esta comedia, a mamá le ha parecido oportuno ponerlo en guardia contra el carácter de la señora Van Daan, que podría hacerle la vida imposible, si él persistiera en su silencio.

Dussel contestó que el señor Van Daan había sido el primero en no dirigirle más la palabra; y que no le correspondía a él, Dussel, dar el primer paso.

Quizá no lo recuerdes, pero ayer, 16 de noviembre, se cumplió exactamente un año de la entrada de Dussel en el Anexo. Con tal motivo, obsequió a mamá con un pequeño tiesto de flores, sin regalar absolutamente nada a la señora Van Daan. Ahora bien, ésta, mucho antes de la fecha memorable, había hecho diversas alusiones directas, dando claramente a entender a Dussel que esperaba de él un pequeño recuerdo general.

En lugar de expresar su gratitud por la acogida desinteresada que le hemos hecho, guardó un silencio absoluto. En la mañana del 16 le pregunté si debía felicitarle o presentarle mis condolencias; él me contestó que aceptaba lo uno y lo otro. Mamá quiso atribuirse el hermoso papel de pacificadora, pero sin resultado; y estamos en *statu quo*.

Der Mann hat einen grossen Geist
Und ist so klein von Taten!

(El hombre es grande en su espíritu
y pequeño en sus actos.)
Tuya.   ANA

Sábado, 27 de noviembre de 1943.

Querida Kitty:
Anoche, antes de dormirme, tuve de repente una visión: Lies. La vi ante mí, cubierta de harapos, el rostro enflaquecido y hundido. Sus ojos me miraban fijamente, inmensos, muy tristes y llenos de reproches. Yo podía leer en ellos: «¡Oh, Ana! ¿Por qué me has abandonado? ¡Ayúdame, ven a auxiliarme, hazme salir de este infierno, sálvame!»

Estoy imposibilitada de ayudarla. Sólo puedo ser espectadora del sufrimiento y de la muerte de los otros, y rogar a Dios que traiga a mi amiga hacia nosotros. No vi más a Lies, a nadie más, y comprendí. La había juzgado mal, yo era demasiado niña aún para comprender. Ella se había encariñado con su nueva amiga, y yo había procedido como si quisiera quitársela. ¡Por lo que ella ha debido pasar! Sé lo que es eso, porque yo misma lo he experimentado.

Antes me sucedía, como en un relámpago, el comprender algo de su vida, pero en seguida volví a caer, como perfecta egoísta, en mis propios placeres y resabios. Fui mala. Ella acaba de mirarme con sus ojos que suplican en su rostro lívido.¡Ah, qué desamparada está! ¡Si tan siquiera pudiera ayudarla!

¡Ay, Dios mío! Decir que yo aquí lo tengo todo, todo cuanto puedo desear, y que ella es víctima de una suerte ineluctable. Ella era por lo menos tan piadosa como yo. Ella también quería siempre el bien. ¿Por qué la vida me ha elegido a mí y por qué la muerte la aguarda quizá a ella? ¿Qué diferencia había entre ella y yo? ¿Por qué estamos tan alejadas la una de la otra?

A decir verdad, yo la había olvidado desde hacía meses. Sí, desde hace casi un año. Acaso no completamente, pero nunca se me había aparecido así, en toda su miseria.

Lies, si vives hasta el final de la guerra y vuelves a nosotros, espero acogerte y compensarte un poco del mal que te he causado.

Pero es ahora cuando ella necesita de mi socorro y no cuando yo me encuentre en la posibilidad de ayudarla. ¿Piensa ella todavía en mí? En caso afirmativo, ¿de qué manera?

¡Dios mío, sosténla, para que al menos no esté sola! ¡Oh! si Tú pudieras decirle mi compasión y mi cariño, tal vez encontraría la fuerza para soportar.

Que así sea. Porque no veo solución. Sus grandes ojos me persiguen aún, no me abandonan. ¿Habrá encontrado Lies la fe en sí misma, o le habrán enseñado a creer en Dios?

Ni siquiera lo sé. Nunca me tomé el trabajo de preguntárselo.

Lies, Lies, si pudiera sacarte de allí, si al menos pudiese compartir contigo todo de lo que yo disfruto. Es demasiado tarde, ya no puedo ayudarla, reparar mis errores para con ella. Pero nunca más la olvidaré, y rezaré siempre por su suerte.

Tuya.   ANA

Lunes, 6 de diciembre de 1943

Querida Kitty:
En la proximidad de la fiesta de San Nicolás, todos pensábamos
en la bonita cesta del año pasado; por eso me parecía tanto más
penoso dejar pasar la fiesta este año. Por largo tiempo me devané los
sesos para dar con algo amable que pudiera divertirnos.
Después de haber consultado a Pim, nos aplicamos inmediatamente
en la composición de un cumplido de circunstancias.
El domingo por la noche, a las ocho y cuarto, subimos a casa de
los Van Daan, cargados con la cesta de la ropa, decorada por nosotros
con siluetas y lazos azules y rosas recortados en papel de seda. La
parte superior de la cesta estaba cubierta con un gran papel de embalaje,
al cual se hallaba pegada una carta. Una sorpresa de tal envergadura
causó visiblemente gran impresión.
Yo desprendí la cartita y leí en alta voz:

PRÓLOGO

«De vuelta San Nicolás este año,
ni siquiera el Anexo lo ha olvidado.
¡Ay! Para nosotros no es tan agradable
ni tan divertido como el año pasado.
Entonces, ¡ah!, sí, éramos optimistas
y creíamos firmemente en la victoria.
Pensábamos celebrar este año
una alegre fiesta en toda libertad.
Pero puesto que de aquel día guardamos recuerdos,
y aunque los regalos brillen por su ausencia,
el pueblo entero
puede mirar
en su zapato
y allí encontrar...»

Cuando papá hubo levantado el papel-tapa, la cesta y su contenido
provocaron estallidos de risa interminables. Cada cual pudo recobrar
allí el zapato que le pertenecía, en cuyo interior habíamos inscrito
cuidadosamente el nombre y la dirección del propietario.
Tuya.   ANA

Miércoles, 22 de diciembre de 1943.

Querida Kitty:
Una gripe fastidiosa me ha impedido volver a escribirte antes de hoy. Es horrible estar enferma en circunstancias semejantes. Cada vez que tenía que toser, me acurrucaba bajo las frazadas, tratando de imponer silencio a mi garganta, con el resultado de que la irritaba más; había que venir a calmarme con leche y miel, azúcar y pastillas. Cuando pienso en todos los tratamientos que tuve que soportar, me dan todavía vértigos. Exudorantes, compresas húmedas, cataplasmas en el pecho, tisanas calientes, gargarismos, unturas, cocciones, limones exprimidos, el termómetro cada dos horas e inmovilidad completa. Me pregunto cómo me he repuesto teniendo que pasar por todo eso. Lo más desagradable era tener sobre mi pecho desnudo la cabeza llena de brillantina de Dussell dándosela de médico y queriendo sacar conclusiones de los ruidos de mi pobre tórax. No sólo sus cabellos me cosquilleaban terriblemente, sino que me sentía extremadamente incómoda, aparte del hecho de que ya hace unos treinta días que él dejó de ser estudiante y que obtuvo su diploma de médico. ¿Qué venía ese tipo a hacer sobre mi corazón? Él no es mi bienamado, al menos que yo sepa. Por lo demás, yo me pregunto todavía si es capaz de distinguir entre los ruidos normales y los dudosos, porque sus oídos necesitarían urgentemente una buena intervención: me parece que cada vez se vuelve más sordo.

Ya he hablado bastante de enfermedades. Basta. Me siento mejor que nunca, he crecido un centímetro, he aumentado un kilo, estoy pálida y me siento impaciente por recomenzar mis estudios.

No tengo ninguna novedad sensacional que anunciarte. Por extraordinario que parezca, todo el mundo se entiende bien en casa, nadie se pelea; no habíamos conocido una paz semejante desde hace por lo menos seis meses. Elli no ha vuelto todavía.

Para Navidad tendremos una ración suplementaria de aceite, de bombones y de confitura. No puedes imaginarte lo magnífico que es mi regalo: un cepillo hecho con monedas de cobre, brillante como el oro, en fin, espléndido. El señor Dussell ha regalado a mamá y a la señora Van Daan una hermosa torta, para cuya preparación comisionó a Miep. Pobre Miep, reservo a ella una pequeña sorpresa como también a Elli. Le he pedido al señor Koophuis que hiciera preparar pastelitos de mazapán con el azúcar de mi avena matinal, que he ido economizando durante dos meses.

No hace frío. Un tiempo que amodorra. La estufa hiede. Lo que se come pesa sobre el estómago, provocando detonaciones por todas partes. Las mismas noticias por la radio. Atmósfera de sopor.

Tuya.

ANA

Viernes, 24 de diciembre de 1943.

Querida Kitty:
Ya te he dicho cuánto la atmósfera del Anexo depende de nuestro humor personal. Cada cual regaña con los suyos, y juzgo que en mi casa eso se transforma en una enfermedad crónica que cobra proporciones inquietantes. *Himmelhoch jauchzend und zum Tode betrübt* (Alegría celestial y trizteza mortal.) Esto podría aplicarse a mí. Me siento consciente de la «alegría celestial» al pensar en todo lo que se nos ha ido aquí, y al hecho de escapar al destino desdichado de los otros niños judíos; y la «tristeza mortal» me invade frecuentemente, como hoy, por ejemplo, a raíz de la visita de la señora Koophuis que nos hablaba de su hija Corry; ella va a remar con amigos, participa en la actividad de un teatro de aficionados, ensayan comedias, se reúnen en el club de hockey. No creo estar celosa de Corry, pero al oír hablar de su vida mi deseo de reír y de divertirme alocadamente se vuelve tan fuerte que hasta me duele el vientre. Sobre todo ahora, durante las vacaciones de Navidad, encerrados como estamos entre cuatro paredes como parias... Quizá esté mal hablar de eso; doy la impresión de una ingrata, y sin duda exagero. Sea lo que fuera lo que tú puedas pensar, soy incapaz de reservarme todo eso para mí, y retorno a lo que ya te dije desde el principio: «El papel es paciente.»
Cuando una persona de afuera entra en casa, con la frescura del viento en sus ropas y el frío en su rostro, quisiera ocultar mi cabeza debajo de las frazadas para hacer callar este pensamiento: «¿Cuándo podremos respirar el aire fresco?» Y como no puedo esconder la cabeza debajo de las frazadas y, por lo contrario, me veo obligada a mantenerla alta y derecha, los pensamientos vienen y vuelven innumerables. Créeme: después del año y medio de vida enclaustrada, hay momentos en que la copa desborda. Sea cual fuere mi sentido de la justicia y de la gratitud, no me es posible ahuyentar mis pensamientos. Ir en bicicleta, ir a bailar, poder silbar, mirar a la gente, sentirme joven y libre: tengo sed y hambre de todo eso, y debo esforzarme para disimularlo. Imagínate que los ocho empezáramos a quejarnos y a

poner mala cara. ¿Adónde iríamos a parar? A veces me hago esta pregunta: «¿Existe alguien en el mundo capaz de comprenderme, que pueda olvidar que soy judía, y que sólo viera en mí a la muchacha que pide nada más que una cosa: divertirse, divertirse, divertirse?» Lo ignoro, y no sabría hablar de eso con nadie, porque, en tal caso, me echaría a llorar. Sin embargo, llorar alivia en ocasiones.

Pese a mis teorías y a lo que me atormento, la verdadera madre que yo imagino y que me comprendería me falta a cada instante. Todo cuanto pienso, todo cuanto escribo le está dedicado, en la esperanza de llegar a ser más tarde para mis hijos la «Mamsie» cuya imagen me he forjado. Una Mamsie grave, indudablemente, pero que no tomaría necesariamente en serio todo lo que dijeran sus hijitos. La palabra «Mamsie» me pertenece. Sin que pueda explicar por qué, me parece que lo expresa todo. A fin de aproximarme a mi ideal, he pensado llamar a mamá «Mammis», para no decir «Mamsie.» Ella es, por así decirlo, la «Mamsie» incompleta. ¡Cuánto me gustaría llamarla así! Y, sin embargo, ella ignora todo eso. Afortunadamente, porque se apenaría demasiado.

Tuya. ANA

Sábado, 25 de diciembre de 1943.

Querida Kitty:
Este día de Navidad me recuerda muy particularmente la historia de un amor de juventud que Pim me contó el año pasado, por la misma época. Entonces yo no podía comprender tan bien el sentido de sus palabras. ¡Cómo me agradaría que volviera a hablarme de eso! Al menos, podría probarle mi simpatía.

Pim debió contarlo por necesidad de confiarse a alguien, aunque sólo fuera una vez, él, el confidente de tantos «secretos del corazón», porque Pim no habla nunca de sí mismo. No creo que Margot tenga la menor idea de todo cuanto Pim ha sufrido. ¡Pobre Pim! No podrá hacerme creer que lo ha olvidado todo. No olvidará jamás. Se ha vuelto tolerante. Confío que, más tarde, seré un poco como él, sin tener que pasar por todo eso.
Tuya. ANA

Lunes, 27 de diciembre de 1943.

Querida Kitty:
El viernes por la noche, nosotros, judíos, festejamos la Navidad por primera vez. Miep, Elli, Kophuis y Kraler nos prepararon una deliciosa sorpresa. Miep nos hizo una torta de Navidad, adornada con estas letras: «Paz 1944.» Elli nos regaló una libra de mantequilla, calidad de preguerra. Para Peter, Margot, y yo, un tarro de cuajada, y para los mayores, a cada uno, un porrón de cerveza. Todo estaba muy lindamente embalado, con una imagen en cada paquetito. Aparte de eso, los días de Navidad han transcurrido sin nada de especial.
Tuya.   ANA

Miércoles, 29 de diciembre de 1943.

Querida Kitty:
Anoche me sentí nuevamente triste. Volví a acordarme de abuelita y de Lies. ¡Abuelita! ¡Oh, la querida abuelita! ¡Qué buena y dulce era! Nosotros ignorábamos que padecía de una enfermedad muy grave, que mantuvo en secreto hasta último momento.
¡Qué fiel nos era abuelita! Nunca hubiera dejado que nos derrumbáramos. Yo podía hacer cualquier cosa, ser insoportable a último grado, pero abuelita siempre me disculpaba.
Abuelita, ¿me quisiste sin comprenderme tú tampoco? No sé. Nadie iba nunca a confiarse con abuelita. ¡Qué sola debía sentirse; a pesar del cariño de todos nosotros! Hay quien puede sentir la soledad, aunque esté rodeada de afectos, si para nadie es el Amado con A mayúscula. ¿Y Lies? ¿Vive aún? ¿Qué hace? ¡Oh, Dios, protégela y devuélvenosla! Lies, tú me haces entrever lo que hubiera podido ser mi suerte; constantemente me pongo en tu lugar. ¿Por qué, entonces, tomar tan en serio lo que sucede en casa? ¿No debería yo sentirme contenta, dichosa y satisfecha, salvo cuando pienso en ella y en sus semejantes?
Yo soy una egoísta y una cobarde. ¿Por qué afligirme y pensar siempre en las peores desgracias hasta gritar de miedo? Porque mi fe, a pesar de todo, no es bastante fuerte. Dios me ha dado más de lo que merezco, y sin embargo, cada día sigo acumulando culpas.
Cuando se piensa en su prójimo, es como para llorar todo el día. Sólo resta implorar a Dios para que haga un milagro y salve todavía algunas vidas. ¡Con tal de que Él oiga mis plegarias!
Tuya.   ANA

Domingo, 2 de enero de 1944.

Querida Kitty:
Esta mañana, al hojear mi *Diario*, me he detenido en algunas cartas que hablaban de mamá, y me he aterrado por las palabras duras que utilicé para ella. Me he preguntado: «Ana, ¿viene verdaderamente de ti ese odio? ¡Oh, Ana, deberías sentir vergüenza!» Estupefacta, con una de las páginas en la mano, he tratado de descubrir las razones de esta cólera y de esta especie de odio que se habían apoderado de mí al punto de confiártelo todo. Porque mi conciencia no se calmará hasta que yo haya aclarado contigo estas acusaciones. Olvidemos un momento cómo llegué a eso.

Sufro y he sufrido siempre de una especie de mal moral; es algo así como si, habiendo mantenido mi cabeza bajo el agua, viera yo las cosas, no tal como son, sino deformadas por una óptica subjetiva; cuando me hallo en ese estado, soy incapaz de reflexionar sobre las palabras de mi adversario, lo que me permitirá obrar en armonía con aquel a quien he ofendido o apenado por mi carácter demasiado vivo. Me repliego entonces en mí misma, sólo veo mi yo, y derramo sobre el papel mis alegrías, mis burlas y mis pesares, sin pensar más que en mi propio persona. Este *Diario* tiene mucho valor para mí, porque forma parte de mis memorias; sin embargo, en muchas páginas yo podría añadir: «Pasado.»

Yo estaba furiosa contra mamá, y a veces sigo estándolo. Ella no me ha comprendido, es verdad; pero yo, por mi parte, tampoco la he comprendido a ella. Como me quería de veras, me demostraba su ternura; pero, como yo la colocaba a menudo en una situación desagradable y, además, las tristes circunstancias la habían puesto nerviosa e irritable, ella me reñía…, lo que, al fin y al cabo, era comprensible.

Me lo tomé demasiado en serio al sentirme ofendida, al ponerme insolente y demostrarme mal dispuesta hacia ella, lo que no podía menos que apesadumbrarla. En el fondo, sólo hay malentendidos y desacuerdo de una parte y de la otra. Nos hemos envenenado la una a la otra. Pero eso pasará.

Yo he sido capaz de admitirlo, y me he apiadado de mí misma, lo que es igualmente comprensible. Cuando se tiene un temperamento tan vivo como el mío, surge la cólera, tras el enojo. En otro tiempo, antes de mi vida enclaustrada, esta cólera se traducía en algunas palabras vehementes, en algunos golpecitos de pie a espaldas de mamá, y me sentía calmada.

Esta época, en la que, fríamente, yo podía formular un juicio sobre mamá en una crisis de lágrimas, ha sido bien superada. Me he vuelto más razonable y, asimismo mamá está un poco menos nerviosa. Cuando ella me fastidia, casi siempre me callo, y ella hace otro tanto; por eso marchamos mejor, aparentemente. Me es imposible sentir por mi madre el amor apegado de una hija. Me falta este sentimiento. Adormezco mi conciencia, bien que mal, con la idea de que el papel es menos sensible que mamá; porque ella, fatalmente, llevaría mis injurias en su corazón.

Tuya.   ANA

Miércoles, 5 de enero de 1944

Querida Kitty:
Hoy voy a contarte dos cosas. Ello va a ser largo. Pero es absolutamente necesario que yo se las cuente a alguien, y nadie más que tú, que yo conozca, puede guardar el silencio, ocurra lo que ocurra.

Primero, se trata de mamá. Me he quejado mucho de ella, aunque ahora hago cuanto puedo por ser amable con ella. De repente, acabo de descubrir lo que le falta. Mamá nos ha dicho ella misma que nos considera como amigas suyas más que como hijas. Es muy bonito, no digo que no; sin embargo, una amiga no puede reemplazar a una madre. Yo necesito sentir por mi madre el respeto que inspira una especie de ideal.

Algo me dice que Margot no piensa en absoluto como yo, y que nunca comprendería lo que acabo de decirte, En cuanto a papá, él evita toda conversación concerniente a mamá.

En mi opinión, una madre debe ser una mujer cuya primera cualidad es el tacto, sobre todo frente a hijas de nuestra edad, y que no obre como mamá, que se burla de mí cuando lloro, no por dolor físico, sino por otra cosa.

Hay una cosa, quizá insignificante, pero que nunca le he perdonado. Hace mucho tiempo, antes de venir al Anexo, tuve un día que ir al dentista. Mamá y Margot me acompañaron, y me dieron permiso para llevar la bicicleta. Al salir las tres del dentista, mamá y Margot me dijeron que iban al centro para ver o comprar algo, ya no recuerdo exactamente. Yo quise seguirlas, pero me despidieron, porque iba en bicicleta. Me sentí tan furiosa, que las lágrimas me subieron a los ojos, lo que las hizo soltar la carcajada. Entonces, yo lo vi todo rojo, y les saqué la lengua, así, en plena calle. Una viejecita que pasaba por allí en ese instante parecía horripilada. Volví a casa, y debí llorar largo rato. Es curioso, pero la herida que mamá me causó en aquel momento me sigue doliendo todavía cuando lo pienso. Va a serme difícil hablarte de la segunda, porque se trata de mí misma. Ayer leí un artículo de la doctora Sis Heyster, a propósito de la manía de ruborizarse. Este artículo parece dirigirse a mí sola. Aunque yo no enrojezco tan fácilmente, me parece que las otras cosas de que habla se aplican perfectamente a mí sola. He aquí, poco más o menos, lo que escribe: una muchacha, durante los años de pubertad, se repliega en sí misma y empieza a reflexionar sobre los milagros que se producen en su cuerpo.

Yo también noto esta sensación; por eso, en estos últimos tiempos, me parece estar cohibida delante de Margot y de mis padres. En cambio, aunque sea más tímida que yo, Margot no demuestra sentir la menor inhibición.

Lo que me sucede me parece maravilloso; no sólo las transformaciones visibles de mi cuerpo, sino lo que se verifica en mi interior. Aun cuando yo nunca hable a nadie de mí misma, ni de todas estas cosas, pienso en ellas y las refiero aquí.

Cada vez que estoy indispuesta —sólo me ha sucedido tres veces— tengo la sensación de llevar en mí un secreto muy tierno, a despecho del dolor, de la laxitud y de la suciedad; es porque, a pesar de los pequeños fastidios de estos pocos días, me regocijo en cierto modo desde el momento en que voy a sentir ese secreto una vez más.

Sis Heyster dice también en su artículo que las muchachas de esta edad no están muy seguras de sí mismas; pero no tardarán en reconocerse mujeres, con sus ideas, sus pensamientos y sus hábitos personales. En lo que a mí respecta, como me encuentro aquí desde alrededor de mi decimotercer año, he comenzado a reflexionar sobre mí misma mucho antes que las otras muchachas, y me he percatado antes que ellas de la «independencia» individual. Por la noche, en la cama, siento a veces una necesidad inexplicable de tocarme los senos, sintiendo entonces la calma de los latidos regulares y seguros de mi corazón.

Inconscientemente, tuve sensaciones semejantes mucho antes de venir aquí, porque recuerdo que, al pasar la noche en casa de una amiga, tuve entonces la irresistible necesidad de besarla, lo que desde luego hice. Cada vez que veo la imagen de una mujer desnuda, como, por ejemplo, Venus, me quedo extasiada. Me ha sucedido al encontrar eso tan maravillosamente bello, que costaba retener las lágrimas.

¡Si al menos tuviera una amiga!

Tuya. ANA

Jueves, 6 de enero de 1944

Querida Kitty:

Como mi deseo de hablar de veras con alguien se ha vuelto por fin demasiado fuerte, se me ha ocurrido elegir a Peter como víctima. Más de una vez he entrado en su cuartito. Lo encuentro muy simpático, sobre todo a la luz de la lámpara eléctrica. Peter, por muy huraño que sea, nunca pondría a la puerta a nadie que fuera a molestarle; no me quedé, pues, mucho tiempo, por miedo a que se me juzgara fastidiosa. Buscaba un pretexto para quedarme a su lado, como casualmente, para charlar, y ayer aproveché una buena ocasión. Se ha apoderado de Peter una verdadera pasión por las palabras cruzadas, y se pasa en eso todo el día. Me puse a ayudarle y, bien pronto, él en la silla, yo en el diván.

Resultaba extraño. Yo no tenía más que mirar sus ojos negroazulados y su sonrisa misteriosa en la comisura de los labios... Eso me dejaba pensativa. Pude leer en su rostro su embarazo, su falta de aplomo y, al mismo tiempo, una sombra de certidumbre de saberse hombre. Al ver en sus torpes movimientos, algo se estremeció en mí. No pude impedirme de mirar sus ojos oscuros, de cruzar nuestras miradas una y otra vez, suplicándole con las mías, de todo corazón; «¡Oh!, ¿no quieres dejar ese inútil parloteo y decirme lo que te sucede?»

Pero la velada transcurrió sin nada de especial, salvo que yo le hablé de esa manía de sonrojarse, no con las palabras que empleo aquí, evidentemente, sino diciéndole que con el tiempo cobraría aplomo rápidamente.

Por la noche, en la cama, esta situación me pareció muy poco regocijante, y francamente detestable la idea de implorar los favores de Peter. ¿Qué no se haría por satisfacer sus deseos? La prueba: mi propósito de ir a ver a Peter más a menudo y hacerle hablar.

Pero no hay que pensar que yo esté enamorada de Peter. Nada de eso. Si los Van Daan hubieran tenido una hija en lugar de un hijo, igualmente habría tratado de buscar su amistad.

Esta mañana, al despertarme alrededor de las siete menos cinco, sabía en seguida lo que yo había soñado. Estaba sentada en una silla, y, enfrente de mí, Peter... Wessel; hojeábamos un libro, con ilustraciones de Mary Bos. Mi sueño fue tan claro, que me acuerdo todavía, parcialmente, de los dibujos. Pero el sueño no había terminado. De repente, la mirada de Peter se cruzó con la mía, y yo me hundí largamente en sus hermosos ojos de un castaño aterciopelado. Luego Peter dijo muy dulcemente: «¡Si yo lo hubiera sabido, hace mucho tiempo que habría acudido a ti!» Bruscamente me volví, porque no podía ya dominar mi turbación. En seguida sentí una mejilla contra la mía; una mejilla muy suave, fresca y bienhechora... Era delicioso, infinitamente delicioso.

En ese instante me desperté. Su mejilla estaba aún contra la mía, y seguía sintiendo sus ojos morenos que miraban hasta el fondo de mi corazón, tan profundamente que él podía leer en ellos cuánto le había amado y cuánto le amo todavía. Mis ojos se llenaron de lágrimas ante la idea de haberle perdido de nuevo, pero al mismo tiempo me regocijó la certidumbre de que aquel Peter sigue siendo mi predilecto y lo será siempre.

Es curioso notar cuántas imágenes concretas me acuden durante el sueño. Una vez vi a Memé (mi otra abuela) tan claramente ante mí, que pude distinguir en su piel las gruesas arrugas aterciopeladas. En seguida se me apareció abuelita como ángel guardián; tras ella, Lies, que representa para mí el símbolo de la miseria de todas mis amigas y de todos los judíos. Cuando rezo por ella, rezo por todos los judíos y por todos los desamparados. ¡Y ahora, Peter, mi querido Peter! Nunca, antes, se me había aparecido tan claramente. Le he visto ante mí. No necesito fotografía. Le veo. ¡No puedo verle mejor!

Tuya.   ANA

Viernes, 7 de enero de 1944

Querida Kitty:

¡Qué tonta soy! Me he olvidado completamente de contarte las historias de mis otros admiradores.

Cuando yo era muy chica —eso data del jardín de infantes— le tomé simpatía a Karel Samson. Ya no tenía padre, y vivía con su madre en casa de una tía. Robby, el primo de Karel, hermoso muchachito de cabellos negros y muy delgado, siempre atraía mucho más la atención que aquel extraño Karel, grueso y redondo. Yo no prestaba atención a la belleza, y durante años quise mucho a Karel.

Jugábamos siempre juntos, pero, fuera de eso, mi amor no halló reciprocidad. En seguida, Peter Wessel apareció en mi camino, y tornóse para mí el verdadero entusiasmo, un entusiasmo de niña. Él también me encontraba simpática, y durante todo el verano, fuimos inseparables. Cuando pienso en ello, nos vemos todavía atravesar las calles, la mano en la mano, él con su traje de algodón blanco, yo con vestido estival muy corto. Al término de las grandes vacaciones, al regreso a las clases, él estaba ya en cuarto, y yo todavía con los pequeños. Venía a buscarme a la escuela, o bien yo iba a buscarle a la suya. Peter Wessel era la imagen misma de la belleza, alto, delgado, con su rostro serio, calmo e inteligente. Tenía cabellos negros y ojos castaños magníficos, tez mate, mejillas tersas y nariz puntiaguda. Me enloquecía su risa, que le daba un aspecto audaz de muchacho travieso. Luego yo me fui al campo para las vacaciones. Entretanto, Peter se había mudado, para ir a vivir con un compañero mucho mayor que él. Éste sin duda le hizo notar que yo no era todavía más que una mocosa. ·Resultado: Peter me dejó. Yo le amaba a tal punto, que no podía resignarme, y no me desprendía de él; hasta el día en que comprendí que, si me empecinaba así por más tiempo, me tomarían por una buscona. Pasaron los años. Peter tenía amigas de su edad, y ya no se tomaba el trabajo de saludarme; pero yo era incapaz de olvidarlo. En el liceo judío, muchachos de mi clase se habían enamoriscado de mí. Yo me sentía encantada, halagada, pero eso no me causaba la más mínima impresión. Luego fue Harry quien se prendó de mí, más seriamente, pero, como ya lo he dicho, nunca más volví a enamorarme.

Dice un proverbio que las heridas se curan con el tiempo, y así era conmigo. Yo creía haber olvidado a Peter Wessel, pensando que ya no me impresionaba. Sin embargo, su recuerdo vivía tan fuerte en mí, en mi subconsciente, que a veces me confesaba celosa de sus otras amigas, y por esta razón ya no le encontraba tan atractivo. Esta mañana he comprendido que nada había cambiado entre nosotros; al contrario, mi amor por él había crecido y madurado conmigo. Ahora veo bien que Peter debía juzgarmne demasiado niña para él; pero eso no me impedía sufrir por su olvido total. Desde que su rostro se me ha aparecido tan claramente, tengo la certeza de que nadie podría nunca adentrarse tan profundamente en mi corazón.

Me siento toda turbada por ese sueño. Cuando papá me besó esta mañana, hubiera querido gritarle: «¡Oh, si tú fueras Peter!» No puedo hacer nada sin pensar en él; durante todo el día no ceso de repetirme: «¡Peter! ¡Querido Peter!...»

¿Quién podrá ayudarme? No me queda más que proseguir la vida de todos los días y rogar a Dios para que, si alguna vez salgo de aquí, Él lleve de nuevo a Peter a mi camino, a fin de que, al leer en mis ojos mis sentimientos, diga: «¡Oh, Ana! ¡Si yo lo hubiera sabido, hace mucho tiempo que habría acudido a ti!»

Al mirarme al espejo, me he encontrado completamente cambiada. Veo mis ojos claros y profundos, mis mejillas teñidas de rosa, lo que no me sucedía desde hace muchas semanas; mi boca parece también más dulce. Parezco dichosa y, sin embargo, no sé qué de triste en mi expresión ha hecho desaparecer súbitamente la sonrisa de mis labios. No puedo ser dichosa, porque debo decirme que estoy lejos de los pensamientos de Peter Wessel. Con todo, sigo viendo sus hermosos ojos que me miran, y siento todavía su mejilla fresca contra la mía... ¡Peter, Peter! ¿Cómo apartarme nuevamente de tu imagen? ¿Quién que ocupase tu lugar podría dejar de ser más que un vil remedo? Te amo. Con un amor incapaz de crecer más en mi corazón. Es tan fuerte, que necesita expandirse y revelarse en mí de un solo golpe, en toda su magnitud.

Hace una semana, ayer mismo, si me hubieran preguntado cuál de mis amigos sería para mí el mejor marido, habría contestado: «No lo sé»; mientras que ahora lo gritaría sobre todos los techos: «¡Peter Wessel! Porque le amo de todo corazón, con toda mi alma. ¡Y me abandono completamente a él!» Con una sola reserva: que sólo toque mi cara.

Una vez, hablando de la sexualidad, papá me dijo que yo no podía comprender aún el deseo, cuando a mí me parecía haberlo comprendido siempre. Bien. Ahora lo comprendo perfectamente. ¡Nada me sería tan querido como él, mi Peter!

Tuya.   ANA

Miércoles, 12 de enero de 1944.

Querida Kitty:
Elli ha vuelto hace quince días. Miep y Henk, por haber comido quién sabe qué, han tenido durante dos días fuertes dolores de vientre, que no les daban tregua. En este momento, yo tengo la chifladura de la danza clásica y ensayo seriamente mis pasos todas las noches. Con una combinación azul cielo con puntillas, pertenecientes a mamá, me he fabricado una túnica de danza ultra moderna. Una cinta estrecha alforzada en lo alto la cierra por encima del pecho, y en el talle otra

cinta más ancha y rosa completa el efecto. He tratado en vano de transformar mis zapatillas de gimnasia en escarpines de bailarina. Mis miembros adormecidos empiezan a soltarse, exactamente como antes.

Uno de los ejercicios es formidable: sentada en el suelo, cojo un talón en cada mano, y se trata de levantar al aire las dos piernas sin doblar las rodillas. Trampeo un poco utilizando un almohadón como apoyo, para no maltratar demasiado mi pobre traserito. El último libro leído por los mayores es *Ochtend zonder Wolken (Tarde sin nubes)*. Mamá lo ha encontrado extraordinario; en él se habla mucho de los problemas de la juventud. Yo me he dicho a mí misma, bastante irónicamente: «¡Trata primero de comprender un poco a la juventud que tienes a tu alrededor!»

Pienso que mamá se forja ilusiones sobre nuestras relaciones con nuestros padres; se imagina que se ocupa constantemente de la vida de sus hijas y se cree única en su género. En todo caso, eso sólo puede referirse a Margot, pues creo que mamá nunca ha pensado en los problemas ni en los pensamientos que me preocupan. No tengo el menor deseo de hacer notar a mamá que uno de sus retoños es extrañamente diferente a la imagen que ella se forja de él, porque se sentiría consternada y, desde luego, no sabría obrar de otra manera; por consiguiente, prefiero ahorrarle el pesar que ello le causaría, tanto más que para mí en nada cambiaría la situación.

Mamá se percata bien de que yo la quiero menos de lo que la quiere Margot, pero imagina que eso no es más que por periodos. Margot se ha vuelto tan amable que no la reconozco; ya no enseña las uñas tan a menudo, y nos hemos hecho muy amigas. Ha dejado de tratarme como si yo fuera una chiquilla insignificante.

Parecerá extraño, pero a veces me miro como si viera por otros ojos que los míos. Entonces, bien a mis anchas, examino las cuestiones de una cierta «Ana»; recorro las páginas de mi vida en mi *Diario*, como si se tratara de una extraña. Antes, en nuestra casa, cuando no reflexionaba tanto, tenía en ocasiones la sensación de no formar parte de nosotros cuatro, e imaginaba que crecía como el pato salvaje. durante un cierto tiempo interpreté también el papel de huérfana; o, asimismo, me castigaba a mí misma con mis propios reproches, diciéndome que nadie tenía la culpa si yo quería hacerme la víctima, cuando todo el mundo era tan bueno conmigo. Yo hacía seguir este capricho de otro, obligándome a ser amable: por la mañana, al oír pasos en la escalera, esperaba ver entrar a mamá para darme los buenos días; yo era afectuosa con ella; pero también porque me sentía feliz de verla tan amable conmigo. Luego, bastaba una de sus observaciones un poco ásperas para que yo me fuera a la escuela toda desalentada. Al regreso, la disculpa, diciéndome que podía tener preocupaciones; llegaba, pues, a casa muy alegre, hablaba por diez, hasta que la misma cosa se repetía y volvía a irme, pensativa, con mi cartera de útiles. Otra vez regresaba con la firme intención de enfurruñarme, lo que olvidaba en seguida, tantas eran las novedades que tenía que contar; ellas eran dirigidas evidentemente a mamá, que, en mi opinión, debía estar siempre dispuesta a escucharme en cualquier circunstancia. En el colmo de los caprichos, yo no escuchaba ya los pasos por la mañana, me sentía sola, y mojaba una vez más de lágrimas la almohada.

Aquí, las cosas se han agravado más. En fin, tú lo sabes. En estas dificultades, Dios me ha socorrido enviándome a Peter... Juego un momento con mi medalloncito, lo beso y pienso: «Me río de todo. Peter me pertenece, y nadie lo sabe.» Así, puedo vencer cualquier rechifla. ¿Quién puede sospechar lo que sucede en el alma de una escolar?

Tuya. ANA

Sábado, 15 de enero de 1944.

Querida Kitty:

No tiene sentido alguno eso de repetirte a cada paso nuestras disputas y querellas en sus menores detalles. Para terminar con ello, digamos que hemos compartido con los otros nuestros productos grasos, nuestra manteca y nuestra carne, y que hacemos freír nuestras papas fuera de la cocina común. Desde hace algún tiempo, nos concedemos un pequeño suplemento de pan negro, porque, a partir de las cuatro de la tarde, empezamos a sentirnos obsesionados por la hora de la cena, sin poder imponer silencio a los borborigmos insólitos de nuestro estómago vacío.

El cumpleaños de mamá se acerca a grandes pasos. Kraler le ha traído azúcar, lo que despertó los celos de los Van Daan, pues la señora se la vio pasar por debajo de la nariz en ocasión de su propio cumpleaños. Nuevas pullas, crisis de lágrimas y diálogos ásperos. ¡Bah! De nada vale que te fastidie con todo eso. Cuanto puedo decirte, Kitty, es que ellos nos fastidian a nosotros cada vez más. Mamá ha hecho el voto irrealizable de abstenerse de ver a los Van Daan durante quince días.

No ceso de preguntarme si el cohabitar con otras personas, sean quienes fueren, lleva forzosamente a las disputas. ¿O será que, en nuestro caso, hemos tenido mala suerte? ¿Es mezquina y egoísta la mayoría de la gente? Quizá esté yo situada bien para adquirir un cierto conocimiento de la gente, pero empiezo a sentirme cansada. Ni nuestras querellas, ni nuestras ganas de aire y de libertad harán detener la guerra; por eso estamos obligados a sacar de nuestra permanencia aquí el mejor partido, y hacerla soportable. Me pregunto por qué me pongo a pontificar: si sigo aquí mucho tiempo más, corro también el riesgo de transformarme en una seca solterona. ¡Y tengo tantos deseos de aprovechar todavía mis años de escolar!

Tuya.   ANA

Sábado, 22 de enero de 1944.

Querida Kitty:

¿Podrías decirme por qué las gentes ocultan tan celosamente todo lo que sucede en ellas? ¿Cómo es posible que en compañía de los demás yo sea totalmente diferente a lo que debería ser? ¿Por qué desconfian unos de otros? Debe de haber una razón, no lo dudo, pero cuando noto que nadie, ni siquiera los míos, responde a mi deseo de confianza, me siento desdichada.

Me parece haber envejecido desde la noche de mi sueño memorable; me siento más que nunca «un personaje independiente». Te sorprenderá muchísimo cuando te diga que hasta a los Van Daan los miro con otros ojos. Ya no comparto la idea preconcebida de los míos en lo que atañe a nuestras discusiones.

¿Cómo puedo haber cambiado tanto? Ya ves, se me ha ocurrido pensar que si mamá no hubiera sido lo que ella es, si hubiese sido una verdadera Mamsie, nuestras relaciones habrían resultado completamente diferentes. Desde luego, la señora Van Daan no es fina ni inteligente, pero me parece que si mamá fuera más dúctil, si demostrase más tacto en las conversaciones espinosas, más de una querella podría ser evitada.

La señora Van Daan tiene una gran cualidad: la de ser sensible al razonamiento. A pesar de su egoísmo, de su avaricia y de sus cominerías, se puede fácilmente inducirla a ceder, si se sabe tomarla, evitando ponerla nerviosa o provocar su rebeldía. No se consigue tal vez siempre al primer intento, pero se trata de tener paciencia o de volver a empezar varias veces, de ser necesario, para obtener un progreso.

Todos nuestros problemas sobre la educación, las historias de
«niños demasiado mimados», la alimentación, todo eso hubiera tomado
un sesgo muy distinto si hubiésemos hablado de ello amistosamente
y con franqueza, y si no nos hubiéramos limitado a ver tan sólo el
lado malo de los demás.

Yo sé exactamente lo que vas a decir, Kitty: «Pero, Ana, ¿eres tú
quien habla? Tú, que te has visto obligada a soportar tantas cosas de
esa gente, duras palabras, injusticias, etcétera?» Pues bien, sí: soy yo
quien habla así.

Quiero profundizarlo todo, y a eso me doy; y no como un papagayo.
Voy a estudiar a los Van Daan a mi manera, para ver lo que hay de
justo y de exagerado en nuestra opinión. Sí, personalmente, me siento
defraudada, me pondré del lado de papá y mamá; si no, trataré de
hacerles ver en dónde está su error y, en caso de fracasar, tendré el
valor de mi propia opinión y de mi propio juicio. Aprovecharé toda
ocasión de discutir nuestras divergencias francamente con la señora,
y de hacerle ver mis ideas imparciales, aun a riesgo de que me trate
de impertinente.

Quizá fuera injusto que yo me irguiera contra mi propia familia,
pero, en lo que me concierne, los chismorreos pertenecen a las nieves
de antaño, a partir de hoy.

Hasta hoy día había creído a pie juntillas que sólo los Van Daan
eran responsables de todas nuestras disputas. Pero también nosotros
tenemos algo que ver en eso. Al principio, somos nosotros siempre
los que tenemos razón, pero las personas inteligentes (entre las que
nosotros nos contamos) están obligadas a dar pruebas de su perspicacia
y de su tacto frente a los demás. Confío en poseer una brizna de esa
perspicacia y hallar la ocasión de aplicarla.

Tuya. ANA

Lunes, 24 de enero de 1944.

Querida Kitty:

Me ha ocurrido (no es la palabra exacta) una cosa muy extraña en
mi opinión.

Otrora, tanto en nuestra casa como en la escuela, se hablaba del
sexo, a veces con misterio, a veces con vergüenza. Las alusiones sobre
el particular se hacían únicamente cuchicheando, y quien se mostraba
ignorante era zaherido. Yo juzgaba eso estúpido y pensaba: «¿Por qué
hablan de esas cosas con tanto misterio? Es ridículo.» Pero, como no

tenía remedio, me callaba todo lo posible o trataba de ser ilustrada por mis amigas.

Ya puesta al corriente de muchas cosas, hablé también de ello con mis padres. Mamá me dijo un día: «Ana, te doy un buen consejo. No discutas nunca este tema con muchachos. Si son ellos los que empiezan a hablarte de ello, no respondas.» Recuerdo todavía mi respuesta: «¡Claro que no, vaya una idea!» Las cosas quedaron así.

Al principio de nuestra permanencia en el Anexo, papá, de tiempo en tiempo, dejaba escapar detalles que yo hubiera preferido conocer por mamá, y extendí mi conocimiento gracias a los libros y a las conversaciones a mi alrededor. Sobre el particular, casi como excepción, Peter Van Daan nunca ha sido tan fastidioso como los compañeros de clase.

Su madre nos contó una vez que ni ella ni su marido han hablado nunca de esas cosas delante de Peter. Aparentemente, ella ignoraba a qué punto su hijo estaba informado.

Ayer, mientras Margot, Peter y yo pelábamos las papas, charlamos como de costumbre y, al hablar de Boche, yo pregunté:

—Seguimos sin saber si Boche es un gato o una gata, ¿verdad?

—Sí —repuso él—, es un gato.

Yo me eché a reír, diciéndole:

—¡Un lindo gato que espera gatitos!

Peter y Margot se pusieron a reír también. El equívoco era demasiado extraño: Peter había hecho notar, hace dos meses, que Boche tendría gatitos a breve plazo: su vientre aumentaba a vista de ojo. El grosor, sin embargo, provenía de muchas rapiñas, y los gatitos no parecían crecer, y mucho menos nacer.

Peter quiso defenderse, y dijo:

—Nada de eso. Si quieres, puedes venir a comprobarlo tú misma. Mientras jugaba con él el otro día vi bien que es un gato.

Impelida por mi gran curiosidad, le acompañé al almacén, pero Boche no daba recepción y no aparecía. Aguardamos un momento; luego como teníamos frío, volvimos arriba. Después, por la tarde, oí que Peter bajaba de nuevo. Armándome de valor para atravesar sola la casa silenciosa, llegué al almacén. Sobre la mesa de embalaje, Boche jugaba con Peter que acababa de ponerlo sobre la balanza para controlar su peso.

—¡Hola! ¿Quieres verlo?

Sin más miramientos, tendió al animal boca arriba, sujetándolo hábilmente por las patas, y la lección comenzó:

—Aquí tienes el sexo masculino. Eso, algunos pelos, y eso otro, su trasero.

El gato dio un respingo y volvió a ponerse sobre sus lindos zapatos blancos.

Si otro muchacho me hubiera mostrado el «sexo masculino», nunca más hubiera vuelto a mirarle. Pero Peter continuó hablando sin segunda intención, con toda naturalidad, de este tema penoso, y acabó por ahuyentarme toda aprensión. Jugamos con Boche, charlamos juntos, y nos marchamos despreocupadamente de aquel enorme local.

—Si quiero saber algo, siempre termino encontrándolo por casualidad en algún libro. ¿Tú no?

—¿Por qué? Se lo pregunto a mi padre. Él sabe de todo mucho más que yo, y, además, tiene experiencia.

Ya habíamos llegado al pie de la escalera, y yo no había dicho nada más.

¡Cómo se cambia! Jamás hubiera creído poder hablar de eso tan llanamente, ni siquiera con una muchacha. Estoy segura de que mamá nunca ha hecho alusión a eso al advertirme que no hablase con los muchachos. De cualquier modo, me siento diferente de los demás días y, a pesar mío, pienso en la pequeña escena y la juzgo bastante curiosa. Pero al menos he aprendido algo: que hasta con los muchachos se puede hablar de eso sin bromear y sin falsa vergüenza.

¿Hablará Peter de todo a sus padres, y será él verdaderamente tal como se me demostró ayer?

Después de todo, ¡¡no me importa!!

Tuya. ANA

Jueves, 27 de enero de 1944.

Querida Kitty:

En estos últimos tiempos me he aficionado mucho con los árboles genealógicos de las familias reinantes; de ello deduzco que, a fuerza de buscar, se puede muy bien remontarse hasta la antigüedad haciendo descubrimientos cada vez más interesantes.

Aunque me aplico particularmente a mis deberes escolares (empiezo a poder seguir bastante bien las audiciones de la B.B.C.), me paso una gran parte de los domingos recortando y clasificando mi colección de artistas de cine, que adquiere un volumen respetable.

El señor Kraler me alegra mucho, todos los lunes, trayéndome «Cine y Teatro.» Aunque mi círculo, menos frívolo, piense que eso es derrochar dinero en extravagancias, de todos modos hay en ellos cierta sorpresa al oírme citar los nombres exactos de los actores de los *filmes* estrenados hace un año o más. Elli va mucho al cine, con un amigo suyo, durante sus horas de libertad; ella me anuncia los títulos de las películas que verá el sábado, y en seguida yo me informo leyendo las críticas a toda marcha. No hace mucho tiempo mamá decía que yo no tendría ya necesidad de ir más tarde al cine para desquitarme; a tal punto los *filmes*, sus artistas y las críticas se habían grabado en mi memoria.

Si se me ocurre usar un nuevo peinado, cada cual tiene el ojo crítico, y siempre puedo esperarme la pregunta:

—¿A qué *star* has imitado?

Y nadie me cree más que a medias cuando respondo que es una de mis creaciones.

En cuanto al peinado, no dura más de una media hora; tras lo cual, me siento tan contrariada por las observaciones, que corro al cuarto de baño para arreglarme el pelo como todos los días.

Tuya.   ANA

Viernes, 28 de enero de 1944.

Querida Kitty:

Quizá creas que te tomo por una vaca, al obligarte a rumiar constantemente las mismas cosas y las mismas novedades. La monotonía debe de hacerte bostezar abiertamente, y juzgarás que ya es hora de que Ana aparezca con algo nuevo.

¡Ay, ya lo sé! No hago más que desenterrar viejas historias. Eso aburre, y a mí también, desde luego. Cuando, a la mesa, no se habla de política ni de menús suculentos, mamá y la señora Van Daan rivalizan en relatos de sus historias de juventud —¡que nos sabemos de memoria!—, o bien Dussel empieza a chochear a propósito del amplio guardarropa de su mujer, o sobre caballos de carrera, de canoas que hacen agua, o de muchachos que nadan desde la edad de cuatro años y de sus calambres que reclamaban sus cuidados. Si cualquiera de nosotros toma la palabra, cualquier otro puede fácilmente terminar la historia empezada. Cada anécdota la conocemos anticipadamente; sólo el narrrador la festeja riendo, completamente solo, juzgándose muy espiritual. Los diversos lecheros, almaceneros y carniceros de antes, yo me imagino verlos con una barba; a tal punto su recuerdo es venerado a la mesa. Nada de todo cuanto ha sido puesto y repuesto sobre el tapete, en el Anexo, puede mantenerse joven y fresco. Es imposible.

Podría acostumbrarme, después de todo, si al menos los mayores se abstuvieran de repetir incansablemente los relatos que conocen por Koophuis o por Miep y Henk, añadiéndoles a veces detalles de su propia imaginación, de manera que me pellizco el brazo bajo la mesa para no interrumpir y poner sobre el recto camino al locutor entusiasta. Las muchachitas educadas, tales como Ana, no tienen bajo ningún pretexto el derecho de rectificar a los mayores, sean cuales fueren sus errores, sus embustes o sus invenciones.

Un tema predilecto de Koophuis y de Henk, es el de hablar de los que se ocultan. No ignoran que todo cuanto concierne a nuestros semejantes y sus escondites nos interesa prodigiosamente, que nos afligimos sinceramente cuando son atrapados, y saltamos de alegría cuando sabemos que un prisionero se ha escapado.

Sin embargo, hasta ese tema, pasado al orden del día, está zarandeado y se ha tornado una costumbre, como antes las pantuflas de papá que había que poner debajo de la estufa. Organizaciones como la «Holanda Libre», que urden falsos documentos de identidad, suministran dinero a las personas ocultas, les preparan refugios, proveen de trabajo clandestino a los jóvenes; tales organizaciones son numerosas. Asombran por su acción desinteresada, ayudando y haciendo vivir a otros a costa de su propia vida. El mejor ejemplo lo tengo aquí: el de nuestros protectores que nos sacan adelante hasta ahora, y que, lo espero, lograrán su objetivo hasta el final, porque deben resignarse a sufrir la misma suerte que nosotros en caso de denuncia. Nunca hacen alusión o se han quejado de la carga, que indudablemente, representamos para ellos.

Todos los días suben a nuestra casa, hablan de negocios y de política con los señores, de aprovisionamiento y fastidios de la guerra con las damas, de libros y periódicos con los niños. En todo lo que les es posible, se muestran joviales, traen flores y regalos para los cumpleaños y días de fiesta, y están siempre dispuestos a sernos útiles. Jamás olvidaremos el valor heroico de quienes luchan contra los alemanes; pero existe también el valor heroico de nuestros protectores, que nos demuestran tanto cariño y benevolencia.

Se hacen correr los rumores más absurdos, pero, sin embargo, los hay que son verídicos. Esta semana, por ejemplo, el señor Koophuis nos ha contado que en la Gueldre hubo un partido de futbol, uno de cuyos equipos se componía exclusivamente de hombres escondidos y el otro de miembros de la guardia civil. En Hilversum ellos han gastado también una broma. A raíz de una nueva distribución de tarjetas de racionamientos, se ha hecho acudir a los «fuera-de-la-ley» a cierta hora para recoger sus tarjetas que se encontraban sobre una mesita, discretamente apartadas. Hay que tener agallas para hacer eso en la nariz y en las barbas de los nazis.

Tuya.
                                                                ANA

Jueves, 3 de febrero de 1944.

Querida Kitty:
La fiebre del desembarco ha ganado el país y asciende de día en día. Si tú estuvieras aquí, serías como yo: ora te dejarías impresionar por los preparativos extraordinarios, ora te burlarías de las personas que se excitan tanto, quizá, ¡quién sabe!, para nada. Todos los diarios se ocupan de lo mismo; el desembarco enloquece a la gente completamente. Se leen artículos tales como éste: «En caso de desembarco de los ingleses en Holanda, las autoridades alemanas tomarán todas las medidas para la defensa del país; si es necesario, se recurrirá a la inundación.» Distribuyen pequeños mapas geográficos de Holanda con las regiones a inundar. Como Amsterdam se encuentra en esta zona, nos preguntamos lo que sucedería con un metro de agua en las calles. Este problema difícil ha provocado las más variadas respuestas:
—La marcha a pie y la bicicleta quedan descartadas; será menester cruzar penosamente.
—¡Qué va! Se irá a nado. Todo el mundo se pondrá en traje de baño, sin olvidar el bonete, y nadaremos bajo agua todo lo posible; así, nadie verá que somos judíos.
—¡Ah, qué jactancioso! Yo veo ya a las señoras nadar cuando las ratas se pongan a morderles sus lindas piernas.
(Un hombre, naturalmente, que quiere ver quién gritará más fuerte, él o nosotras.)
—Nunca podremos salir de la casa; el edificio es tan viejo, que se desplomará en cuanto comience la inundación.
—Escuchen todos, y déjense de bromas. Vamos a arreglarnos para conseguir una pequeña lancha.
—No vale la pena. No hay más que tomar un gran cajón, el embalaje de las latas de leche, en el granero, y remar con bastones.
—Por mi parte, yo caminaré con zancos. Era campeona en mi primera juventud.

—Henk Van Santen no necesitará hacerlo; cargará a su mujer sobre los hombros, y será Miep quien tenga zancos.

Ahora, ¿eh?, tú puedes forjarte una idea. Por lo menos, más o menos aproximada. Estas charlas son acaso divertidas en el momento, pero ello no ocurrirá así en la realidad. Ya se verá.

Un segundo problema del desembarco no se ha hecho esperar. ¿Qué hacer si los alemanes quieren evacuar Amsterdam?

—Partir con todo el mundo, disfrazándonos lo mejor posible, transformándonos. ¡Eso!

—No partiremos bajo ningún pretexto. Lo único que hay que hacer es quedarse aquí. Los alemanes son capaces de trasladar a toda la población hasta Alemania, y allí hacer morir a todo el mundo.

—Sí, naturalmente, nos quedaremos aquí. Es el lugar más seguro. Vamos a tratar de persuadir a Koophuis de que venga a habitar la casa con su familia. Encontrarán una bolsa de aserrín y dormirán en el suelo. Miep y Koophuis podrán traer ya las frazadas.

—Nos quedan treinta kilos de trigo; habrá que pedir más. Henk se ocupará de las legumbres secas; tenemos todavía alrededor de treinta kilos de porotos y diez libras de arvejas, y no olvidemos las cincuenta latas de legumbres.

—Mamá, ¿quieres hacer el inventario de las otras reservas?

—Diez latas de pescado, cuarenta latas de leche, diez kilos de leche en polvo, tres botellas de aceite, cuatro tarros de manteca salada, cuatro ídem de carne, dos botellas de frutillas, dos botellas de frambuesas con grosella, veinte botellas de tomates, diez libras de copos de avena, ocho libras de arroz, y nada más.

No está tan mal. Pero hay que pensar en alimentar a nuestros invitados, y, si transcurren varias semanas sin poder reaprovisionarnos, nuestras reservas nos parecerán menos importantes. Tenemos suficiente carbón y leña, así como velas. Cada cual va a coserse una bolsita para colgársela del cuello, destinada a guardar el dinero, en caso de partida.

Habrá que redactar listas de las cosas que llevaríamos con nosotros, si nos viéramos obligados a huir, y cada cual puede empezar ya a preparar una bolsa para el hombro. Cuando ese momento se avecine, dos de nosotros permanecerán en su puesto de observación, uno en la buhardilla trasera, el otro en la de la fachada.

—Dime, ¿qué haremos de todas nuestras reservas si cortan el agua, el gas y la electricidad?

—En tal caso, se cocinará en la estufa, con agua pluvial hervida. Haremos una reserva de agua, comenzando por llenar todas las damajuanas.

Esta clase de conversación la oigo todo el día. El desembarco por aquí, el desembarco por allá, y las discusiones sobre el hambre, la muerte, las bombas, los extintores, los jergones, los certificados de judíos, los gases asfixiantes, etcétera. No son cosas para animar a nadie. Una muestra más, si me permites, de las conversaciones de los hombres del Anexo con Henk:

Anexo.—Nosotros tememos que los alemanes, al dar media vuelta, arrastren a toda la población con ellos.

Henk.—Imposible. No tienen tantos trenes a su disposición.

A.—¿Trenes? ¿Piensa usted que van a instalar a nuestros ciudadanos en pequeños vagones? Nada de eso. Les dirán que se sirvan de sus piernas como medio de transporte.

(Per pedes apostolorum, como dice siempre Dussel.)

H.—No lo creo. Ustedes lo ven todo demasiado tétrico... ¿Qué puede interesarles el arrastrar a toda la población?

A.—¿Ha olvidado usted lo que dijo Goebbels?: «Si se nos obliga a retirarnos, cerraremos también la puerta de todos los territorios ocupados.»

H.—Ellos han dicho muchas otras cosas.

A.—¿Cree usted a los alemanes demasiado nobles o demasiado caritativos para tal acción? El pensamiento de ellos es éste: «Si nosotros debemos perecer, todos los que están bajo nuestra dominación perecerán con nosotros.»

H.—Digan ustedes lo que quieran, yo no lo creo.

A.—Siempre la misma historia: no darnos cuenta del peligro hasta que se nos echa encima.

H.—Después de todo, tampoco ustedes saben nada en concreto. Todo eso no son más que suposiciones.

A.—Nosotros ya hemos pasado por eso, en Alemania primero, aquí después. ¿Y qué sucede en Rusia?

H.—Olviden ustedes por un instante la cuestión de los judíos. Yo creo que nadie sabe lo que pasa en Rusia. Los ingleses y los rusos hacen como los alemanes: exageran para que rinda su propaganda.

A.—No lo creemos. La radio inglesa ha dicho siempre la verdad. Aun admitiendo que sus transmisiones sean exageradas, eso no le impedirá a usted reconocer la realidad. Porque usted no puede negar el hecho de que millones de personas inocentes son asesinadas o asfixiadas con gases, sin ninguna contemplación, lo mismo en Rusia que en Polonia.

Te ahorraré nuestras otras conversaciones. Yo me siento muy tranquila, y no presto atención alguna a ese revuelo que hay a mi alrededor. Que viva o que muera, tanto me da, poco más o menos. Ahí tienes a lo que he llegado. El mundo no va a dejar de girar por mi causa, y, de cualquier modo, no seré yo quien cambie los acontecimientos.

Sólo me resta ver venir las cosas. No me ocupo más que de mis estudios, y confío en que el final será bueno.

Tuya.   ANA

Sábado, 12 de febrero de 1944.

Querida Kitty:

El sol brilla, el cielo es de un azul intenso, el viento es agradable, y yo tengo unas ganas locas —unas ganas locas— de todo... De charlar, de libertad, de amigos, de soledad. Tengo unas ganas locas... de llorar. Noto que querría estallar. Las lágrimas me apaciguarían, lo sé, pero soy incapaz de llorar. No me quedo quieta, voy de una habitación a otra, me detengo para respirar a través de la rendija de una ventana cerrada, y mi corazón late como si dijera: «Pero, vamos, satisface de una buena vez mi deseo...»

Creo sentir en mí la primavera, el despertar de la primavera; lo siento en mi cuerpo y en mi alma. Me cuesta lo indecible portarme como de costumbre, tengo la cabeza enmarañada, no sé qué leer, qué escribir, qué hacer. Languidez... Languidez... ¿Cómo hacerte càllar?...

Tuya.   ANA

Domingo, 13 de febrero de 1944.

Querida Kitty:

Desde ayer, algo ha cambiado para mí. Escucha. Yo sentía una nostalgia terrible —la tengo aún—, pero... me siento un poco, muy poco, muy vagamente apaciguada.

Noté esta mañana —seré honesta—, que, con gran alegría de mi parte, Peter no ha dejado de mirarme de cierta manera. De una manera muy distinta a la habitual; no podría explicártelo de otra forma.

Siempre pensé que Peter se había enamorado de Margot, y ahora, de repente, tengo la sensación de que me equivocaba. Yo no lo he mirado durante el día, adrede; al menos, no mucho, pues cada vez he visto su mirada clavada en mí, y además..., además es verdad, un sentimiento maravilloso me ha impedido mirarle demasiado a menudo.

Querría estar sola, estrictamente sola. Papá no ha dejado de notar que algo me pasa, pero me sería imposible contárselo todo. Querría gritar: «Déjenme en paz, déjenme sola.» ¡Quién sabe! Acaso un día estaré más sola de lo que desee.

Tuya.   ANA

Lunes, 14 de febrero de 1944.

Querida Kitty:

El domingo por la noche, con excepción de Pim y yo, todo el mundo escuchaba el programa musical: *Unsterbliche Musik Deutscher Meister.* Dussel movía constantemente el botón del aparato, lo que fastidiaba a Peter, y, desde luego también a los demás. Después de una media hora de nerviosidad contenida, Peter le rogó en un tono más o menos irritado que soltara el botón. Dussel contestó con su tonillo desdeñoso: *Ich mack, das schon.* Peter se enfadó, repuso con insolencia, y fue apoyado por Van Daan; Dussel se vio obligado a ceder. Eso fue todo.

Este incidente no tiene nada de extraordinario en sí, pero parece que Peter se lo tomó a pecho. En todo caso, esta mañana vino a reunírseme en el granero, donde yo estaba revolviendo en un cajón de libros, para hablarme de ello. Como yo no sabía nada, le escuchaba con atención, lo que hizo a Peter dar rienda suelta a su historia.

—Y ya ves —dijo él—, generalmente yo me callo, porque sé anticipadamente que nunca consigo dar con las palabras en un caso semejante. Empiezo a tartamudear, enrojezco, y lo digo todo al revés; a la larga, no tengo más remedio que interrumpirme, porque no logro decir lo que quiero. También ayer sucedió así. Yo quería decir otra cosa. Pero, una vez lanzado, perdí el hilo de mis ideas, y eso es terrible. Antes, yo tenía una mala costumbre, que te aseguro que me gustaría recuperar: cuando alguien me hacía rabiar, utilizaba mis puños más que mis palabras. Ya sé que esa manera de proceder no me llevará a nada. Por eso te admiro a ti. Tú dices las cosas sin rodeos. Tú le dices a la gente lo que tienes que decirle. Tú no tienes nada de tímida.

—Te equivocas —respondí—. La mayoría de las veces, digo las cosas de una manera totalmente distinta a como me proponía hacerlo. Luego, una vez arrastrada, hablo demasiado. Es una plaga que tú desconoces.

Yo me reí para mí al pronunciar estas últimas palabras. Pero quise tranquilizarlo, sin que se apercibiera de mi alegría; tomé un almohadón para sentarme en el suelo, las rodillas en el mentón; fui toda atención. Estoy verdaderamente encantada: el Anexo alberga, pues, a alguien que sufre las mismas crisis de furor que yo. Peter parecía visiblemente aliviado por poder dar rienda suelta al peor lenguaje para criticar a Dussel; sabía que yo no era una delatora. En cuanto a mí, pasé un momento delicioso, sintiendo con él una comunión que sólo había conocido con algunas de mis amigas, en otro tiempo.

Tuya.   ANA

Miércoles, 16 de febrero de 1944.

Querida Kitty:
Es el cumpleaños de Margot. A las doce y media, Peter ha venido a admirar los regalitos. Se ha entretenido charlando más tiempo que de costumbre, lo que no habría hecho de haberse tratado de una simple visita de cortesía. Por la tarde, he ido a buscar el café y también las papas, pues puedo muy bien agasajar a Margot una vez por año. Peter ha quitado en seguida de la escalera sus papeles, para dejarme paso, y le he preguntado si había que cerrar la escotilla de la mansarda.

—Sí —me contestó—, es preferible. Al volver, no tienes más que golpear: yo te abriré.

Dándole las gracias, he subido a la buhardilla, donde he pasado diez buenos minutos eligiendo en el gran tonel las papas más pequeñas. Me dolía la cintura y empezaba a tener frío. Naturalmente, no he golpeado, y he abierto yo misma la escotilla; sin embargo, él ha acudido a mi encuentro y, muy servicial, se ha encargado de la cacerola.

—He buscado empeñosamente —dije yo—, pero no las he encontrado más pequeñas.

—¿Has mirado en el tonel grande?

—Sí, he metido bien las manos y lo he revuelto todo.

Yo había llegado al pie de la escalera, cuando Peter, cacerola en mano, se detuvo para examinarla bien.

—¡Ah, es un buen trabajo! —dijo.

Y en el momento en que yo le tomaba el recipiente, añadió:

—¡Te felicito, muchacha!

Al decir esto, su mirada era tan tierna, tan cálida, que toda yo misma me enternecí también. Me daba cuenta de que él quería serme agradable; y como lo ignora todo de la elocuencia encomiástica, puso en su mirada toda su expresión. ¡Cómo le comprendo y cuánto se lo agradezco! En este mismo instante sigo sintiéndome toda feliz al evocar sus palabras y la dulzura de sus ojos.

Mamá hizo notar que no había allí bastantes papas para la cena. Muy dócil, me brindé para la segunda expedición.

Al llegar nuevamente hasta Peter, me disculpé por molestarle dos veces seguidas. Él se levantó, se situó entre la escalera y el muro, me tomó por el brazo y me cerró el camino.

—Para mí no es una molestia. Yo lo haré.

Le dije que no valía la pena, que esta vez no necesitaba elegir papas chicas. Convencido, me soltó el brazo. Pero al regreso, vino a abrirme la escotilla y, nuevamente, me tomó la cacerola de las manos. En la puerta, le pregunté:

—¿Qué haces en este momento?

—Francés —fue la respuesta.

Le pregunté también si no quería mostrarme sus lecciones, y, después de haberme lavado las manos, me senté en el diván.

Después de haberle dado algunas indicaciones de francés para su lección, nos pusimos los dos a charlar. Me ha contado que, más tarde, querría ir a las Indias holandesas y vivir en una plantación. Ha hablado de su familia, del mercado negro; pero terminó por decir que se sentía completamente inútil. Le dije que parecía sufrir un fuerte complejo de inferioridad. Él habló también de los judíos, diciendo que le habría resultado mucho más cómodo ser cristiano y preguntándome si no podría pasar por tal después de la guerra. Le pregunté si es que quería hacerse bautizar, pero no se trata de eso. En su opinión, después de la guerra, nadie sabrá si es judío o cristiano.

Durante un segundo, he sentido el corazón oprimido: ¡qué lástima que él no logre siempre desprenderse de un resto de indecencia! En seguida, nuestra conversación ha sido agradable. Hemos hablado de papá, de la humanidad y de muchas otras cosas, que ya ni siquiera recuerdo exactamente.

No me he ido hasta las cuatro y media.

Por la noche, ha vuelto a decir algo muy bonito. Se vinculaba a una foto de artista que yo le había regalado y que pende de la pared de su cuarto desde hace más de un año y medio. Puesto que le gusta tanto, yo le invité a escoger algunas otras artistas de mi colección.

—No —repuso él—. Prefiero tenerla sola a ella; la veo todos los días, y se ha transformado en mi amiga.

Ahora comprendo mejor por qué abraza a Mouschi con tanta frecuencia. Se ve que él también siente necesidad de ternura. Luego ha dicho también (iba a olvidarlo):

—No conozco el miedo. Sólo temo las enfermedades, incluso cuando no es nada grave. Pero pienso en eso cada vez menos.

El complejo de inferioridad de Peter es verdaderamente terrible. Se cree siempre estúpido, mientras que Margot y yo seríamos extraordinariamente inteligentes. No sabe cómo agradecerme cuando le ayudo en su francés. Tengo la firme intención de decirle un día: «Estás en el buen camino; eres mucho más fuerte que nosotras en inglés y en geografía.»

Tuya. ANA

Viernes, 18 de febrero de 1944.

Querida Kitty:

Cada vez que subo al granero por una u otra razón, mi objeto verdadero es verlo a «él». En suma, mi vida aquí ha mejorado; porque, ahora, alguien forma el centro, y eso me regocija.

Al menos, el objeto de mi amistad se encuentra siempre en casa, es fácil, y no necesito temer a ninguna rival, excepto Margot. No creo estar enamorada, no; pero algo me dice que el sentimiento entre Peter y yo puede llegar a ser muy bello: una amistad que aumentará con la confianza. Todos mis momentos de ocio los paso en su cuarto; cuando llego, ya no es como antes, cuando él no sabía exactamente qué actitud adoptar; ahora, es todo lo contrario, y, al irme, estoy ya del otro lado de la puerta y él no ha cesado todavía de hablar.

Mamá no ve de buen ojo mis idas y venidas; dice que no hago más que molestar a Peter, y que hay que dejarlo en paz. ¿Es que no comprenderá nunca que yo también estoy capacitada para la función?

Cuando subo al cuarto de él, me mira siempre con expresión curiosa. Cuando bajo, me pregunta dónde he estado. Eso me parece insoportable, inadmisible.

Tuya. ANA

Sábado, 19 de febrero de 1944.

Querida Kitty:

Un sábado más. Ya sabes lo que eso significa.

Silencio relativo por la mañana. He ayudado un poco en la cocina, en casa de nuestros vecinos; en cuanto a «él», sólo ha cambiado conmigo pocas palabras furtivas. A las dos y media, cuando cada cual se mete en su habitación para la hora de siesta, me he instalado en la oficina privada, provista de frazadas, para leer o escribir tranquilamente. Eso no ha durado largo rato, pues yo no podía más; la cabeza se me ha caído sobre el brazo, y he estallado en sollozos. Dando libre curso a una ola de lágrimas, me sentía profundamente desdichada. «Él.» ¡Ah, si tan siquiera viniera a consolarme! Subí de nuevo a mi casa a las cuatro, preparándome para ir a buscar papas. Mi corazón latió de esperanza a la idea de un encuentro, y entré en el cuarto de baño para arreglarme el pelo. En ese instante, le oí bajar al almacén para jugar con Boche.

De repente, sentí que las lágrimas me subían a los ojos y entré a toda prisa en el W.C., llevándome conmigo el espejo. Linda cosa estar instalada allí, en actitud correcta, con mis lágrimas cayendo en manchas sombrías mi delantal rojo. Me sentía horriblemente desgraciada.

Pensaba, poco más o menos, así: «¡Peter, quiere decir que nunca te conquistaré! ¡Quién sabe! Es probable que no me encuentre ningún atractivo y que no sienta ninguna necesidad de confiarse. Puede ser que piense en mí, pero superficialmente. Sólo me resta proseguir sola mi camino, sin confidente, sin Peter. Nuevamente días sin esperanza, sin consuelo y sin alegría: eso es lo que me espera. ¡Oh, si tan siquiera pudiera apoyar la cabeza en su hombro para sentirme menos desesperadamente sola y menos abandonada! Quizá no sienta ningún afecto por mí y mire a los demás con ojos igualmente tiernos. ¿Por qué, pues, imaginé que todo eso era para mí sola? ¡Oh, Peter, si pudiera verme y oírme! Es posible que la verdad sea desoladora: en tal caso, no podría soportarla.»

Pero, poco después he sentido mi esperanza renacer, mi alegría volver, en tanto que mis lágrimas resbalaban todavía interiormente.

Tuya.   ANA

Miércoles, 23 de febrero de 1944.

Querida Kitty:

Desde ayer hace buen tiempo, y me siento completamente cambiada. Cada mañana voy al granero donde trabaja Peter y donde el aire de afuera refresca mis pulmones saturados de moho. Desde mi sitio preferido, en el suelo, miro el cielo azul, el castaño aún desnudo, en cuyas ramas brillan las gotitas, las gaviotas y los otros pájaros plateados que cortan el aire con su vuelo rápido. Él había apoyado la cabeza contra la gruesa viga. Yo estaba sentada. Respirábamos juntos el aire fresco, mirábamos afuera, y entre nosotros había algo que no había que interrumpir con palabras. Por largo rato, nos quedamos mirando el cielo, los dos; y cuando tuve que dejarme para ir a cortar leña, yo sabía que él era magnífico. Subió la escalera, seguido de mí, y durante el cuarto de hora que cortó leña no cambiamos una palabra. Yo permanecía de pie, para mirarle; él se aplicaba en cortar bien la leña, para demostrarme su fuerza. Yo también miré por la ventana abierta, tras la cual se divisaba una gran parte de Amsterdam; se ve por sobre los techos, hasta la línea del horizonte, de un azul tan límpido, que ya no se dintinguía. Me dije: «Mientras esto exista y que yo pueda ser sensible a ello —este sol radiante, este cielo sin nubes—, no puedo estar triste.»

Para el que tiene miedo, que se siente solo o desdichado, el mejor remedio es el de salir al aire libre, y buscar un lugar aislado donde está en comunión con el cielo, con la naturaleza y con Dios. Únicamente entonces se siente que todo está bien así, y que Dios quiere ver a los hombres felices en la naturaleza simple, pero bella. Mientras esto exista, e indudablemente será siempre así, estoy segura de que todo pesar hallará su consuelo, fueran cuales fueren las circunstancias.

Este instante de dicha suprema, quizá no tenga yo que esperar mucho tiempo para compartirlo con aquel que lo haya vivido como yo.

Tuya.   ANA

PENSAMIENTO:

Muchas cosas nos faltan aquí, muchas y desde hace mucho tiempo, y de ellas me veo privada tanto como tú. No quiero decir físicamente, pues tenemos lo que necesitamos. No. Hablo de las cosas que suceden en nosotros, tales como los pensamientos y los sentimientos. Siento la nostalgia, tanto como tú, del aire y de la libertad. Pero he empezado a creer que poseemos el privilegio de tener una compensación enorme por todas esas privaciones. De ello me he percatado repentinamente, esta mañana, frente a la ventana abierta. Quiero decir: una compensación del alma.

Mirando afuera, es decir, a Dios, y abrazando con una mirada recta y profunda a la naturaleza, yo me sentía dichosa, nada más que dichosa. Y, Peter, mientras esa dicha esté en ti —gozar de la salud, de la naturaleza y de muchas otras cosas más—, mientras seas capaz de sentirla, siempre volverá a ti.

Puede perderse todo, la riqueza, el prestigio; pero esa dicha en tu corazón sólo puede, cuanto más, ensombrecerse, y volverá a ti siempre, mientras vivas. Mientras levantes los ojos, sin temor, hacia el cielo, estarás seguro de ser puro y volverás a ser feliz, suceda lo que suceda.

Domingo, 27 de febrero de 1944.

Muy querida Kitty:
En el fondo, de la mañana a la noche, yo no hago más que pensar en Peter. Me duermo evocando su imagen, sueño con él durante la noche, y me despierto todavía bajo su mirada.

Tengo la impresión muy nítida de que, contrariamente a las apariencias, Peter y yo no somos muy diferentes el uno del otro. Te diré por qué: a Peter, lo mismo que a mí, le falta una madre. La suya es demasiado superficial, solamente piensa en el *flirt*, y se interesa poquísimo por los pensamientos de su hijo. La mía se interesa mucho por mí, pero está desprovista del instinto materno, tan hermoso y tan sutil.

Peter y yo pugnamos, ambos, con los meandros de nuestro ser: aún no estamos seguros, ni el uno ni el otro, y, en el fondo, somos demasiado jóvenes y de naturaleza demasiado tierna para soportar bien las brusquedades de nuestros mayores. Cuando me veo en el deber de soportarlas, mi reacción es directa: quiero «irme». Como es imposible que me vaya, empiezo a simular: me debato y causo tal batahola, que todo el mundo querría saberme en el otro extremo de la tierra.

Él, por lo contrario, se repliega sobre sí mismo, casi no habla, permanece más bien taciturno, cavila y se esconde tras su timidez.

Pero ¿dónde y cómo vamos a poder, por fin, encontrarnos?

¿Podrá llegar mi cerebro a dominar a mi deseo? ¿Y por cuánto tiempo, además?

Tuya.
ANA

Lunes, 28 de febrero de 1944.

Muy querida Kitty:
La noche, como el día, es una pesadilla. Le veo a todas horas, o casi, sin poder ir hasta él; necesito vigilarme para no traicionarme,

aparentar jovialidad, mientras que todo en mí no es más que desesperación.

Peter Wessel y Peter Van Daan se han fundido en un solo Peter, que yo amo y que es bueno, y que quiero para mí sola únicamente.

Mamá me fastidia, papá es amable y me fastidia, por lo tanto, aún más; en cuanto a Margot, me fastidia más que mis padres, pues tiene pretensiones de belleza, y yo querría estar tranquila.

Peter no se ha reunido conmigo en el granero; ha ido a la buhardilla para un pequeño trabajo de carpintería. A cada chirrido, a cada martillazo caía una nueva partícula de mi valor, y me entristecía cada vez más. A lo lejos, un carillón tocaba: *Rechtop van lijf, rechtop van ziel* (El cuerpo derecho y el alma derecha.) Soy sentimental, ya lo sé. Estoy desesperada y no soy razonable: eso lo sé también.

¡Oh, ayúdame!

Tuya. ANA

Miércoles, 1º marzo de 1944.

Querida Kitty:

Mis propios intereses pasan a segundo plano, debido a... un robo. No es divertido eso de repetirse, pero yo no puedo remediarlo: los rateros sienten cierto placer en honrar a Kraler & Co., con su visita. Este robo es mucho más complicado que el de julio de 1943.

Anoche, cuando como de costumbre, el señor Van Daan se trasladó al despacho de Kraler, a las siete y media, vio que las puertas de vidrios y la puerta del escritorio estaban abiertas. Sorprendido, decidió inspeccionar los lugares, y tuvo otras sorpresas: las puertas del vestuario estaban igualmente abiertas y había allí un desorden espantoso, sobre todo en la oficina delantera. Su primer pensamiento fue: «Un ladrón.» Para saber a qué atenerse, bajó hasta la puerta de entrada, y la examinó: todo estaba cerrado y la cerradura de seguridad intacta. «¡Bah! —se dijo—, Peter y Elli no han dejado el escritorio en orden después de su trabajo de la tarde.» Permaneció un buen momento en el despacho de Kraler, apagó la luz antes de subir, sin cavilar demasiado sobre el misterio de las puertas abiertas y del desorden.

Esta mañana, Peter, después de haber golpeado a nuestra puerta, nos anunció la noticia más bien inquietante de que había encontrado abierta de par en par la puerta de la calle. Nos dijo también que el aparato de proyección y la nueva cartera de documentos de Kraler habían desaparecido del armario. Peter fue encargado de cerrar la puerta, y Van Daan contó sus descubrimientos de la víspera por la noche, dejándonos a todos muy inquietos.

Toda la historia se resume en que el ladrón debía tener en su poder un duplicado de la llave de seguridad, pues la puerta había sido abierta normalmente. Debe de haber entrado al anochecer, más bien temprano, y haberla cerrado. Luego, molestado por Van Daan, sin duda se ha ocultado hasta que éste se ha ido; tras lo cual, ha huido con su botín, a toda prisa, olvidándose de volver a cerrar la puerta. ¿Quién puede tener un duplicado de nuestra llave? ¿Por qué el ladrón no ha ido al almacén? ¿Será culpable alguno de los hombres del almacén? ¿Y no irá a denunciarnos, puesto que ha oído y hasta quizá visto a Van Daan?

Es horrible no saber si el ladrón se detendrá ahí o si se le ocurrirá la idea de abrir nuestra puerta una vez más. ¿O se habrá asustado al ver a un hombre pasearse libremente por las oficinas?

Tuya. ANA

Jueves, 2 de marzo de 1944.

Querida Kitty:
Hoy he pasado un buen momento con Margot en el granero. Aunque este halago no fuera el que yo esperaba, noto que, con gran frecuencia, su sensibilidad corresponde exactamente a la mía.

Mientras fregábamos los platos, Elli ha hablado de su propio desaliento con mamá y la señora Van Daan. ¿Qué alivio puede esperar de ellas?

Nunca adivinarías el consejo de mamá: Elli no tenía más que pensar en todas las personas que mueren diariamente en la tierra. ¿Cómo consolar a un desdichado con sus propios pensamientos de desgracia? Yo he dicho esto, y he recibido como respuesta:

Tú no puedes hablar todavía de estas cosas.

¡Qué tontos y necios son a veces los mayores! ¡Como si Peter, Margot y Elli y yo no tuviéramos todos los mismos sentimientos, que invocan la ayuda del amor de una madre o del amor de los más íntimos amigos! Pero nuestras dos madres no tienen ni un adarme de comprensión hacia nosotros. Quizá la señora Van Daan sea un poco más capaz que mamá. ¡Oh, cuánto me hubiera gustado decir a Elli algo que la reconfortase, sabiendo por experiencia qué es lo que se desea oír! Pero papá intervino, poniéndome a un lado.

¡Qué tontos son todos! Nunca nos preguntan nuestro parecer. Naturalmente, se jactan de ser ultramodernos. Según ellos, nosotros no tenemos opinión. «Cállate.» Se puede decir eso, pero lo de no tener opinión es algo inexistente. Se puede tener una opinión, por joven que sea, y nadie puede arrebatárnosla.

Lo que nos ayudará verdaderamente, tanto a nosotros como a Elli, es un cariño abnegado, del que cada uno de nosotros se ve privado. Nadie, y mucho menos los filósofos idiotas de aquí, es capaz de comprendernos; porque nosotros somos infinitamente más sensibles y estamos más avanzados en nuestras ideas que cualquiera de ellos; mucho más de lo que ellos sospechan, y desde hace rato.

Esta tarde, atrapé al vuelo a Peter, y charlamos juntos por lo menos tres cuartos de hora. A Peter le cuesta lo indecible hablar de sí mismo; ello no ha venido sino muy despacio. Las frecuentes disputas de sus padres sobre política, sobre cigarrillos y un montón de cosas, todo me lo ha contado. Se mostraba muy tímido.

A mi vez, yo le he hablado de mis padres. Él ha defendido a papá, diciendo que era muy seductor y que no se podía dejar de quererlo. En seguida, han sido puestas sobre el tapete su familia y la mía. Él no se sorprendió para nada al saber que sus padres no eran siempre personas gratas entre nosotros.

—Peter —le dije—, tú sabes que yo soy franca. Entonces, ¿por qué no decírtelo, puesto que conocemos sus defectos?

Entre otras cosas, dije además:

—Peter, me gustaría mucho ayudarte, si tú lo deseas. Tú estás siempre enquistado entre los dos. Nunca dices nada. Pero yo sé que todo eso te tortura.

—En efecto, tú podrías socorrerme mucho.

—Lo mejor sería, quizá, que hablases con mi padre. Puedes decírselo todo. Él es muy discreto.

—Sí, tu padre es un verdadero camarada.

—Tú le quieres mucho, ¿eh?

Peter asintió con la cabeza, y yo agregué:

—Pues él también te quiere mucho a ti.

Peter levantó rápidamente la cabeza, y se sonrojó; era verdaderamente conmovedor ver el efecto de estas pocas palabras.

—¿De veras? —preguntó.

—Claro que sí —dije—; una alusión hoy, otra alusión mañana, y yo me doy cuenta de lo que quiere decir.

Peter, como papá, es muy seductor. ¡Imposible dejar de quererlo!

Tuya. ANA

Viernes, 3 de marzo de 1944.

Querida Kitty:
Esta tarde, mirando la llama de las velas,[3] me sentí toda tranquila y dichosa. Realmente, en ella veo a abuelita. Es abuelita quien me guarda y me protege, y quien me devuelve mi alegría. Pero hay otro que domina todo mi ser. Ese otro es... Peter. Hace un momento, cuando fui a buscar las papas, me detuvo en la escalera, con mi cacerola llena, para preguntarme:
—¿Qué haces esta tarde?
Yo bajé y me senté en los peldaños, después de dejar la cacerola en el suelo; y nos pusimos a platicar. Sólo una hora después las papas llegaron a su destino.
Peter no ha hablado una palabra de sus padres; hemos hablado únicamente de libros y de otros tiempos. ¡Qué mirada tan ardiente tiene ese muchacho! Creo que voy a enamorarme de él. Si ya no lo estoy. Por lo demás, esta noche, él ha dejado escapar una palabra al respecto, cuando entré en su habitación, después de haber terminado de pelar las papas.
—Tengo calor. Basta mirarnos a Margot y a mí para conocer la temperatura. Cuando hace frío, estamos pálidas; cuando hace calor, estamos coloradas.
—¿Enamorada? —preguntó él.
—¿Por qué he de estar enamorada?
Más bien estúpida, mi respuesta.
—¿Por qué no? —dijo él.
En seguida ha sido menester que nos reuniéramos con los otros para comer.
¿Qué ha querido decir? Esta noche me las he arreglado para preguntarle por fin si mis charlas no le molestaban, a lo que ha contestado simplemente:
—En absoluto...
¿Se ha expresado así por timidez? No lo sé.
Kitty, yo estoy exactamente como una enamorada que sólo sabe hablar de su amor. Desde luego, Peter es un verdadero amado. ¿Cuándo podré decírselo así? No antes de que él me llame su amada, naturalmente. Pero tendrá que ponerse guantes para empezar a conocerme; demasiado que lo sé. Y él es celoso de su soledad; por eso, no puedo

---

[3] Tradición judía: el viernes por la tarde se encienden dos o más velas. *(N. del T.)*

darme bien cuenta hasta qué punto le agrado. En todo caso, comenzamos a conocernos un poco; pero atrevernos a decir las cosas que ardemos en ganas de decirnos... ¡Cómo querría haberlo hecho! Eso vendrá quizá más pronto de lo que pienso, ¡quién sabe! Muchas veces por día él me dirige una mirada de inteligencia, a la que yo respondo con un guiño, y ambos quedamos encantados.

Parece absurdo emplear la palabra «encantado» al hablar de él, pero él piensa exactamente como yo, de esto estoy absolutamente convencida.

Tuya.   ANA

Sábado, 4 de marzo de 1944.

Querida Kitty:
Por fin he pasado un sábado menos fastidioso, menos triste y monótono que de costumbre, lo que no me ocurría desde hace meses. Se lo debo a Peter y a nadie más.

Esta mañana, cuando fui a colgar mi delantal en el granero, papá me preguntó si no quería quedarme para una conversación en francés. Yo me alegré mucho de poder explicar algo en francés a Peter; en seguida, pasamos al inglés. Papá leyó a Dickens en alta voz. Sentada en la misma silla que papá y muy junto a Peter, el cielo parecía abrirse para mí.

A las once, me fui a mi cuarto. A las once y media, en el momento de volver a subir, él estaba ya en la escalera aguardándome. Charlamos hasta la una menos cuarto. Cada vez que yo me ausento, después, por ejemplo, de la comida, él me dice, sin dejarse oír por los demás:

—Hasta luego, Ana.

¡Oh, qué feliz soy! ¿Empieza a quererme, al fin y al cabo? De cualquier modo, es un muchacho simpático, y quizá, ¡quién sabe!, vamos a tener conversaciones magníficas.

La señora Van Daan parece consentir en mis pláticas con su hijo, pero hoy me ha lanzado una pulla, diciendo:

—¿Puedo dejarlos solos a los dos, allá, en el granero?

—Desde luego —he contestado, protestando—. ¿Pretende usted, por casualidad ofenderme?

De la mañana a la noche, gozo viendo a Peter.

Tuya.   ANA

Lunes, 6 de marzo de 1944.

Querida Kitty:
Leo en el rostro de Peter que tiene la cabeza tan colmada como
yo. Y anoche, la señora me fastidió con su burla, al decir: «El
pensador.» Peter enrojeció, y yo... yo me transformé en una pila
eléctrica.
¡Que no puedan callarse esas gentes!
Tú no puedes saber hasta qué punto crispa el verle tan solo y sin
poder hacer nada por él. Comprendo, como si yo misma hubiera
pasado por ello, cómo deben exasperarle las perpetuas disputas y las
demostraciones de cariño de sus padres. ¡Pobre Peter, él también está
necesitado de amor!
Me ha dicho que podía muy bien pasarse sin amigos; mis oídos
resuenan todavía con la dureza de estas palabras. ¡Ah, cómo se engaña!
Y pienso que, en el fondo, él no cree en eso para nada.
Se aferra a su soledad, simula indiferencia y juega a la persona
mayor; porque se ha impuesto ese papel y porque no quiere librarse
nunca de él. Pobre Peter, ¿cuánto tiempo aguantarás aún? Ese esfuerzo
sobrehumano ¿no provocará, tarde o temprano, una reacción terrible?
—¡Oh, Peter! ¡Si me dejaras que te ayudase!... Juntos, nosotros
dos podríamos vencer nuestra soledad común.
Y no digo nada de todos mis pensamientos. Me siento dichosa
cuando le veo y, por añadidura, cuando el sol brilla. Ayer, mientras
me lavaba los cabellos, hice un estruendo de todos los diablos; sabía
que él estaba en la habitación de al lado. Era algo más fuerte que yo,
como siempre. Cuanto más fuerte siento en mí una cierta gravedad,
mi proceder es aún más el de una loca.
¿Quién será el primero en descubrir esta armadura y en quererla?
Es una suerte aún que los Van Daan no hayan tenido una hija. Nunca
mi conquista hubiera sido tan difícil, tan bella, tan espléndida como
con un muchacho.
Tuya.   ANA

P. S. Ya sabes que te escribo con toda franqueza; por eso quiero
añadir que, en el fondo, sólo vivo de encuentros. Siempre espero que
él también me aguarda, y me siento transportada de alegría cuando noto una de sus íntimas y tímidas iniciativas. Apostaría que él
siente tantos deseos como yo de encontrar sus palabras. Ignora que,

precisamente, son sus esfuerzos desamparados los que más me conmueven.

Tuya. ANA

Martes, 7 de marzo de 1944.

Querida Kitty:
Cuando empiezo a reflexionar sobre mi pequeña vida de 1942, todo se me antoja irreal. Esta pequeña vida bendita era vivida por una Ana muy diferente de la que, ahora, ha conquistado cierta cordura. Era exactamente una vida bendita. Admiradores en cada esquina, una veintena de amigas —no todas íntimas, desde luego—, ser la predilecta de la mayoría de sus profesores, y mimada a más no poder por sus padres con bombones, con dinero de bolsillo... ¿Qué más pedir? Tú me preguntarás cómo pude embaucar a la gente a ese punto. Lo que dice Peter: «la seducción», no me parece completamente justo. Cada profesor encontraba ocurrentes mis salidas y mis observaciones; mi rostro era riente, mi sentido crítico original y encantador. Yo era un *flirt* incorregible, coqueta y divertida, y nada más. Algunas de mis cualidades me hacían popular, es decir, la reserva, la honestidad, la franqueza y la generosidad. Nunca le hubiera negado a un condiscípulo que copiase uno de mis deberes: los bombones los repartía generosamente; y jamás fui vanidosa. Toda esta admiración, ¿no habría hecho de mí una arrogante? Tuve una suerte, la de ser arrojada bruscamente a la realidad, y he necesitado más de un año en habituarme a una vida desprovista de toda admiración.

¿Mi reputación en la escuela? Fue así: siempre la primera en chacotear y en gastar bromas, la eterna jaranera, nunca llorona ni caprichosa. Para que me acompañasen en bicicleta o ser objeto de una atención cualquiera, no tenía más que levantar el dedo meñique.

A Ana, la escolar de entonces, yo la veo con el retroceso del tiempo como una chiquilla encantadora, pero muy superficial, que no tiene nada de común conmigo. Peter muy a propósito, ha dicho de mí:

—Cada vez que te veía, tenías al lado a dos muchachos o más, y una fila de muchachas. Reías siempre y eras siempre el centro de la pandilla.

¿Qué queda de aquella muchacha? No he olvidado la risa ni las ocurrencias, y no me canso de criticar a la gente como antes, quizá mejor que antes; soy todavía capaz de practicar el *flirt*, si... yo quiero. Esa es la cuestión: me gustaría, por espacio de una velada, de algunos días o de una semana, volver a ser la de antes, alegre, aparentemente despreocupada. Pero, al cabo de una semana, me sentiría saturada, y vería con gratitud al primero que llegara y fuese capaz de hablar de algo que valiera la pena. Ya no necesito adoradores o admiradores seducidos por una sonrisa lisonjera, sino amigos cautivados por mi carácter y mi proceder. Comprendo que estas exigencias reducirían mucho mi círculo de íntimos, pero ¿qué se ha de hacerle? Lo importante es que conservase algunas personas a mi alrededor.

A pesar de todo, mi felicidad de 1942 tampoco era intacta. Con frecuencia me sentía abandonada. Pero el moverme de la mañana a la noche me impedía pensar demasiado en ello, y yo me divertía cuanto podía. Consciente o inconscientemente, trataba de ignorar el vacío que sentía divirtiéndome así. Mientras que ahora miro las cosas de frente y estudio. Aquel periodo de mi vida terminó irrevocablemente. Los años de escuela, su tranquilidad y su despreocupación, nunca más volverán.

Los he superado y ya no los deseo; sería incapaz de seguir pensando únicamente en la diversión; una pequeña parte de mí exigiría siempre ser seria.

Mi vida, hasta el nuevo año 1944, la veo a través de una lupa despiadada. Primero, nuestra casa bañada de sol; luego, aquí, desde 1942, el brusco cambio, las disputas, las reprimendas, etcétera. Yo fui tomada desprevenida, como si hubiera recibido un mazazo, y, para darme ánimo, me volví insolente.

La primera parte de 1943: crisis de lágrimas, soledad infinita, lenta comprensión de todos mis defectos que, graves ya, parecían agravarse aún doblemente. Durante todo el día, hablaba a tuertas y a derechas, tratando de poner a Pim de mi parte. No lo conseguí. Me hallaba sola ante la difícil tarea de cambiarme a mí misma, a fin de no seguir provocando reproches; porque los reproches me deprimían y me desesperaban.

La segunda parte del año, fue un poco mejor; me transformé en jovencita, y los mayores comenzaron a considerarme más bien como uno de ellos. Empecé a reflexionar, a escribir cuentos. Por fin comprendí que los demás no tenían ya el derecho de utilizarme como una pelota de tenis, enviándome a un lado y a otro. Decidí cambiar y formarme según mi propia voluntad. Pero lo que más me conmovió fue cuando tuve que confesarme que ni siquiera papá sería nunca mi confidente. Ya no podría tener confianza en nadie, salvo en mí misma.

Después del Año Nuevo, el otro cambio: mi anhelo... Era mi deseo tener a un muchacho por amigo, y no a una muchacha. Existía también el descubrimiento de mi dicha, bajo mi caparazón hecha de superficialidad y de alegría. De tiempo en tiempo, al tomarme grave, sentíame consciente de un deseo sin límites por todo lo que es belleza y bondad.

Y por la noche, en la cama, el terminar mis rezos con las palabras: «Gracias, Dios mío, por todo lo que es Bueno, Amable y Hermoso», mi corazón regocíjase. Lo «Bueno» es la seguridad de nuestro escondite, de mi salud intacta, de todo mi ser. Lo «Amable» es Peter, es el despertar de una ternura que nosotros mismos sentimos, sin osar todavía, ni el uno ni el otro, nombrarla o tan siquiera rozarla, pero que se revelará: el amor, el porvenir, la felicidad. Lo «Hermoso» es el mundo, la naturaleza, la belleza, y todo cuanto forma la belleza.

Yo no pienso ya en la miseria, sino en la belleza que sobrevivirá. He ahí la gran diferencia entre mamá y yo. Cuando se está desalentado y triste, ella aconseja:

—¡Pensemos en las desgracias del mundo, y alegrémonos de estar al abrigo!

Y yo, por mi parte, aconsejo:

—Sal, sal a los campos, mira la naturaleza y el sol, ve hacia el aire libre y trata de reencontrar la dicha en ti misma y en Dios. Piensa en la belleza que se encuentra todavía en ti y alrededor de ti. ¡Sé dichosa!

En mi opinión, el consejo de mamá no conduce a nada, porque ¿qué hay que hacer cuando uno se encuentra en la desgracia? ¿No salir de ella? En tal caso, uno está perdido. En cambio, juzgo que volviéndose hacia lo que es bello —la naturaleza, el sol, la libertad, lo hermoso que hay en nosotros— nos sentimos enriquecidos. Al no perder esto de vista, volvemos a encontrarnos en Dios, y el equilibrio retorna a nosotros.

Aquel que es feliz puede hacer dichoso a los demás. Quien no pierde ni el valor ni la confianza, jamás perecerá por la miseria.

Tuya.   ANA

Domingo, 12 de marzo de 1944.

Querida Kitty:

En estos últimos días, mi silla está abandonada, ya no me siento, es un vaivén perpetuo, de mi cuarto al granero.

Me alegra mucho hablar con Peter, pero tengo un miedo cerval de molestarlo. Él ha vuelto a hablarme de cosas de antes, de sus padres y de sí mismo. Eso no me basta ni poco ni mucho, y me preguntó por qué deseo más. Al principio, él me encontró insoportable, y la impresión era recíproca. Ahora, yo he cambiado de parecer: ¿le ha sucedido a él lo mismo?

Pienso que sí, mas ello no significa que ya seamos verdaderos camaradas, lo que para mí haría infinitamente más soportable nuestra permanencia aquí. Yo no debería atormentarme; me ocupo de él bastante a menudo, de manera que no necesito entristecerte con mi pesar. Pero te confieso que me siento sobre ascuas.

El sábado por la tarde, después de habernos llegado de afuera una serie de malas noticias, me sentí tan trastornada, que me tendí en mi diván para dormir un poco. Sólo pedía dormir a fin de no pensar en eso. Sueño profundo hasta las cuatro, después de lo cual hubo que reunirse con los demás. Me costó mucho contestar a todas las preguntas de mamá; para papá, tuve que alegar dolores de cabeza, a fin de explicar mi siesta. En suma, no mentí: yo tenía un dolor moral de cabeza.

Las personas normales, las muchachas normales de mi categoría deben juzgar que yo me demuestro chiflada apiadándome así de mí misma. Pero, precisamente, yo he tomado la costumbre de decirte todo cuanto me pesa en el corazón; y el resto del día yo estoy todo lo alegre, todo lo segura de mí misma y todo lo insolente que me es posible, a fin de evitar cualquier interrogatorio y no tener que deprimirme.

Margot es muy amable, y no desea nada mejor que ser mi confidente, pero a mí me es imposible contárselo todo. Es cariñosa, bella y buena, pero peca de cierta despreocupación por las cosas profundas. Me toma en serio, demasiado en serio, y, sin duda, se devana los sesos pensando en su hermanita. examinándome con la mirada a cada cosa que digo, como si cavilara: «¿Es eso verdad o está interpretando una comedia?» Estamos constantemente juntas. Eso es lo malo, porque a mí no me gustaría tener a mi confidente siempre a mi alrededor.

¿Saldré alguna vez de este laberinto de pensamientos, y veré en ellos claro algún día, para quedarme en paz?

Tuya.   ANA

Martes, 14 de marzo de 1944.

Querida Kitty:

Quizá te divierta —a mí, no— saber lo que vamos a comer hoy. Como la fámula está en las oficinas, me he instalado en este momento en la mesa de los Van Daan. Me cubro la nariz con un pañuelo embebido en perfume de preguerra. Tú no comprendes todavía, pero ya llegará.

«Empiece por el principio, haga el favor.» Nuestros proveedores de falsas tarjetas de racionamiento se han dejado atrapar. Aparte de nuestras raciones, ya no nos quedan porotos, ni materias grasas. Como Miep y Koophuis están enfermos, Elli no puede efectuar los encargos; la melancolía reina en casa, y forzosamente las comidas se están resintiendo. A partir de mañana, no tendremos un gramo de grasa, ni de manteca, ni de margarina. El desayuno ya no consiste en papas fritas (para economizar el pan), sino avena con leche; como la señora gritaba por el hambre, hubo que comprar leche integral en el mercado negro. Y hoy se prepara, para la cena, papas y coles rizadas del tonel de conserva, cuyo olor exige la protección de mi pañuelo. El hedor de estas coles, metidas en el tonel desde hace un año, es absolutamente increíble. Toda la habitación está apestada. Se diría una mezcla de ciruelas pasadas, de un desinfectante enérgico y de huevos podridos. ¡Puah! Sólo la idea de tener que comer esas gachas me sobresalta el corazón.

Agrega a esto las extrañas enfermedades que las papas han contraído aquí: de dos barricas de papas, hay una que va derechita a la estufa. Nos hemos divertido haciendo el diagnóstico de estas enfermedades, y hemos encontrado el cáncer, la viruela y el sarampión, por rotación. Además, no tiene nada de agradable eso de vivir en un escondrijo durante el cuarto año de guerra. ¿Es que no va a terminar nunca toda esta porquería?

En verdad, me importa muy poco este problema de la alimentación. Si al menos las otras cosas pudieran hacer la vida más agradable. La monotonía comienza a trastornarnos. Todos estamos saturados.

He aquí las opiniones de los cinco adultos presentes sobre la situación actual:

La señora Van Daan:

«El papel de Cenicienta ya no me entusiasma. Quedarme sentada buscándome las pulgas, me fastidia; por eso, me pongo de nuevo a cocinar. No sin lamentarme, porque es imposible guisar sin materias grasas, y todos esos pequeños olores sospechosos me hacen daño en el corazón. Y, como recompensa, mi pena tiene que acostumbrarse a los gritos y a la ingratitud: siempre es culpa mía, yo soy el chivo expiatorio. Además, juzgo que la guerra no adelanta mucho; los alemanes terminarán por lograr la victoria. Siento un terror pánico de verme morir de hambre, y maltrato a todo el mundo cuando estoy de mal humor.»

El señor Van Daan:

«Ante todo, fumar, fumar y fumar. Al lado de eso, la bazofia, la política y los malos humores de Kerli no son tan graves como parecen. Kerli es verdaderamente muy amable.»

«Pero cuando no tiene nada que fumar, todo va mal. Sólo se oye: "Voy a caer enfermo, nos alimentamos demasiado mal, yo necesito carne." Kerli no lo comprende, porque es tonta.» Tras lo cual los esposos arman entre ellos una trapatiesta.

La señora Frank:

«La alimentación quizá no tenga mucha importancia, pero, sin embargo, me agradaría contar con una pequeña tajada de pan de centeno, pues tengo un hambre terrible. Si yo fuera la señora Van Daan, hace mucho tiempo que hubiese contenido esa manía de fumar constantemente, como lo hace su marido. Pero necesito un cigarrillo en seguida, porque los nervios me están dominando. Los ingleses se engañan a menudo, pero la guerra adelanta, a pesar de todo; aún tengo el derecho de hablar, y me alegro de no estar en Polonia.»

El señor Frank:

«Todo marcha bien, y no necesito nada. Un poco de paciencia todavía. Podemos aguantar. Mientras haya papas, no digo nada. Tendré que pensar en dar una parte de mi ración a Elli. La política marcha a pedir de boca. ¡Soy muy, muy optimista!»

El señor Dussel:

«Se trata de terminar mi tesis a tiempo. La política se muestra excelente. Nunca nos atraparán. Es imposible. En cuanto a mí, yo... «¡Yo, yo, yo!»...

Tuya.   ANA

Miércoles, 15 de marzo de 1944.

Querida Kitty:

¡Uf! Me he librado un instante de la serie negra.

Todo el santo día se repite, poco más o menos: «En caso de que esto o aquello suceda, tendremos dificultades; o si alguno cayera enfermo, estaríamos solos en el mundo, y si...» En fin, tú empiezas a comprender y a poder adivinar el final de las conversaciones del Anexo.

Los «Sí, sí...» *because:* el señor Koophuis ha sido compelido a trabajar la tierra; Elli está afligida de un resfriado serio y probablemente tendrá que quedarse en su casa mañana; Miep no se ha curado todavía de su gripe, y Koophuis se ha desvanecido a causa de otra hemorragia del estómago. Una verdadera serie de calamidades.

Mañana, los hombres del almacén tendrán asueto todo el día. En caso de que Elli no venga, la puerta de entrada quedará rigurosamente cerrada; tendremos que cuidar mucho los ruidos, para que los vecinos no oigan nada. Henk vendrá a ver las fieras a la una, e interpretará, pues, el papel de guardián del jardín zoológico. Por primera vez desde hace mucho tiempo, nos ha hablado un poco de lo que ocurre en el mundo exterior. Había que vernos, sentados en corro a su alrededor, exactamente como una imagen que ostentase el epígrafe: «Cuando abuelita cuenta un cuento.» Ha hablado, hablado, ante un público excelente, naturalmente sobre el racionamiento, y, a pedido nuestro, del médico de Miep.

—¡El médico! ¡No me hablen de ese médico! Le he telefoneado esta mañana, y he tenido que contentarme con pedir un remedio contra la gripe a una insignificante enfermera. Ella me respondió que había que ir a buscar las recetas por la mañana, entre las ocho y las nueve. En cuanto al médico, no acude al teléfono sino en caso de gripe muy seria, y dice a uno: «Saque la lengua y diga ¡a-ah! Sí, lo oigo. Tiene usted la garganta inflamada. Le preparo una receta; podrá usted dársela al farmacéutico. Buenos días, señor.» Es así. Los médicos no se molestan: servicio exclusivo por teléfono.

No quiero reprochar nada a los médicos. Al fin y al cabo, sólo tienen dos manos, como nosotros, y con los tiempos que corren su número ha disminuido y se sienten abrumados. Pero Henk nos ha hecho reír con su conversación telefónica.

Puedo imaginar la sala de espera de un médico en tiempo de guerra. No son ya a los pobres enfermos a quienes se desprecia, sino a los que se presentan para la menor buba y que son mirados de arriba abajo, pensando: «¿Qué viene usted a buscar aquí? Haga cola, si quiere, usted también. Los enfermos verdaderos tienen prioridad.»

Tuya.   ANA

Jueves, 16 de marzo de 1944.

Querida Kitty:
Hace un tiempo hermoso, indescriptiblemente hermoso; no veo la hora de ir al granero. Será dentro de un momento.

No es extraño que Peter esté mucho más tranquilo que yo. Tiene su propia habitación, en la cual estudia, reflexiona, sueña y duerme; mientras que yo, yo soy empujada de un lado para otro. Es raro que me encuentre sola en este cuarto obligadamente compartido, cuando tengo tanta necesidad de estar sola. De ahí mis escapadas al granero, donde me encuentro a mí misma por un instante, aparte de los momentos pasados contigo. Basta de aburrirte con mis jeremiadas. Al contrario, estoy bien resuelta a ser valerosa. Gracias a Dios, los demás no pueden adivinar lo que sucede en mí; salvo que de día en día estoy más distante de mamá, soy menos cariñosa con papá y ya no siento deseos de hacerle a Margot la menor confidencia. Me he vuelto hermética. Ante todo, se trata para mí de conservar mi aplomo exterior, a fin de que se ignore ese conflicto interior que no quiere cesar. Conflicto entre mi corazón y mi cerebro. Hasta ahora, es este último quien detenta la victoria. Pero ¿no va a mostrarse aquél más fuerte? ¡Lo temo a veces, y lo quiero a menudo!

¡Oh, qué difícil es no dejar escapar nada delante de Peter! Sin embargo, a él le toca empezar. Resulta penoso, al cabo de cada día, no haber visto nunca realizarse todas las conversaciones ya materializadas en mis sueños. Sí, Kitty, Ana es extraña, pero la época en que vivo también es extraña, y las circunstancias más extrañas todavía.

La cosa más maravillosa, y ya es algo, es poder escribir todo lo que siento; si no, me ahogaría. Querría saber lo que Peter piensa de todas estas cosas. No he dejado de esperar que un día podamos comentarlas juntos. Sin embargo, él tiene que haberme adivinado, por poco que sea, pues a Ana, tal como ella se muestra —y hasta aquí él no conoce más que a ésa— él no podría amarla jamás.

¿Cómo podría, él tan partidario de la tranquilidad y el reposo, simpatizar conmigo, que no soy más que torbellino y estruendo? ¿Sería el primero y el único en el mundo que habría mirado detrás de mi máscara de cemento? ¿Y la arrancará pronto? ¿No dice un viejo proverbio que a menudo el amor nace de la compasión y que los dos andan juntos, de la mano? Es exactamente mi caso, ¿verdad? ¡Porque yo me compadezco de él tanto como a menudo me compadezco de mí misma!

No sé en realidad cómo arreglármelas para encontrar las palabras de entendimiento. Entonces, ¿cómo esperarlas de él, que le cuesta expresarse mucho más que a mí? Si pudiera escribirle, al menos sabría a qué atenerme sobre lo que tanto deseo decirle. Pero hablar es demasiado difícil. Es atroz.

Tuya. ANA

Viernes, 17 de marzo de 1944.

Querida Kitty:

¡Uf! Una ráfaga de alivio barre el Anexo. Kraler ha sido eximido del trabajo obligatorio por la Municipalidad. Elli, dirigiéndose a su resfriado, ha dado un pequeño papirotazo a su nariz y le ha prohibido que la moleste hoy. Todo ha vuelto a ser *all right*, salvo que Margot y yo estamos un poco cansadas de nuestros padres. No te he ocultado que, en estos momentos, las cosas no van muy bien con mamá; en cuanto a papá, sigo queriéndolo como siempre, y Margot los quiere a ambos; pero, a nuestra edad, a veces querríamos vernos libres en nuestros movimientos y no depender siempre de la decisión paterna.

Cuando subo al granero, me pregunta lo que voy a hacer; no puedo servirme sal a la mesa; todas las noches, a las ocho y cuarto, mamá me pregunta si no es la hora de desvestirme; cada libro que leo pasa por la censura: en verdad, la censura no es demasiado severa; se me permite leer casi todos los libros. Eso no impide que tanta objeción y pregunta de la mañana a la noche nos crispen a ambas.

Otra cosa que les preocupa, en lo que a mí concierne: ya no tengo ganas de besitos y de carantoñas, y los tiernos diminutivos los juzgo afectados. En suma, me gustaría poder dejar a mis padres queridos aunque sólo fuese por un poco de tiempo. Anoche, Margot ha vuelto a decir:

—Si tengo la desgracia de suspirar dos veces sosteniéndome la cabeza, me preguntan en seguida si tengo jaqueca o qué es lo que me pasa.

Dándonos ambas cuenta de lo poco que queda de nuestro ambiente familiar, otrora tan armonioso y tan íntimo, nos confesamos que es un golpe duro. No es de extrañar: la mayoría de las veces nos encontramos en postura falsa. Quiero decir que se nos trata como niños. Eso va por sí solo para las cosas físicas, pero olvidan que, moralmente, hemos madurado infinitamente más de lo que generalmente les sucede a otras muchachas de nuestra edad.

A despecho de mis catorce años, sé exactamente lo que quiero, puedo decir quién tiene o no la razón, formarme una opinión, concibo las cosas como las veo y —lo que puede parecer extraño en una escolar— me siento más cerca de los adultos que de los niños. Tengo la impresión de ser absolutamente independiente de todos cuantos conozco.

Si quisiera, aventajaría a mamá en las discusiones y las controversias, pues soy más objetiva que ella y exagero menos. Soy también más ordenada y más hábil, lo que me da —sí, puedes reír— una superioridad sobre ella en muchas cosas. Para amar a una persona, me es menester primero que ésta me inspire admiración y respeto; sobre todo, admiración. Todo eso marchará bien cuando pueda conquistar a Peter, pues lo admiro desde muchos puntos de vista. ¡Es un muchacho cabal, y es hermoso!

Tuya. ANA

Domingo, 19 de marzo de 1944.

Querida Kitty:
El día de ayer fue para mí muy importante. Yo había querido saber a qué atenerme. En el momento de sentarnos a la mesa, pude cuchichearle:

—¿Practicas taquigrafía esta tarde, Peter?

—No —repuso él.

—Quisiera hablarte en seguida. ¿Conforme?

—Sí.

Después de secar los platos, para salvar las apariencias, me quedé primero con sus padres, sentada junto a la ventana. Poco después, fui a reunirme con Peter en su habitación; se había quedado de pie, a la izquierda de la ventana abierta; yo me puse a la derecha, y hablamos. La oscuridad relativa de afuera se presta más a la conversación que cualquier luz, facilitando las cosas para mí, y también para Peter, si no yerro.

Nos dijimos tantas cosas, que nunca podría repetirlas completamente. Pero era maravilloso. La más hermosa velada que haya pasado en el Anexo. Te diré someramente los diferentes temas de nuestra conversación. Ante todo, las disputas: yo dije que eso no me afectaba ya tanto como el abismo que se había abierto entre nosotros y nuestros padres.

Peter escuchó mis historias de familia.

En determinado momento, inquirió:

—Ustedes se besan todas las noches, antes de acostarse, ¿verdad? Un beso en cada mejilla, ¿eh?

—¿Uno solo? No, muchos, muchos. Apuesto que no es tu caso.

—No, yo casi nunca he besado a nadie.

—¿Ni siquiera a tus padres para tu cumpleaños?

—Sí, es verdad.

Discutimos sobre la confianza, la confianza que nosotros no hemos otorgado a nuestros padres; los padres de él se la habían otorgado, pero él no quiso concedérsela. Huía a la buhardilla para poder lanzar sus reniegos completamente solo. En cuanto a mí, le dije cómo de noche, en la cama, daba rienda suelta a mis lágrimas. Le hablé también de la amistad entre Margot y yo, muy reciente después de todo, y sin poder decírnoslo todo, porque estábamos siempre juntas. Hablamos un poco de todo. ¡Oh, ya lo sabía yo! ¡Le encontré exactamente como me lo imaginaba!

Luego, hablando de 1942, ¡qué distintos éramos en aquella época! Tales como somos, a duras penas nos reconocíamos. Al principio, ninguno de los dos podíamos oírnos el uno al otro. Oyéndome y viéndome a cada instante, él me encontraba fastidiosa; y en cuanto a mí, yo no había tardado en juzgarlo una nulidad, negándome a comprender a un muchacho que no era un *flirt*. Ahora, me regocijo de ello. Cuando él me habló de su aislamiento voluntario, le dije que no veía gran diferencia entre su bullicio y su calma; que a mí también me gusta la tranquilidad, pero que, por toda intimidad, sólo me queda mi *Diario*. Él dijo que estaba agradecido a mis padres por tener con ellos a sus hijas; por mi parte, también yo me alegro de que él esté aquí. Nos dijimos todo eso, y además cómo yo le comprendía por querer mantenerse apartado, no ignorando las relaciones entre él y sus padres.

—Me agradaría tanto ayudarte.

—¡Pero si me ayudas constantemente! —dijo él.

—¿Cómo así? —inquirí muy sorprendida.

—¡Con tu alegría!

Es lo más hermoso que él me haya dicho. Era exquisito. Debe de haber empezado a quererme, como camarada, y esto me basta por el momento. Por más que busque las palabras, no las encuentro; a tal punto soy dichosa. Perdóname, querida Kitty. Mi estilo, hoy, se ha venido muy abajo.

Sólo te he referido algunas impresiones vitales. Tengo la sensación de compartir un secreto con Peter. Cada vez que él me mira con esos ojos, con esa sonrisa y ese guiño, me parece que se enciende en mí una llamita. ¡Con tal de que eso siga así! ¡Con tal de que podamos seguir pasando horas juntos, horas y horas de felicidad!

Tuya.   ANA

Lunes, 20 de marzo de 1944.

Querida Kitty:

Esta mañana, Peter me ha preguntado por qué no iba más a menudo por la noche, diciéndome que yo no le molestaba en absoluto, y que su cuarto era bastante grande para los dos. Yo le hice notar que nunca me pérmitirían ausentarme todas las noches, pero a él le pareció que no había que dar a ello demasiada importancia. Entonces, yo le propuse la noche del sábado, siempre que hubiera luna...

—En tal caso —repuso él—, la admiraremos de abajo más bien que de arriba.

Entretanto, una sombra se ha cernido sobre nuestra dicha. Lo había pensado más de una vez: Peter le gusta también a Margot. No sé si ella le ama, pero eso me inquieta. Tengo la impresión de hacerle daño cada vez que me encuentro con Peter, y lo más curioso de la historia es que ella sabe ocultar bien sus sentimientos.

En su lugar, yo estaría enferma de celos; Margot me asegura que yo no tengo ninguna necesidad de apiadarme de ella.

—Debe de ser fastidioso eso de sentirse una tercera rueda de la carreta —he agregado.

—¡Oh, estoy acostumbrada! —ha contestado ella, no sin amargura.

Confieso que esto no se lo he tramitado a Peter; más tarde, quizá; primero tenemos aún un montón de cosas que decirnos.

Anoche, pequeña reprimenda de mamá, desde luego bien merecida. Yo haría mejor preocupándome de no llevar demasiado lejos mi indiferencia hacia ella. Hay, pues, que volver a empezar. Tratemos de ser amables, a pesar de todo, y prescindamos de las observaciones.

Pim se muestra también menos cariñoso. Sus esfuerzos por no seguir tratándome como una niña lo han enfriado demasiado. Ya veremos.

Basta por hoy. No hago nada más que mirar a Peter, y eso es más que suficiente.

Tuya.   ANA

He aquí una prueba de la bondad de Margot: una carta que he recibido hoy, 20 de marzo de 1944:

«Ana: Al decirte anoche que no estaba celosa de ti, no fui franca sino en un cincuenta por ciento. Quiero más bien decir: no estoy celosa ni de ti ni de Peter. Pero me aflige un poco que yo no haya encontrado hasta aquí alguien con quien poder hablar de mi sentir y de mis sentimientos; y nada de eso tengo que esperar momentáneamente. No es cuestión de despecho. No tengo por qué guardaros rencor al uno o al otro. Al contrario. Si ambos os tenéis confianza mutua y llegáis a ser grandes amigos, tanto mejor. Aquí tú te ves demasiado privada de todo lo que debería corresponderte.

«Además, estoy segura de que la persona a quien a mí me agradaría confiarme y con quien querría, pues, intimar, no es Peter; confieso que nunca llegaría a eso con él. Ese alguien tendría que adivinarme aún antes de que yo necesitara hablarle mucho de mí misma. Por eso le veo superior a mí, en espíritu. Peter jamás me ha causado tal impresión. Sin embargo, imagino, imagino muy bien esa especie de intimidad entre Peter y tú.

«Nada tienes que reprocharme. Y, sobre todo, no pienses que me arrebatas algo. Nada sería menos verdad. Si os entendéis bien, con ello no haréis más que salir ganando, tanto. Peter como tú.»

Mi respuesta:

«Querida Margot:

«Tu carta es verdaderamente demasiado amable, pero no me tranquiliza por completo.

«La intimidad entre Peter y yo, tal como tú la ves, aún no ha llegado; pero, evidentemente, una ventana abierta y la oscuridad se prestan más fácilmente que la luz del día. Así, pueden murmurarse sentimientos que no gritaríamos sobre todos los techos. Barrunto que Peter te inspiraba una especie de afecto de hermana mayor, y que, por lo menos, te gustaría ayudarle tanto como yo. Acaso tengas ocasión de hacerlo un día, sin que exista esa intimidad con que nosotros soñamos. En tal caso, la confianza tendría que ser recíproca; he ahí por qué la brecha entre papá y yo se ha ensanchado: por falta de confianza mutua.

«No hablemos más de ello, ni tú ni yo. Si necesitas saber algo, escríbemelo, por favor; podré contestarte mucho mejor que verbalmente.

«No puedes imaginar cuánto te admiro, y mientras sienta a mi lado tu bondad y la de papá —pues, en ese sentido, ya no veo gran diferencia entre vosotros dos—, conservaré la esperanza de vivir.»

Tuya. ANA

Miércoles, 22 de marzo de 1944.

Querida Kitty:

Anoche recibí una nueva carta de Margot:

«Querida Ana: Tu cartita me ha dado la desagradable impresión de que, para ti, ir a estudiar o a charlar en el cuarto de Peter es un caso de conciencia frente a mí. Te aseguro que te engañas. Aquel que adquiera ese derecho, responderá un día de la confianza que yo deposité en él; por el momento, yo no daría ese lugar a Peter. Está claro.

Sin embargo, Peter se ha vuelto para mí una especie de hermano, exactamente como tú lo has dicho en tu carta, pero... un hermano más joven que yo. Quizá tendamos nuestras antenas el uno hacia el otro y hallemos más tarde un terreno común de hermano y hermana; pero aún no estamos en eso, y quizá no lo estemos nunca.

«Verdaderamente, te lo repito, no me compadezcas. Disfruta todo cuanto puedas de la buena compañía de tu nuevo amigo.»

De cualquier modo, yo encuentro la vida más bella. Creo, Kitty, que el Anexo va a ser cruzado por el soplo de un amor verdadero. No pienso para nada en casarme con él. No sueño con eso. Es demasiado joven todavía, y no sé qué clase de hombre será más tarde. Tampoco sé si nos amaremos lo bastante para que ambos queramos casarnos. En todo caso, estoy persuadida de una cosa: él me quiere también, aunque no podría decir de qué manera.

Puede muy bien necesitar una buena camarada, o haber sucumbido a mis encantos de muchacha, o considerarme como una hermana; de ello no llego a formarme una idea muy clara.

Cuando él dijo, a propósito de las disputas entre sus padres que yo le ayudaba siempre, me conmovió por entero: era el primer paso de su amistad, en la que quiero creer. Ayer le pregunté qué haría él si la casa se llenara súbitamente de una docena de Anas que fueran a cada momento a molestarle. Y él me contestó:

—¡Si todas fueran como tú, no sería tan terrible!

Es para mí la hospitalidad personificada; debe, pues, sentirse muy contento cuando me ve. Entretanto, se ha dado a su francés con aplicación ejemplar; estudia inclusive en la cama hasta las diez y cuarto. ¡Oh! Cuando pienso de nuevo en el sábado por la noche, en nuestras palabras, en las delicias de aquel momento, me siento contenta de mí misma por primera vez. Meditando otra vez sobre aquello, en este instante, no cambiaría ni una sola palabra de cuanto dije, lo que no me ocurre sino muy rara vez, después de reflexionar.

Que ría o que quede serio, es hermoso. Es todo amabilidad y bondad. Creo que lo que más le ha impresionado es el haber descubierto en mí, no a la pequeña Ana superficial que los demás conocen, sino una criatura totalmente diferente, un especimen tan soñador como él mismo y en pugna con idénticas dificultades.

Tuya.   ANA

Mi respuesta a Margot:

«Me parece que lo que nos resta por hacer es dejar que las cosas vengan. Un acuerdo entre Peter y yo no puede tardar: o nos quedamos como estamos o se produce el cambio. No sé lo que saldrá de ello; en cuestiones como éstas no veo más allá de la punta de mi nariz. Sin embargo, he tomado una decisión, y es ésta: en caso de que Peter y yo trabásemos amistad, le diría que tú también le quieres mucho, y que puede preguntártelo a ti, si lo juzga necesario. Tú no querrás, ya lo sé, pero a mí no me importa. Ignoro absolutamente lo que Peter piensa de ti, pero no dejaré de preguntárselo.

«No hay nada de malo en ello, estoy segura. ¡Todo lo contrario! Ven a reunirte con nosotros en el granero o en otra parte donde estemos. Nunca nos estorbarás. No te asombre hallarnos en la oscuridad. De común acuerdo, es en este momento cuando nosotros hablamos mejor juntos.

«¡Valor! Yo también lo necesito, y no resulta siempre fácil. Vendrá tu turno, quizá más pronto de lo que crees.»

Tuya.   ANA

Jueves, 23 de marzo de 1944.

Querida Kitty:

Nuestros asuntos van un poco mejor. Gracias al cielo, nuestros proveedores de falsas tarjetas de racionamiento han sido soltados.

Miep ya vuelve, desde ayer. Elli sigue mejor, a pesar de su tos persistente. Pero Koophuis tendrá que guardar cama aún por bastante tiempo.

Ayer, un avión se desplomó en la vecindad; los hombres de la tripulación pudieron saltar a tiempo y aterrizar con sus paracaídas. El aparato se estrelló contra una escuela vacía, y causó algunos muertos y un ligero incendio. Los alemanes ametrallaron a los aviadores. Era espantoso. Los espectadores holandeses ante semejante cobardía, estuvieron a punto de estallar de rabia. Y no podían decir nada. Nosotras, es decir, las mujeres de la casa, tuvimos un miedo cerval. ¡Qué abominables son esas ametralladoras!

He tomado la costumbre de subir por la noche al cuarto de Peter para respirar allí aire fresco. Me pongo en una silla a su lado, y me siento contenta mirando hacia afuera.

¡Qué tontos son Van Daan y Dussel cuando me ven aparecer en su habitación! Una de las observaciones:

—Ana y su nuevo hogar.

O esta otra:

—Los muchachos reciben a las muchachas, a esta hora, en la oscuridad. ¿Es correcto eso?

A estas palabras que pretenden ser espirituales, Peter opone una presencia de ánimo asombrosa.

Desde luego, también a mamá le cuesta ocultar su curiosidad, se repudre de ganas de saber de qué hablamos; pero no se atreve a preguntar nada, sabiendo que corre el riesgo de dar un paso en falso.

Peter, hablando de los mayores, dice que todo eso no es más que celos: están celosos porque nosotros somos jóvenes y porque no hacemos el menor caso de sus odiosas advertencias. A veces, él viene a buscarme y, a pesar de todas sus buenas intenciones, enrojece como una amapola y empieza a tartamudear. Yo no enrojezco nunca, y lo celebro, porque debe de ser una sensación muy desagradable.

Papá dice siempre que soy una presumida. No es verdad. Pero sí soy coqueta. Todavía no he oído alabar mucho mi belleza. Salvo a un condiscípulo que me decía que yo era encantadora cuando me reía. Ayer, Peter me dirigió un piropo sincero. Para divertirte un poco, voy a referirte, poco más o menos, nuestra conversación.

Peter suele decir:

—¡Vamos, una risita!

A la larga, le pregunté:

—¿Por qué quieres que me ría siempre?

—Porque resulta encantador. Al reír, aparecen tus hoyuelos. ¿Cómo puede ser?

—He nacido con hoyuelos en las mejillas y en la barbilla. Es el único signo de belleza que poseo.

—No, eso no es verdad.

—Sí. Sé demasiado bien que no soy hermosa. Nunca lo he sido y nunca lo seré.

—No comparto en absoluto tu opinión. Yo te encuentro muy bonita.

—No es verdad.

—Si lo digo es porque es verdad. ¡Puedes fiarte de mí!

Naturalmente, yo le devolví el cumplido.

Todos tienen algo que decir sobre la repentina amistad entre nosotros. Sus pequeños chismorreos poco nos interesan, y sus observaciones no son realmente originales. ¿Es que los diferentes padres han olvidado ya su propia juventud? Dijérase que sí. Nos

toman siempre en serio cuando decimos algo en son de chanza, y se ríen cuando nos sentimos serios.
Tuya.   ANA

Lunes, 27 de marzo de 1944.

Querida Kitty:
La política juega un papel capital en nuestra historia de clandestinos y, como ese tema sólo me interesa vagamente, lo he descuidado mucho en estos últimos tiempos. Hora es de que consagre una carta a la política.

Naturalmente, todas las opiniones sobre tal cuestión difieren, y, como es lógico, únicamente se habla de eso en época de guerra. Pero... para los mayores es tema de perpetuas disputas, lo que resulta estúpido.

Que rían, que hablen, que apostrofen, que se encaprichen, que hagan lo que les cuadre, mientras mojen en su propia salsa, eso no hace daño a nadie; pero que dejen de pelearse, porque eso ya no tiene gracia.

La gente trae de afuera muchas noticias falsas; en cambio, nuestra radio todavía no ha mentido, hasta ahora. Henk, Miep, Koophuis y Kraler cambian de humor según la política del día; ora son optimistas, ora pesimistas. Henk es el más estable de todos.

En cuanto al Anexo, el clima político general cambia muy poco. Las innumerables discusiones sobre el desembarco, los bombardeos, los discursos, etcétera, provocan exclamaciones tales como:

—¡Imposible!

—*Um Gottes Willen,* si aún están en los preparativos, ¿qué va a ser de nosotros?

—Todo marcha cada vez mejor.

—Me parece muy bien. Es excelente.

Optimistas y pesimistas, y no olvidemos a los realistas, todos se desgañitan con la misma energía infatigable para exponer su opinión y cada cual cree ser el único que tiene razón, lo que no ofrece ninguna novedad. Cierta señora está constantemente enfadada por la confianza desmesurada que su marido dispensa a los ingleses, y cierto señor ataca a su esposa por sus reticencias desdeñosas con respecto a su Inglaterra bienamada.

Nunca se cansan de ello. Yo lo utilizo hasta como medio, con resultados infalibles, pues dan respingos como si hubieran sido picados por una avispa: dejo caer una sola palabra, hago una sola pregunta, una frase basta para hacer perder la cabeza a toda la familia.

Como si ya no estuviéramos saturados con las transmisiones alemanas de la Wehrmacht y la B.B.C. de Inglaterra, desde hace un tiempo se nos aflige con las transmisiones de la Luftlagemeldung. Es muy hermoso, pero existe el reverso de la medalla. Los ingleses hacen de su radio un arma de propagada constante, para rivalizar únicamente con los embustes alemanes, sirviéndose de los mismos medios. Desde entonces, se conecta la radio tan pronto como despertamos, luego a cada hora propicia, de la mañana a la noche, hasta las nueve, y a menudo hasta las diez o las once.

Lo que prueba que, por pacientes que sean los mayores, parecen perder el cerebro de vez en cuando..., salvo algunas excepciones, y no quiero ofender a nadie. Estaríamos suficientemente informados durante el día con una sola transmisión, con dos como máximo. Pero esos viejos obstinados..., ¡bueno, tú ya sabes lo que yo pienso de ellos!

El programa de los trabajadores, la Holanda de ultramar, Frank Phillips o Su Majestad Guillermina, cada uno llega por turno, no se olvidan de nadie. Y cuando no están a la mesa o acostados, se amontonan alrededor de la radio para hablar de comestibles, insomnios y política.

—¡Oh, es interminable! Se trata de no volverse como ellos. ¡Ojo con la vejez! De todos modos, los viejos de aquí no tienen gran cosa que temer.

Te doy como ejemplo, una escena durante el discurso de Winston Churchill, amado por todos nosotros.

Domingo por la noche, a las nueve. La tetera está sobre la mesa, y los invitados hacen su entrada. Dussel se instala a la izquierda de la radio, el señor Van Daan delante y Peter al otro lado del receptor. Mamá al lado del señor, y la señora detrás. En la mesa, Pim, flanqueado de Margot y de mí misma. Los caballeros contienen la respiración. Peter cierra los ojos es un esfuerzo por comprenderlo todo. Mamá esta vestida con un largo batón negro; despreocupándose del discurso, los rugidos de los aviones en ruta hacia Essen hacen estremecer a la señora; Margot y yo estamos tiernamente unidas por Mouschi, dormido sobre una rodilla de cada una de nosotras; y papá sobre su té. Margot tiene puestas las rizadoras; yo estoy en camisón, demasiado estrecho para mí.

Al vernos, se diría: «¡Qué familia tan unida, qué intimidad, qué paz!» Por una vez, es verdad. Pronto noto con terror llegar el final del discurso. Ellos apenas si pueden esperarlo, temblando ya de impaciencia, por la impaciencia de poder discutir tal o cual pormenor. Pss, pss, pss... Una corriente de provocación, aún imperceptible; a la que seguirá la discusión, la disputa y la discordia.

Tuya.   ANA

                                    Martes, 28 de marzo de 1944.

Mi muy querida Kitty:
Podría escribir sobre política páginas y páginas, pero tengo un montón de otras cosas que contarte. Hoy, mamá me ha hecho notar que mis visitas a los pisos superiores se hacían demasiado frecuentes; según ella, yo estaría poniendo celosa a la señora Van Daan. Otra cosa: Peter ha invitado a Margot a unirse a nosotros. ¿Por cortesía? ¿O le interesa de veras? Lo ignoro. He ido, pues, a preguntarle a papá si le parecía que debía preocuparme por los posibles celos de la señora; a él le ha parecido que no. Entonces, ¿qué? Mamá está enfadada y probablemente celosa, ella también. Papá nos concede de todo corazón, a Peter y a mí, nuestras veladas amistosas; le alegra ver que nos entendamos tan bien. Margot quiere a Peter igualmente, pero se siente de más, sabiendo que entre tres no se dicen las mismas cosas que entre dos.

Mamá cree que Peter está enamorado de mí. Yo no pido nada mejor, francamente; en tal caso, estaríamos iguales y podríamos esperarnos más fácilmente. Admito que, en compañía de los demás, nos lanzamos más de una mirada furtiva; y que a veces él se fija en mis hoyuelos, pero yo no puedo remediarlo, ¿verdad?

Aquí me tienes en una situación difícil. Mamá está contra mí, y papá cierra los ojos frente al combate tácito que entre mamá y yo se ha suscitado. Ella está triste, porque me quiere mucho: yo no estoy triste en absoluto, porque sé que ella lo está por falta de comprensión. Y Peter... Yo no quiero renunciar a Peter, que es todo amabilidad y a quien admiro tanto. Lo existente entre nosotros podría transformarse en algo muy hermoso. ¿Por qué esos viejos pretenden meter la nariz? Afortunadamente, estoy habituada a ocultar mis sentimientos, y logro admirablemente ocultarles que estoy loca por él. ¿Y él, hablará de eso alguna vez? ¿Sentiré algún día su mejilla contra la mía, como sentí la del otro Peter en mi sueño? ¡Oh, Peter y Peter! ¡Vosotros no sois más que uno, vosotros sois el mismo Peter! Ellos no nos comprenden, nunca sospecharán que nos basta con estar solos, sentados el uno al lado del otro, sin hablar, para estar contentos. No comprenden lo que nos impulsa al uno hacia el otro. ¡Ah, estas dificultades! ¿Cuándo serán vencidas? De cualquier modo, hay que vencerlas, la cabeza sobre los brazos y los ojos cerrados, no es más que un niño; cuando juega con Mouschi es un encanto; cuando ha sido encargado de las papas o de otras cosas pesadas, está lleno de fuerza, cuando va a mirar los bombardeos o a sorprender a los ladrones en la noche, es valeroso; y cuando es desmañado y torpe, resulta sencillamente delicioso.

Prefiero recibir de él una explicación a tener que enseñarle algo; querría reconocerle superioridad en todo, o en casi todo.

¿Qué quieres que puedan importarme todas esas madres? ¡Ah, si tan siquiera él quisiera hablar!

Tuya.   ANA

Miércoles, 29 de marzo de 1944.

Querida Kitty:

Anoche, en la transmisión de ultramar, el ministro Bolkestein ha dicho en su discurso que después de la guerra se coleccionarían cartas y memorias concernientes a nuestra época. Naturalmente, todos los ojos se volvieron hacia mí; mi *Diario* parecía tomado de asalto. ¡Figúrate una novela sobre el Anexo publicada por mí! ¿Verdad que sería interesante? (Solamente el título haría creer en una novela policial.)

Pero hablemos con seriedad. Diez años después de la guerra, seguramente causaría un extraño efecto, mi historia de ocho judíos en su escondite, su manera de vivir, de comer y de hablar. Aunque de ello te haya dicho mucho, en realidad sabes muy poco, poquísimo.

¡Todas las angustias de las mujeres durante los bombardeos sin tregua! El del domingo, por ejemplo, cuando trescientos cincuenta aviones ingleses descargaron medio millón de kilos de bombas sobre Ijmuiden, haciendo retemblar las casas como briznas de hierba en el viento. Además, el país está infestado por toda clase de epidemias. Tú no sabes nada de estas cosas, porque si quisiera contártelo todo en sus detalles, no cesaría de escribir a lo largo del día. La gente forma fila para la menor de sus compras; los médicos están imposibilitados de ir a ver a sus enfermos, cuando les roban su vehículo, y esto es lo corriente; el robo y las raterías están a la orden del día, a tal punto que nos preguntamos cómo nuestros holandeses han podido revelarse así ladrones de la noche a la mañana. Los niños de ocho a once años rompen los vidrios de los escaparates y rapiñan lo que encuentran a mano. Nadie se atreve ya a dejar su casa cinco minutos, por miedo de que sus bienes desaparezcan durante su ausencia. Cada día hay anuncios ofreciendo recompensa por la devolución de máquinas de escribir robadas, alfombras persas, relojes eléctricos, telas, etcétera. Los relojes eléctricos de las calles y los teléfonos de las cabinas son desmontados hasta el último hilo. No tiene nada de extraño que la población esté convulsionada: todos tienen hambre, y las raciones de una semana no bastan siquiera para vivir dos días, excepto en cuanto al sucedáneo de café. Ante las perspectivas del desembarco, envían a los hombres a trabajar a Alemania. Los niños están enfermos y mal nutridos, todo el mundo está mal calzado y mal vestido.

Unas medias suelas cuestan siete y medio florines; la mayoría de los remendones no aceptan clientes, a menos que esperen cuatro meses, al cabo de los cuales tu calzado puede haberse perdido.

Una cosa apreciable es el sabotaje contra las autoridades, que aumenta día tras día, a pesar de las medidas cada vez más severas contra el pueblo, que no se contenta con una alimentación cada vez peor. Los servicios de racionamiento, la policía, los funcionarios, o bien se agrupan al lado de los ciudadanos para ayudarlos, o bien actúan como soplones y provocan sus arrestos. Afortunadamente, muy pocos neerlandeses están situados de este lado.

Tuya.   ANA

Viernes, 31 de marzo de 1944.

Querida Kitty:
Hace todavía bastante frío, y la mayoría de la gente está sin carbón desde hace un mes. ¿Comprendes? Nos hemos rescaldado con el optimismo que nos causa el frente ruso, cuyas noticias son sensacionales. No quiero ocuparme de política, pero, sin embargo, voy a decir dónde se hallan: los rusos se encuentran exactamente enfrente del gran cuartel general alemán, y se acercan a Rumania por el Pruth; están cerca de Odesa; cada noche aguardamos un comunicado especial de Stalin.

Todo Moscú resuena de salvas; pienso que hacen temblar a la ciudad entera. Esta manera de exteriorizar su alegría debe de parecerse al sitio.

Hungría está ocupada por los alemanes; hay allí todavía un millón de judíos que, indudablemente, también van a pasar malos momentos. Se murmura un poco menos de Peter y de mí. Ambos somos grandes amigos, estamos juntos siempre que nos es posible, y hablamos de todo y de todos. Cuando abordamos temas delicados, nunca necesito recurrir a la moderación, como sería el caso si hablase de esas cosas con otros muchachos. Es verdaderamente maravilloso. Decididamente, mi vida aquí ha cambiado. Ha mejorado mucho. Dios no me ha abandonado, y nunca me abandonará.

Tuya. ANA

Sábado, 1º de abril de 1944.

Querida Kitty:

A pesar de todo, sigo encontrándome frente a las mismas dificultades. Sin duda ya sabes a qué me refiero, ¿verdad? Me muero de las ganas de un beso, del beso que se hace esperar. ¿Me considera él todavía como una camarada? ¿No soy nada más para él?

Tú sabes bien que yo soy fuerte, bastante fuerte para llevar sola la mayoría de mis pesares. Nunca estuve habituada a compartirlos con nadie; nunca me he confiado a mamá. Pero, al lado de él, ¡cómo me gustaría apoyar mi cabeza en su hombro y reposar en él!

Ese ensueño de la mejilla de Peter no me abandona; imposible olvidar ese instante en que todo se tornaba infinitamente hermoso. ¿Y él? ¿No lo desea tanto como yo? ¿No será que la timidez le impide confesar su amor? ¿Por qué me quiere tan a menudo a su lado? Dios mío, ¿por qué no dice nada?

Es mejor que me calle. Me tranquilizaré. He de encontrar la fuerza necesaria y, con un poco de paciencia, quizá eso llegue por sí solo. Lo que no impide que... Y eso me tiene mortificada. Doy la impresión lamentable de correr hacia él. Siempre soy yo quien va hacia él, y no él hacia mí.

Pero se debe a nuestras habitaciones. Es para él un obstáculo del que debe apercibirse.

Tuya. ANA

Lunes, 3 de abril de 1944.

Querida Kitty:

Contra lo habitual, vas a recibir una carta consagrada por entero a la alimentación; porque este problema no se plantea únicamente en el Anexo, sino en toda Holanda, en toda Europa, por todas partes, y sigue siendo un factor primordial.

Después de veintiún meses que nos albergamos aquí, hemos hecho el experimento de «una alimentación periódica», y hemos tenido varias de ellas. Vas a saber lo que es. Durante un cierto periodo, nos vemos obligados a comer constantemente el mismo menú. Por largo tiempo hemos tenido sucesivamente escarolas con arena y sin arena, un puré de legumbres con papas, hervidas o a la sartén; espinacas, nabos, salsifíes, pepinos, tomates, coles, etcétera. No es divertido, por ejemplo, comer coles todos los días en el almuerzo y en la cena, pero uno se resigna cuando tiene hambre. Actualmente atravesamos el peor momento, porque las legumbres frescas no se encuentran. Nuestros almuerzos de esta semana constan de porotos rojos, arvejas partidas, papas con bolitas de harina, o papas simplemente, nabos (por amor de Dios) o zanahorias podridas, y se vuelve a los porotos colorados. Comemos papas a todo pasto, empezando por el desayuno, debido a la falta de pan. Para la sopa, utilizamos porotos blancos y rojos, y papas, o paquetes de sopa Juliana, a la reina, y otra vez porotos colorados. Todo está mechado de porotos colorados, lo mismo que el pan, que los contiene en buena parte.

Por la noche, comemos siempre papas aderezadas con una salsa de fantasía y, además, por suerte, una ensalada de remolachas de nuestra reserva. Una pequeña referencia a las bolitas de harina, que fabricamos con la harina del panadero y con levadura: ellas empastan la boca y son tan pesadas, que causan la impresión de tener piedras en el estómago. Pero dejemos eso.

Nuestras golosinas, una vez por semana, son: una tajada de salchichón (de hígado), y mermelada sobre pan seco. No solamente seguimos con vida, sino que, a veces, hasta nos regodeamos con nuestra comida frugal.

Tuya.   ANA

Martes, 4 de abril de 1944.

Querida Kitty:

Durante mucho tiempo, yo no sabía ya por qué estudiaba; el final de la guerra se halla todavía espantosamente alejado, y parece irreal, feérico. Si no termina en septiembre, nunca más volveré a la escuela, pues ya no podría recuperar los dos años perdidos. Mis días sólo han sido colmados por los pensamientos y los sueños vinculados a Peter;

sólo me ocupaba de Peter, hasta sentir una desazón de la que no tienes idea; el sábado, fue terrible. En el cuarto de Peter me pasé el tiempo reteniendo las lágrimas; poco después, reí con un Van Daan alegrado por el ponche de limón, excitándome yo misma con una alegría nerviosa. Pero, una vez sola, después de haberme puesto el camisón, me dejé resbalar al suelo e hice mis rezos, largos e intensos; luego, me desplomé y me eché a llorar. Un sollozo fuerte me devolvió la conciencia, e hice cesar mis lágrimas, para que no me oyeran. Después, traté de rearmarme de valor, diciendo: «Es necesario, es necesario, es necesario...» Completamente acalambrada por mi acurrucamiento, me acosté; eran casi once y media. Había terminado.

Y ahora ha terminado de veras. Se trata de estudiar para no ser ignorante, para adelantar, para llegar a ser periodista, que es lo que yo quiero. Estoy segura de poder escribir, de ser capaz de escribir; algunas de mis novelitas pueden pasar, mis descripciones del Anexo no adolecen de agudeza, hay párrafos elocuentes en mi *Diario*, pero... de ahí a saber si tengo verdadero talento...

Mi mejor cuento de hadas es *Eva's Droom (El sueño de Eva)*, es el colmo: no sé absolutamente dónde he ido a buscar eso. *Cady's Leven (La vida de Cady)* tiene buenos momentos aquí y allá, pero en conjunto no es gran cosa.

Aquí, yo soy mi solo crítico, y el más severo. Me apercibo de lo que está bien o mal. Quienes no escriben desconocen lo que es esa maravilla; antes, yo deploraba siempre no saber dibujar, pero ahora me entusiasma poder al menos escribir. Y si no tengo bastante talento para ser periodista o para escribir libros, ¡bah!, siempre podré hacerlo para mí misma.

Yo querría adelantar, hacer algo. No puedo imaginarme viviendo como mamá, la señora Van Daan y todas esas mujeres que cumplen con su deber y son olvidadas más tarde. Además de un marido y varios hijos, necesitaré tener otra cosa.

Quiero seguir viviendo, aun después de mi muerte. Por eso le estoy agradecida a Dios que, desde mi nacimiento, me dio una posibilidad: la de desarrollarme y escribir, es decir, la de expresar todo cuanto acontece en mí.

Al escribir me liberto de todo, mi pesar desaparece y mi valor renace. Pero —he ahí la cuestión primordial—, ¿seré alguna vez capaz de escribir algo de fuste; podré ser algún día periodista o escritora? Confío que sí. ¡Oh, cómo lo deseo! Pues, al escribir, yo puedo concretarlo todo: mis pensamientos, mi idealismo y mis fantasías.

Hace mucho tiempo que no sigo trabajando en *Cady's Leven;* aunque vea muy bien la prosecución, no ha resultado al escribir y no he dado con la manera de avanzar. Quizá nunca logre terminarla; esta novelita acaso encuentre su fin en el cesto de los papeles o en la estufa... Ello me dolerá infinitamente, pero, bien pensado, «a los catorce años se tiene demasiada poca experiencia para lanzarse en la filosofía».

¡Bueno, adelante con un nuevo valor! Ya llegará eso, pues estoy resuelta a escribir.

Tuya.   ANA

Jueves, 6 de abril de 1944.

Querida Kitty:

Tú me has preguntado qué es lo que me interesa y cuáles son mis manías, y me apresuro a responderte. No te asustes, porque son bastantes.

En primer lugar: escribir. Pero, en el fondo, eso no entra en las categorías de las manías.

En segundo lugar: los árboles genealógicos. Estoy haciendo indagaciones en todos los documentos, diarios y libros, sobre la genealogía de las dinastías de Francia, de Alemania, de España, de Inglaterra, de Austria, de Rusia, de los países nórdicos y de Holanda. En la mayoría de los casos he llegado a un lindo resultado, a fuerza de leer y de anotar las biografías y los libros de historia, buenas partes de los cuales he copiado.

Desde luego, mi tercera manía es la historia, y por eso papá ya me ha comprado muchos libros. Espero con impaciencia el día en que podré resolver las anaquelerías de la biblioteca pública.

En cuarto lugar: mitología de Grecia y de Roma; poseo ya diversos libros sobre el tema.

Otras manías: las fotos de familia y de artistas de cine.

Me entusiasman los libros y la lectura. La historia del arte y la literatura me interesan, sobre todo cuando se trata de escritores, de poetas y de pintores. Los músicos vendrán acaso un día.

Siento resuelta antipatía por el álgebra, la geografía y todo cuanto es matemáticas.

Me gustan todas las demás asignaturas escolares, pero, sobre todo, la historia.

Tuya.   ANA

Martes, 11 de abril de 1944.

Querida Kitty:
La cabeza me da vueltas. No sé verdaderamente por dónde empezar. El viernes (Viernes Santo) jugamos al juego de sociedad, lo mismo que el sábado por la tarde. Estos días han pasado rápidamente, sin nada que señalar. Invitado por mí, Peter vino a mi cuarto a las cuatro y media; a las cinco y cuarto subimos al granero, donde nos quedamos hasta las seis. De seis a siete y cuarto hubo la transmisión de un hermoso concierto de Mozart; me gustó, sobre todo *Kleine Nachtmusik*. La habitación me parecía casi demasiado estrecha. La buena música siempre me causa el mismo efecto: me sacude profundamente.

En la noche del domingo, a las ocho, me instalé con Peter en el granero de adelante; para mayor comodidad, llevamos de nuestra casa algunos almohadones del diván para convertir un cajón en asiento. Sobre los almohadones, tan estrechos como el cajón, estuvimos ovillados el uno junto al otro, apoyando la cabeza en un montón de otros cajones, y sólo éramos espiados por Mouschi.

De pronto, a las nueve menos cuarto, el señor Van Daan nos silbó y vino a preguntarnos si no teníamos el almohadón de Dussel. Dimos los dos un salto, y bajamos con el almohadón, el gato y Van Daan. Este almohadón trajo cola, porque habíamos tomado el que le servía de almohada, y Dussel estaba furioso. Tenía miedo a las pulgas del granero, e hizo una escena delante de todo el mundo, debido a este único almohadón. Peter y yo, para vengarnos, escondimos dos cepillos duros en su cama, y este pequeño intermedio nos hizo reír bastante.

Pero no reímos mucho tiempo. A las nueve y media, Peter golpeó suavemente a nuestra puerta y preguntó a papá si querría ir a ayudarle; no podía arreglárselas con una frase inglesa difícil.

—Hay algo que va mal —dije yo a Margot—. ¡Ese pretexto es demasiado burdo!

Tenía razón: había ladrones en el almacén. En un mínimo de tiempo, papá, Van Daan, Dussel y Peter se encontraron abajo, en tanto que Margot, mamá, la señora y yo nos quedamos aguardando.

Cuatro mujeres, unidas por la angustia, parlotean siempre, y es lo que nosotras hicimos, hasta que oímos un golpe violento. Luego, silencio absoluto. El péndulo señalaba las diez menos cuatro. Cada una de nosotras se puso pálida, aunque guardando la calma a pesar del miedo. ¿Qué había sido de nuestros hombres? ¿Qué significaba aquel golpe? ¿Habían tenido que luchar con los ladrones? A las diez, pasos en la escalera: papá, pálido y nervioso, entró, seguido del señor Van Daan.

—Apaguen todas las luces. Suban sin hacer ruido. Es de temer que venga la policía.

No había tiempo para sentir miedo. Las luces fueron apagadas; yo apenas si tuve tiempo de coger un batón antes de subir.

—¿Qué ha ocurrido? ¡Vamos, cuenten!

Ya no había nadie para hacerlo, pues los cuatro habían vuelto a bajar. No reaparecieron hasta diez minutos más tarde todos a la vez: dos de ellos montaron guardia junto a la ventana abierta en el cuarto de Peter; la puerta del rellano fue cerrada con cerrojo, lo mismo que la del armario giratorio. Púsose un trapo de lana alrededor del pequeño velador, y fuimos un oído solo.

Al percibir desde el rellano dos golpes secos, Peter bajó al entresuelo y vio que una plancha faltaba en el panel izquierdo de la puerta del almacén. Giró sobre sus talones para advertir al defensor de la familia, y los hombres bajaron para reconocer el terreno. Llegados al almacén, Van Daan perdió la cabeza y gritó:

—¡Policía!

Inmediatamente después, pasos presurosos hacia la salida; los ladrones huían. A fin de impedir a la policía que viera el agujero que ellos habían hecho en la puerta, nuestros hombres intentaron reponer la tabla en su sitio, pero un puñetazo del otro lado hízola caer al suelo. Durante algunos segundos los nuestros quedaron perplejos ante tamaño descaro. Van Daan y Peter sintieron nacer en ellos el instinto asesino. Van Daan dio algunos golpes en el suelo con un hacha. Silencio de muerte. Nuevos esfuerzos para tapar la tronera. Nueva interrupción: una pareja que paseaba por el muelle se había detenido y enviaba la luz enceguecedora de una lámpara de bolsillo al interior del almacén. Al oír una interjección de uno de nuestros hombres, le tocó el turno a la pareja de huir como los ladrones. Antes de reunirse con los demás detrás de la puerta disimulada, Peter abrió rápidamente las ventanas de la cocina y del despacho privado y mandó el teléfono al suelo.

FIN DE LA PRIMERA PARTE DE LA AVENTURA

Nosotros suponíamos que la pareja de la lámpara iría a advertir a la policía. Era domingo por la noche, primer día de Pascua; al día siguiente, lunes de Pascua, nadie vendría al escritorio. Por lo tanto, no podríamos movernos antes del martes por la mañana. ¿Te imaginas? ¡Dos noches y un día que teníamos que pasar en semejante angustia!

Ninguno de nosotros se hacía ilusiones: la señora Van Daan, la más miedosa, ni siquiera quería que se mantuviera encendido el ventilador, y nos quedamos en la oscuridad cuchicheando y diciendo: «¡chist!, ¡chist!» al menor ruido.

Diez y media, once. Ningún ruido. Papá y el señor Van Daan venían a vernos alternativamente. Once y cuarto: oímos movimiento abajo. En casa, sólo nuestra respiración era perceptible, pues todos estábamos como enclavados. Oyéronse pasos en los pisos inferiores, en el despacho privado, en la cocina, y luego... en la escalera que lleva a la puerta disimulada. Nuestra respiración se había cortado. Ocho corazones latían a punto de romperse, al oírse los pasos en la escalera y las sacudidas en la puerta-armario. Este instante es indescriptible.

—Ahora estamos perdidos —dije yo, viéndonos a todos llevados por la Gestapo aquella misma noche.

Tiraron de la puerta-armario dos veces, tres veces. Algo cayó, y los pasos se alejaron. Hasta entonces, estábamos salvados. Sentimos un escalofrío; oí dientes que rechinaron, no sé dónde; nadie dijo palabra.

El silencio reinaba en la casa, pero había luz al otro lado de la puerta disimulada, visible desde nuestro rellano. ¿Les había parecido misterioso aquel armario? ¿Se había olvidado la policía de apagar la luz? Nuestras lenguas se desataron; ya no había nadie en la casa, quizá un guardián ante la puerta...

Recuerdo tres cosas: habíamos agotado todas las suposiciones, habíamos temblado de terror, y cada cual necesitó ir al W.C. Los recipientes estaban en el granero, y sólo el cesto de papeles de Peter —un adminículo de hierro batido— podía servirnos de recipiente. Van Daan fue el primero en pasar. Le siguió papá. Mamá tenía demasiada vergüenza. Papá llevó aquel depósito al dormitorio, donde Margot, la señora y yo, demasiado contentas, lo utilizamos, y mamá también, al fin de cuentas. Reclamábase papel a un lado y a otro; afortunadamente, yo lo tenía en el bolsillo.

Hedor del recipiente, cuchicheos... Era medianoche, y estábamos todos fatigados.

—Tiéndanse en el suelo y traten de dormir.

Margot y yo recibimos cada una un almohadón y una manta; ella se puso delante del armario, y yo debajo de la mesa. En el suelo, el hedor era menos terrible; sin embargo, la señora fue discretamente a buscar un poco de polvo de cloro y un repasador para tapar el recipiente.

Cuchicheos, miedo, hedor, pedos y alguien sobre el recipiente a cada minuto: trata de dormir así. Demasiado sacudida, caí en una especie de sopor alrededor de las dos y media, y no oí nada hasta las tres y media. Me desperté con la cabeza de la señora sobre mi pie. —Siento frío. ¿No tiene usted, por favor, algo que echarme sobre los hombros? —pregunté.

No preguntes lo que recibí: un pantalón de lana sobre mi pijama, un *sweater* rojo, una falda negra y calcetines blancos. En seguida, la señora se instaló en la silla, y el señor se tendió a mis pies. A partir de ese momento, me puse a pensar, temblando incesantemente, de suerte que Van Daan no pudo dormir. La policía iba a volver. Yo estaba preparada para ello. Tendríamos que decir que nos ocultábamos. O tropezaríamos con buenos holandeses y estaríamos salvados, o tendríamos que habérnoslas con los N.S.B.,[4] cuyo silencio trataríamos de comprar.

—Hay que ocultar la radio —suspiró la señora.

—Tal vez en el horno —repuso el señor.

—¡Bah! Si nos encuentran, encontrarán la radio también.

—En tal caso, encontrarían también el *Diario* de Ana —agregó papá.

—Deberías quemarlo —propuso la más miedosa de todos nosotros.

Estas palabras y las sacudidas a la puerta-armario me hicieron pasar los instantes más punzantes de mi vida.

—¡Mi *Diario*, no! ¡Mi *Diario*, no será quemado sino conmigo! Papá ya no replicó nada, afortunadamente.

Se dijeron un montón de cosas. Repetir todo aquello no tendría sentido. Consolé a la señora, que estaba muerta de miedo. Hablamos de huida, de interrogatorios por la Gestapo, de arriesgarse o no hasta el teléfono, y de valor.

—Ahora debemos portarnos como soldados, señora. Si nos atrapan, sea, nos sacrificamos por la reina y la patria, por la libertad, por la verdad y el derecho, como nos lo anuncia constantemente la Holanda de ultramar. Pero nosotros arrastramos a los otros en nuestra desgracia. Y eso es lo espantoso. Eso es lo atroz.

Después de una hora, el señor Van Daan cedió de nuevo su sitio a la señora, y papá se puso a mi lado. Los hombres fumaban sin cesar, interrumpidos de tiempo en tiempo por un profundo suspiro, luego una pequeña necesidad, y así sucesivamente.

Las cuatro, las cinco, las cinco y media... Me levanté para reunirme con Peter en el puesto de vigía, ante su ventana abierta. Así, tan cerca

---

[4] N.S.B.: civiles al servicio de la Gestapo. Informantes. *(N. del T.)*

el uno del otro, podíamos notar los temblores que recorrían nuestros cuerpos; de vez en cuando nos decíamos algunas palabras, pero, sobre todo, tendíamos el oído. A las siete, ellos quisieron telefonear a Koophuis para que mandase a alguien aquí. Anotaron lo que iban a decirle por teléfono. El riesgo de hacerse oír por el guardián apostado ante la puerta era grande, pero el peligro de la llegada de la policía era más grande aún.

Se concretaron a esto:

Robo: visita de la policía, que ha penetrado hasta la puerta-armario, pero no más lejos.

Los ladrones, al parecer estorbados, han forzado la salida del almacén, y han huido por el jardín.

Como la entrada principal estaba con cerrojo, había obligado sin duda a Kraler a salir la víspera por la otra puerta de entrada. Las máquinas de escribir y la máquina de calcular están a salvo en el gran barqueño del despacho privado.

Tratar de avisar a Henk para que busque la llave en casa de Elli, antes de trasladarse a la oficina, adonde entrará so pretexto de dar de comer al gato.

Todo salió a pedir de boca. Telefonearon a Koophuis, y trasladaron las máquinas de escribir desde nuestra casa al barqueño. Luego se sentaron alrededor de la mesa a esperar a Henk o a la policía.

Peter se había dormido. El señor Van Daan y yo quedamos tendidos en el suelo hasta oír un ruido de pasos firmes. Me levanté suavemente.

—Es Henk.

—No, no, es la policía —respondieron los demás.

Golpearon a nuestra puerta. Miep silbó. La señora Van Daan ya no podía más; estaba pálida como una muerta, inerte en su silla, y seguramente se habría desmayado si la tensión hubiera durado un minuto más.

Cuando Miep y Henk penetraron, nuestra habitación debía de ofrecer un marco delicioso; sólo la mesa merecía una foto. Sobre «Cine y Teatro», abierto en una página consagrada a las danzarinas, había mermelada y un medicamento contra la diarrea; además, en revoltijo, dos potes de dulce, un mendrugo grande y otro chico de pan, un espejo, un peine, fósforo, cenizas, cigarrillos, tabaco, un cenicero, libros, un calzón, una lámpara de bolsillo, papel higiénico, etcétera.

Naturalmente, Henk y Miep fueron acogidos con lágrimas de alegría. Henk, después de haber arreglado la tronera en la puerta, púsose en camino para avisar a la policía del robo. En seguida, quería hablar con el guardián de noche Slagter, que había dejado cuatro palabras para Miep, diciendo que había visto la puerta estropeada y que había avisado a la policía.

Disponíamos, pues, de una media hora para refrescarnos. Jamás he visto producirse un cambio tan grande en tan poco tiempo. Después de haber rehecho las camas, Margot y yo hicimos cada cual una visita al W.C.; luego nos cepillamos los dientes, nos lavamos y nos peinamos. En seguida yo puse en orden el dormitorio, y muy pronto subí hasta el alojamiento de los Van Daan. La mesa estaba ya bien limpia; prepararon el té y el café, hicieron hervir la leche —iba a ser en seguida la hora del desayuno— y nos pusimos a la mesa. Papá y Peter estaban ocupados en vaciar los vasos de noche y en limpiarlos con polvo de cloro.

A las once, ya de vuelta Henk, estábamos todos sentados alrededor de la mesa, agradablemente, y, poco a poco, empezábamos a humanizarnos. Henk contó:

Slagter dormía todavía, pero su mujer repitió el relato de su marido: al hacer su ronda por los muelles, había descubierto el agujero en la puerta; había ido a buscar a un agente, y juntos recorrieron el inmueble; vendría a ver a Kraler el martes para contarle lo demás. En la comisaría aún no estaban al tanto del robo; tomaron nota para venir el martes. Al pasar, Henk se había detenido en casa de nuestro proveedor de papas, que vive muy cerca de aquí, y le había hablado del robo.

—Ya lo sé —dijo éste lacónicamente—. Al regresar anoche con mi mujer, vi un agujero en la puerta. Mi mujer iba a proseguir sin prestar atención, pero yo saqué mi lámpara de bolsillo y miré dentro. Los ladrones iban a escapar en ese momento. Para mayor seguridad, preferí no telefonear a la policía. Pensé que era mejor para ustedes. Yo no sé nada, y no me mezclo en nada.

Henk le agradeció y partió. Este hombre sin duda sospecha de los clientes a quienes son entregadas sus papas, porque él las trae siempre a la hora del almuerzo. ¡Un tipo decente!

Después de fregar los platos y de la partida de Henk, era la una. Todo el mundo se fue a dormir. Yo me desperté a las tres menos cuarto, y noté que Dussel había desaparecido. Aún toda adormilada, encontré por casualidad a Peter en el tocador, y nos citamos en la oficina.

Me arreglé rápidamente un poco antes de ir.

—¿Quieres arriesgarte hasta el granero de adelante? —me preguntó él.

Accedí, tomé mi almohadón al pasar, y en marcha. El tiempo era espléndido, pero bien pronto las sirenas comenzaron a rugir: nosotros no nos habíamos movido. Peter puso su brazo alrededor de mis hombros, yo hice otro tanto, y nos quedamos así en los brazos el uno del otro, muy tranquilos hasta que Margot nos llamó para el café de las cuatro.

Comimos nuestro pan, bebimos la limonada y gastamos bromas, como si nada hubiera ocurrido, y todo volvió a quedar en orden. Por la noche, felicité a Peter por haber sido el más valeroso de todos. Ninguno de nosotros había visto el peligro tan de cerca como la noche anterior. Dios debe de habernos protegido particularmente. Reflexiona un momento: la policía ante la puerta-armario bajo la luz eléctrica, y nuestra presencia pasó desapercibida.

En caso de desembarco, todos y cada uno hallarán la manera de defenderse, pero nosotros, aquí, estábamos paralizados de angustia, no sólo por nosotros mismos, sino también por nuestros protectores inocentes. «Nos hemos salvado. ¡Salvadnos de nuevo!» Es todo cuanto podemos decir.

Esta aventura ha traído bastantes cambios. El señor Dussel, de ahora en adelante, ya no trabajará en la oficina de Kraler, sino en el baño. Peter hará una ronda a las ocho y media, y otra a las nueve y media de la noche. No más ventana abierta en su cuarto durante la noche. La taza del W.C., prohibida a partir de las nueve y media. Esta tarde se hará venir a un carpintero para reforzar las puertas del almacén.

Nunca terminan las discusiones en el Anexo. Kraler nos ha reprochado nuestra imprudencia. Asimismo, Henk opinaba que, en casos semejantes, ninguno de nosotros debía aparecer en los pisos inferiores. Nos han refrescado la memoria sobre nuestra condición de «clandestinos», nuestra categoría de judíos, enclaustrados entre cuatro paredes, sin ningún derecho y con mil obligaciones. Nosotros, judíos, no tenemos el derecho de hacer valer nuestro sentimiento; sólo nos resta ser fuertes y valerosos, aceptar todos los inconvenientes sin pestañear, conformarnos con lo que podemos tener, confiando en Dios. Un día terminará esta terrible guerra; un día seremos personas como los demás y no solamente judíos.

¿Quién nos ha marcado así? ¿Quién ha resuelto la exclusión del pueblo judío de todos los otros pueblos? ¿Quién nos ha hecho sufrir tanto hasta aquí? Es Dios quien nos ha hecho así, pero también será Dios quien nos elevará. Sí. A pesar de este fardo que soportamos, muchos de nosotros siguen sobreviviendo; hay que creer que, como proscritos, los judíos se transformarán un día en ejemplos. ¡Quién sabe! Acaso llegue el día en que nuestro Antiguo Testamento enseñe el bien al mundo, a decir, a todos los pueblos... y que en eso radique la única razón de nuestro sufrimiento. Jamás llegaremos a ser los representantes de un país, sea el que fuere; nunca seremos holandeses o ingleses, simplemente; siempre seremos judíos, por añadidura. Pero deseamos seguir siéndolo.

¡Valor! Tengamos conciencia de nuestra misión sin quejarnos, y estemos seguros de nuestra salvación. Dios no ha dejado nunca caer a nuestro pueblo. En el correr de los siglos nos vimos obligados a sufrir y, en el correr de los siglos, también nos hemos fortalecido. Los débiles caen, pero los fuertes sobrevivirán y no caerán jamás.

La otra noche yo sabía en el fondo de mí misma que iba a morir. Aguardaba a la policía. Estaba preparada. Presta, como el soldado en el campo de batalla. Iba, de buen grado, a sacrificarme por la patria. Ahora que me he salvado, me apercibo de mi primer deseo en la posguerra: ser holandesa.

Amo a los holandeses. Amo a nuestro país. Amo su idioma. Y querría trabajar aquí. Dispuesta a escribir yo misma a la reina, no cejaré antes de haber logrado ese objeto.

Me siento de más en más apartada de mis padres, de más en más independiente. Por joven que sea, me siento con más valor de vivir y más justa, más íntegra que mamá. Sé lo que quiero, tengo un norte en la vida, me formo una opinión, tengo mi religión y mi amor. Me siento consciente de ser mujer, una mujer con una dulzura moral y mucho valor. No me matendré en la insignificancia, tendré un lugar en el mundo y trabajaré para mis semejantes.

Comprendo en este instante que el valor y la alegría son dos factores vitales.

Tuya.   ANA

Viernes, 14 de abril de 1944.

Querida Kitty:

La atmósfera sigue tensa. Pim tiene los nervios a flor de piel. La señora Van Daan está resfriada, en cama, y su nariz es una verdadera trompeta. El señor está verde: ni un polvillo cualquiera para fumar. Dussel, como no ha olvidado el sacrificio de su «confort» de la otra noche, rabia y se agota con sus objeciones, etcétera. Por lo demás, en este momento no tenemos demasiada suerte. Hay un escape de agua en el W.C., pues el caucho del robinete se ha gastado; pero, gracias a nuestras numerosas relaciones, eso quedará pronto arreglado. A veces soy sentimental, ya lo sé: pero... a veces tengo también una razón de serlo. Cuando, en medio de un estruendo insensato, no importa dónde, me encuentro muy al lado de Peter, sobre un duro cajón, su brazo alrededor de mí, mi brazo alrededor de él, y él juega con un mechón de mi pelo; cuando afuera los pájaros hacen vibrar sus cantos, cuando se ve a los árboles reverdecer, cuando el sol nos llama, cuando el cielo está demasiado azul, ¡oh, entonces, entonces mis deseos ya no se cuentan! Sólo veo rostros descontentos y sombríos. No oigo más que suspiros y quejas reprimidas. Dijérase que, bruscamente, todo anda mal entre nosotros. En el Anexo no hay nadie que no sirva como director de orquesta; cada cual pelea con sus propios nervios, sin ser capaz de llegar a una conclusión. Cada día se oye: «¡Si esto terminara!»

Mis estudios, mis esperanzas, mi amor, mi valor, todo eso me hace mantener la cabeza alta y ser juiciosa.

Estoy persuadida, persuadida, Kitty, de que hoy me hallo un poco descentrada, ignoro verdaderamente por qué. Todas las cosas se confunden, no llego a encadenar, y dudo muy seriamente de que, más tarde, alguien pueda alguna vez interesarse por mis chocheces. «Las confidencias del patito malo», tal será el título de mis papelotes. El señor Bolkestein y los coleccionistas de documentos de guerra no hallarán gran interés en mi *Diario*.

Tuya.   ANA

Domingo por la mañana, antes de las once, 16 de abril de 1944.

Muy querida Kitty:

Retén bien el día de ayer, porque es muy importante en mi vida. ¿No es acontecimiento importante para cualquier muchacha el recibir un beso? Pues esa es la razón. El beso de Bram en mi mejilla derecha no cuenta, como tampoco el del señor Walker en mi mano derecha.

Voy a contarte cómo el beso me cayó repentinamente del cielo.

Anoche, a las ocho, estaba con Peter, sentada a su lado en el diván, y él no tardó en rodearme con su brazo.

—Si te apartaras un poco —dije yo—, no golpearía con la cabeza contra tus libros.

Él retrocedió casi hasta el final, y yo pasé mi brazo por su espalda para sentirme abrazada, de manera que estaba literalmente sepultada.

No era la primera vez que estábamos sentados así, pero nunca hasta entonces tan cerca el uno del otro. Él me estrechó fuertemente contra sí; mi seno derecho, al tocar su corazón, hizo latir mi corazón con golpes más rápidos. Pero aún no habíamos llegado. Él no permitía que mi cabeza dejara de reposar sobre su hombro, como no fuera para apoyar la suya en el mío. Después de unos cinco minutos, me incorporé, pero él, en seguida, tomó mi cabeza entre sus manos y la estrechó contra sí. ¡Oh, era exquisito! Casi no hablé, a tal punto era grande mi placer. Un poco torpemente, él acarició mi mejilla y mi brazo, jugó con mi cabello, nuestras cabezas la una pegada a la otra la mayoría del tiempo. La emoción que se apoderó de mí no puedo describírtela, Kitty. Me sentía demasiado dichosa, y creo que él también.

Alrededor de las ocho y media nos levantamos. Yo me quedé mirando cómo Peter se ponía las sandalias de gimnasia para hacer la ronda de la casa lo más silenciosamente posible. No sé todavía cómo fue, pero, antes de bajar, él me besó de repente, en la mejilla izquierda, entre los cabellos, al lado del oído. Escapé como una cabra, sin volverme, y me siento llena de esperanza para hoy.

Tuya.   ANA

Lunes, 17 de abril de 1944.

Querida Kitty:

¿Crees tú que mis padres me permitirían estar con un muchacho en un diván y que nos besáramos? ¿Un muchacho de diecisiete años y medio y una muchacha de casi quince? En el fondo, creo que no, pero este pequeño asunto es cuestión exclusivamente mía. ¡Me siento tan tranquila y tan segura en sus brazos, con todos mis ensueños! ¡Qué impresión la de sentir su mejilla contra la mía, y qué delicia el saber que alguien me aguarda! Pero —efectivamente, hay un pero—, ¿se contentará Peter con eso? Desde luego, aún no he olvidado su promesa, pero... ¡es un muchacho!

Ya sé que empiezo demasiado pronto. ¡No haber cumplido quince años y ser ya tan independiente! Para los demás, eso podría parecer incomprensible. Estoy casi segura de que Margot nunca besaría a un muchacho sin que antes fuera cuestión de noviazgo o de matrimonio; pero ni Peter ni yo forjamos ningún proyecto. Mamá seguramente tampoco tocó a ningún hombre antes de conocer a papá. ¿Qué dirían mis amigas si me supieran en los brazos de Peter, mi corazón contra su pecho, mi cabeza sobre su hombro o con su cabeza pegada a la mía?

¡Vamos, Ana, es vergonzoso! Pero, en realidad, yo no lo encuentro vergonzoso para nosotros, que estamos privados de todo, segregados del mundo y abrumados de preocupaciones y de angustias, sobre todo en los últimos tiempos. ¿Por qué nosotros, que nos amamos, habríamos de guardar las distancias? ¿Por qué esperar hasta la edad conveniente? ¿Por qué pedir demasiado? Yo me he propuesto ocuparme de mí misma. Él nunca querría causarme un pesar. Razón sobrada para no escuchar más que nuestros corazones y hacernos ambos felices. ¿Por qué no? Sospecho, Kitty, que tú adivinas un poco mi vacilación, la cual, se me ocurre, proviene de mi franqueza que se opone a toda gazmoñería. ¿Crees que debo contarle a papá lo que hago? ¿Es menester que un tercero comparta nuestro secreto? ¿Qué te parece? Perdería su magia, pero, además, al contarlo, ¿me tranquilizaría yo moralmente? Voy a pedirle a *él* su opinión.

¡Así, sí! Todavía tengo muchas cosas que decirle, pues las caricias por sí solas no lo son todo. Confiar nuestros pensamientos... Para eso es menester ser el uno del otro. Reconocer esta base de confianza nos hará más fuertes a ambos.

Tuya.   ANA

Martes, 18 de abril de 1944.

Querida Kitty:

Todo marcha bien aquí. Papá acaba de decir que seguramente pueden esperarse para antes del 20 de mayo operaciones en gran escala, tanto en Rusia como en Italia y en todo el Occidente; la idea de salir de aquí y de recuperar la libertad me parece cada vez más lejana.

Ayer tuve con Peter una conversación retardada desde por lo menos diez días. Se lo expliqué todo a propósito de las muchachas, y le hablé sin escrúpulos de las cosas más íntimas. La velada terminó con un beso recíproco, muy cerca de mi boca: es en verdad una sensación maravillosa.

Pienso llevar un día de estos mi libro de bella prosa, a fin de que profundicemos juntos ciertas cosas. No veo ninguna satisfacción de estar diariamente en los brazos el uno del otro, y preferiría saber que él piensa lo mismo.

Tras nuestro invierno clemente, hemos tenido una primavera magnífica; el mes de abril es espléndido, ni demasiado calor ni demasiado frío, con algún pequeño chaparrón de vez en cuando. El verdor de nuestro castaño va desplegándose y, aquí y allá, hasta se ven sus pequeños frutos.

El sábado, una encantadora atención de Elli: cuatro ramitas de flores; tres ramos de narcisos y un ramo de jacintos silvestres, este último para mí.

El álgebra me aguarda, Kitty. Hasta la vista.

Tuya.   ANA

Miércoles, 19 de abril de 1944.

Querida Kitty:

¿Hay algo mejor en el mundo que mirar la naturaleza por una ventana abierta, oír gorjear a los pájaros, las mejillas calentadas por el sol y tener en los brazos a un muchacho al que se quiere?

Su brazo en torno mío, me siento muy bien y muy segura, pegada a él, sin decir palabra. No es posible que esté mal, pues esta tranquilidad es bienhechora. ¡Ah, con tal que nadie venga a estorbarnos nunca, ni siquiera Mouschi!

Tuya.   ANA

Jueves, 27 de abril de 1944.

Querida Kitty:

Esta mañana, la señora Van Daan ha estado malhumorada, quejándose sin cesar. Primero, sobre su resfrío: no tiene pastillas y está cansada de sonarse. Además, odia al sol que no brilla, al desembarco que no viene, a la ventana camuflada, etcétera. Nos ha hecho reír de tal manera, que ha terminado por reírse con nosotros.

En este momento estoy leyendo *Keizer Karel V (El emperador Carlos V)*, escrito por un gran profesor de la Universidad de Gotinga; tardó cuarenta años en escribir este libro. En cinco días no he podido leer más que cincuenta páginas. El volumen tiene quinientas noventa y ocho páginas. Puedes calcular el tiempo que deberé dedicarle, ¡y hay un segundo tomo! Pero... es interesante.

Resulta disparatado lo que una escolar puede aprender en un solo día. Por ejemplo, hoy he empezado por traducir del holandés al inglés un fragmento de la última batalla de Nelson. En seguida he proseguido mi historia de los países nórdicos, la guerra de 1700-1721, Pedro el

Grande, Carlos XII, Stanislas Leczinsky, Mazeppa, Von Götz, el Brandeburgo, la Pomerania y Dinamarca... ¡todo ello incluye las fechas! Luego he abordado el Brasil: lectura sobre el tabaco de Bahía, la abundancia del café, los habitantes (un millón y medio) de Río de Janeiro, de Pernambuco y de San Pablo, sin olvidar los del Amazonas. Sus negros, mulatos, mestizos, blancos, con más del cincuenta por ciento de analfabetos, y la malaria. Me quedaba aún tiempo para recorrer un árbol genealógico: Juan el Antiguo, Guillermo Luis, Ernesto Casimiro I, Enrique Casimiro I..., hasta la pequeña Margriet Franciska, nacida en 1943 en Otawa.

Mediodía: en el granero he proseguido mi programa con la historia de las catedrales..., hasta la una. ¡Uf!

Después de las dos, la pobre niña (¡hum, hum!) retorna a los estudios, empezando por los monos de nariz aplastada o puntiaguda. ¿Sabrías decirme cuántos dedos tiene un hipopótamo?

Luego le toca el turno a la Biblia: el Arca de Noé. En seguida, Carlos V, en el cuarto de Peter; «Henry Esmond», de Thackeray, en inglés; cambiar para dedicarse al vocabulario francés y, al final, comparar el Misisipí con el Misuri.

Todavía tengo mi resfrío, y se lo he contagiado a Margot, lo mismo que papá y mamá. ¡Con tal de que Peter no lo contraiga! Él ha insistido para que yo le besara, y me ha llamado su «Eldorado.» ¡No tiene ningún sentido, pobre muchacho! ¡Pero le quiero igualmente!

Tuya.
                                                                ANA

Viernes, 28 de abril de 1944.

Querida Kitty:

Nunca he olvidado mi sueño sobre Peter Wessel (ver principios de enero). Hoy mismo, al pensar en ello, siento su mejilla junto a la mía, dándome la sensación maravillosa de que todo es bueno.

Con mi Peter de aquí, llego a veces a sentir lo mismo, pero nunca había sido con la misma fuerza, hasta... anoche, cuando nos abrazamos en el diván como de costumbre. De repente, la pequeña Ana de todos los días se transformó, y, en su lugar, apareció la segunda Ana, esa que no es audaz, ni chancera, sino que sólo pide ser tierna y querer.

Yo estaba enovillada junto a él y, sintiendo la emoción apoderarse de mí. las lágrimas me subieron a los ojos, una cayó sobre su *overall* en tanto que la otra resbalaba a lo largo de mi nariz. ¿Lo habría notado él? Ningún movimiento lo traicionaba. ¿Tenía la misma emoción que yo? No dijo casi nada. ¿Se percataba de que tenía otra Ana ante sí? Estas preguntas quedan sin respuesta. A las ocho y media me levanté para ir a la ventana, donde siempre nos despedimos. Yo temblaba todavía. Seguía siendo la Ana 2 cuando él se me acercó. Le eché los brazos al cuello y besé su mejilla, y, en el momento de besar la otra, nuestros labios se encontraron y su boca se apretó en la mía. Presas de una especie de vértigo, nos estrechamos el uno contra el otro, y nos besamos como si aquello jamás debiera cesar.

Peter necesita ternura. La jovencita se ha revelado a él por primera vez en su vida; por primera vez también él ha visto que la más traviesa de ellas oculta un corazón y puede transformarse tan pronto como se está solo a su lado. Por primera vez en su vida, él ha dado su amistad, se ha liberado. Nunca, antes, había tenido un amigo o una amiga. Ahora nosotros nos hemos encontrado; yo tampoco le conocía, jamás había tenido un confidente, y de ahí las consecuencias...

Esta misma pregunta que no me abandona: «¿Está bien? ¿Está bien ceder tan ligero, con la misma intensidad y el mismo deseo que Peter? ¿Tengo el derecho yo, una muchacha, de dejarme ir así?» No hay más que una respuesta: «Yo tenía ese deseo... desde hace mucho tiempo, me siento muy sola y ¡por fin he podido consolarme!»

Por la mañana nos mantenemos como siempre, muy bien; por la tarde, bastante bien, salvo algún raro desfallecimiento; por la noche, el deseo del día entero se toma desquite, con el gozo y la dicha de todas las veces precedentes, ambos pensando nada más que el uno en el otro. Cada vez, tras el último beso, yo querría escapar, no mirarle más en los ojos, estar lejos, lejos de él, en la oscuridad, y sola.

¿Y dónde estoy, después de haber bajado los catorce escalones? En la luz brutal, entre las risas y las preguntas de los otros, cuidando de no exteriorizarles nada. Mi corazón es aún demasiado sensible para suprimir de golpe una impresión tal como la de anoche. La pequeña Ana tierna es demasiado rara y no se deja cazar tan fácilmente. Peter me ha emocionado, más profundamente de lo que nunca lo había estado, salvo en sueños. Peter me ha agitado, me ha dado vuelta como a un guante. Después de eso, ¿no tengo derecho, como cualquier otra, de reencontrar el reposo necesario para situar de nuevo el fondo de mi ser?

¡Oh, Peter! ¿Qué has hecho de mí? ¿Qué quieres de mí? ¿En qué va a terminar esto? ¡Ah! Con esta nueva experiencia empiezo a comprender a Elli y a sus dudas. Si yo fuera mayor y si él me pidera que me casase con él, ¿qué le diría? Sé honesta, Ana. Tú no podrías casarte con él, pero dejarle es también difícil. Peter tiene poco carácter todavía, demasiada poca voluntad, demasiado poco valor y fuerza moral. Moralmente, sólo es un niño no mayor que yo; no pide más que la dicha y el apaciguamiento.

¿Es que, en verdad, yo no tengo más que catorce años? ¿Es que soy todavía una tonta escolar? ¿Una personita sin experiencia, de todo punto de vista? No. Yo tengo más experiencia que los demás; poseo una experiencia que pocas personas de mi edad han conocido. Tengo miedo de mí misma, miedo de que mi deseo me arrastre, y miedo de no mantenerme recta, más tarde, con los otros muchachos. ¡Oh, qué difícil es! Existen el corazón y el cerebro, siempre el uno y el otro; cada cual habla en el momento determinado, pero, ¿cómo saber si he elegido bien el momento?

Tuya.

Martes, 2 de mayo de 1944.

Querida Kitty:
El sábado por la noche le pregunté a Peter si no le parecía que yo debía contar algo a papá; consintió, después de alguna vacilación. Eso me alegró, pues era la prueba de un sentimiento puro. Al volver a mi alojamiento, propuse inmediatamente ir a buscar el agua con papá. En la escalera le dije:

—Papá, comprenderás sin duda que cuando me encuentro con Peter no estamos sentados a un metro de distancia el uno del otro. ¿Qué te parece? ¿Está mal eso?

Papá no respondió en seguida; luego dijo:

—No, yo no lo encuentro mal, Ana; pero aquí, en este espacio, restringido, sería preferible que fueras prudente.

Dijo algo más en ese sentido durante nuestro estudio. El domingo por la mañana me llamó para decirme:

—Ana, he reflexionado sobre lo que me has dicho.

Yo empezaba a tener miedo.

—Nuestra permanencia en el Anexo no es la más indicada para el *flirt*. Yo os creía a ambos buenos camaradas. ¿Qué sucede? ¿Se ha enamorado Peter?

—Nada de eso, en absoluto —contesté.

—Sí, desde luego, yo os comprendo muy bien a los dos, pero es preferible que guardéis distancia un poco más; no vayas tan a menudo a su cuarto, apártate un poco, que es mejor para él. En estas cosas, el hombre es activo, y la mujer puede resistirlo. En la vida normal, cuando se circula libremente, es algo bien distinto, tú ves forzosamente a otros muchachos y a amigas, puedes marcharte, practicar deportes, estar al aire libre; pero aquí, viéndoos a cada momento, puede suceder que quieras marcharte sin poder hacerlo; si no me engaño, os veis a cada momento. Sé prudente, Ana, y no le tomes demasiado en serio.

—No lo tomo en serio, papá, pero Peter es muy correcto y muy amable.

—Sí, pero no tiene mucho carácter. Lo influenciaría tan fácilmente lo bueno como lo malo; espero que se mantendrá en su rectitud, porque su fondo es bueno.

Seguimos charlando un poco, y acordé con papá que él hablase también con Peter.

El domingo por la tarde, en el granero, éste me preguntó:

—¿Qué, Ana? ¿Has hablado con tu padre?

—Sí —dije—, iba a contártelo. Papá no ve en ello ningún mal, pero dice que aquí, donde estamos unos sobre otros, eso podría llevar fácilmente a cualquier equívoco...

—Quedó convenido entre nosotros, ¿verdad?, que nunca habría razonamientos. ¡Yo tengo la firme intención de atenerme a eso!

—Yo también, Peter. Pero papá no sospechaba nada, nos creía simplemente buenos camaradas. ¿Te parece que eso no es posible entre nosotros?

—Claro que sí. ¿Y tú?

—Yo también. Le dije a papá que tengo entera confianza en ti. Porque es verdad, Peter. Tengo la misma confianza en ti que en papá. Te estimo lo mismo. Y no me engaño, ¿verdad?

—Espero que no.

(Sentíase intimidado, y enrojeció ligeramente.)

—Yo creo en ti, Peter —dije, prosiguiendo—; estoy segura de que tienes carácter y de que te abrirás paso en la vida.

Hablamos de toda clase de cosas; más tarde, dije además:

—Ya sé que, cuando salgamos de aquí, tú ya no pensarás en mí.

Él se exaltó:

—No es verdad, Ana. ¡Oh, no! ¡Tú no tienes *ningún* derecho a pensar eso de mí!

Me llamaron.

Papá le ha hablado. Él me lo ha dicho hace un momento:

—Tu padre creía que esta camaradería podía muy bien terminar en amor, pero yo le he contestado que los dos nos cuidaríamos de eso.

Papá ha vuelto a decirme que me aparte un poco y que espacie mis visitas al cuarto de Peter, por la noche; pero yo no pienso lo mismo. He dicho que, no solamente me gusta la compañía de Peter, sino que tengo confianza en él; para probárselo, quiero reunirme con él: si no, mi ausencia sería una prueba de desconfianza. Naturalmente, lo hago.

Tuya.   ANA

Miércoles, 3 de mayo de 1944.

Querida Kitty:

Primero, las pequeñas noticias de la semana. La política está de asueto: nada, absolutamente nada que señalar. Poco a poco, me pongo a creer que habrá un desembarco, imposible dejar a los rusos que se las arreglen solos; por lo demás, ellos tampoco se mueven ya en este momento.

¿Te he dicho que nuestro Boche ha desaparecido? Desaparecido sin dejar rastros desde el jueves último. O bien está ya en el cielo de los gatos o bien un aficionado a la carne ha hecho de él un plato delicioso. Quizá alguna muchacha se adornará con su piel. Esta idea entristece a Peter.

Desde el sábado almorzamos a las doce y media; por economía, el desayuno sólo consta de una taza de avena. Las legumbres cuesta aún encontrarlas; para el almuerzo tuvimos ensalada cocida podrida. Ensalada cruda o cocida, espinacas..., ese es nuestro menú; no hay otra cosa, salvo las papas podridas: ¡un artificio delicioso!

No es menester mucha imaginación para comprender esta eterna letanía de la desesperación: «¿De qué sirve esta guerra? ¿Por qué los hombres no pueden vivir en paz? ¿Por qué esta devastación?»

Pregunta comprensible, pero nadie ha encontrado la respuesta final. En realidad, ¿por qué se construyen en Inglaterra aviones cada vez mayores con bombas cada vez más pesadas y, al lado de eso, habitaciones en común para la reconstrucción? ¿Por qué se gasta cada día millones en la guerra y no hay un céntimo disponible para la medicina, los artistas y los pobres?

¿Por qué hay hombres que sufren de hambre, mientras que en otras partes del mundo los alimentos se pudren en el lugar porque sobran? ¡Oh! ¿Por qué los hombres han enloquecido así? Jamás creeré que únicamente los hombres poderosos, los gobernantes y los capitalistas sean responsables de la guerra. No. El hombre de la calle se alegra también mucho de hacerla. Si no, los pueblos hace rato que se habrían rebelado. Los hombres han nacido con el instinto de destruir, de masacrar, de asesinar y de devorar; hasta que toda la humanidad, sin excepción, no sufra un enorme cambio, la guerra imperará; las reconstrucciones, las tierras cultivadas serán nuevamente destruidas, y la humanidad no tendrá más que volver a empezar.

A menudo me he sentido abatida, pero nunca aplanada; considero nuestra estada aquí como una aventura peligrosa, que se torna romántica e interesante por el riesgo. Considero como cosa divertida para escribir en mi *Diario* cada una de nuestras privaciones. Me he propuesto, de una vez por todas, llevar una vida diferente de las simples dueñas de casa. Mis comienzos no están exentos de interés, son buenos, y únicamente por eso puedo reírme de una situación cómica en el momento de los más grandes peligros.

Soy joven, muchas de mis cualidades duermen todavía, soy joven y lo suficientemente fuerte para vivir esta gran aventura que forma parte de mí, y me niego a quejarme todo el santo día. He sido favorecida por una naturaleza dichosa, mi alegría y mi fuerza. Cada día me siento crecer interiormente, siento que se aproxima la libertad, que la naturaleza es bella; siento la bondad de cuantos me rodean, ¡y siento hasta qué punto esta aventura es interesante! ¿Por qué habría de desesperarme?

Tuya.   ANA

Viernes, 5 de mayo de 1944.

Querida Kitty:
Papá no está contento de mí; él esperaba que yo, espontáneamente, dejara de subir cada noche al cuarto de Peter. Empieza a juzgar mal esta *Knutscherei*. Esta palabra me horripila oírla. ¿No era ya fuera de lo común hablar de eso? ¿Por qué, entonces, se pone a envenenarme? Pienso discutirlo hoy con él. Margot me ha aconsejado muy bien. He aquí, poco más o menos, lo que me propongo decirle:

«Creo, papá, que tú aguardas de mí una explicación, y aquí la tienes: tú estás decepcionado porque hubieras querido que yo guardase distancias; quieres, sin duda, que a mi edad yo sea una muchacha correcta, tal como tú te la has forjado; pero te engañas.

«Desde que estamos aquí, es decir, desde julio de 1942, y hasta muy recientemente, mi vida no tuvo nada fácil. Si tú pudieras saber cuántas lágrimas derramé de noche, qué desgraciada me sentía, completamente sola, comprenderías mejor por qué quiero reunirme con Peter.

«Eso no se produjo de la noche a la mañana. Llegué a vivir sin el apoyo de mamá o de quienquiera que fuese, a costa de luchas, de muchas luchas y lágrimas; me costó caro llegar a ser tan independiente como lo soy ahora. Puedes reírte y no creerme, pero eso no me importa. Tengo conciencia de haber crecido sola, y no me siento en lo más íntimo responsable hacia ustedes. Si te digo todo eso es porque no quiero que pienses que me hago la misteriosa; en cuanto a mis actos, me siento responsable conmigo misma.

«Cuando me debatía completamente sola, todos vosotros, y tú también, cerrasteis los ojos y os tapasteis los oídos; no me ayudasteis; al contrario, sólo recibí regaños porque era demasiado estruendosa. Al llamar así la atención, yo pensaba hacer callar mi pena, me obcecaba por hacer callar aquella voz interior. Durante más de un año y medio interpreté la comedia, día tras día, sin quejarme, sin apartarme de mi papel, sin desfallecer. Ahora la lucha ha terminado. He ganado, tengo mi desquite. Soy independiente de cuerpo y de espíritu, ya no necesito una madre; me he vuelto fuerte a fuerza de luchar.

«Y ahora que tengo la certidumbre de haberme tomado el desquite, quiero proseguir sola mi camino, el camino que me parece que es el bueno. Tú no puedes, no debes considerarme como una niña de catorce años, porque todas estas miserias me han envejecido; me propongo obrar según mi conciencia, y no deploraré mis actos.

«Desde luego, podrás impedirme que me reúna con Peter. O me lo prohibes por la fuerza, o confías en mí en todo y para todo, ¡y me dejas en paz!»

Tuya.   ANA

Sábado, 6 de mayo de 1944.

Querida Kitty:

Ayer, antes de cenar, puse en el bolsillo de papá una carta conteniendo lo que ya te he explicado: Estuvo agitado toda la noche, según Margot (yo estaba lavando los platos, arriba). ¡Pobre Pim! ¡Qué impresión debe de haberle causado esa lectura! ¡Es tan sensible! Advertí inmediatamente a Peter para que no le dijera ni le preguntase nada. Pim no ha tratado ya de discutir el incidente conmigo. ¿Será partida ganada?

Todo marcha suavemente. Las noticias de afuera son increíbles: media libra de té cuesta trescientos cincuenta florines; una libra de café, ochenta florines, la manteca, treinta y cinco; cada huevo, uno cuarenta y cinco. ¡Se paga catorce florines por cien gramos de tabaco! Todo el mundo trafica en el mercado negro. Cada chiquillo tiene algo que ofrecer. El muchacho del panadero nos ha conseguido unos hilitos de seda para zurcir al precio de noventa centavos; el lechero se ocupa de falsas tarjetas de racionamiento, y un empresario de pompas fúnebres negocia con el queso. Cada día hay un asalto, un asesinato o un robo; los agentes de policía participan en ellos como profesionales, pues cada cual quiere llenar su estómago, de una u otra manera; como está prohibida toda alza de salarios, la gente se ve impelida al delito. La policía tiene su trabajo en buscar a los niños perdidos; cada día desaparecen muchachas de quince, dieciséis y diecisiete años.

Tuya.   ANA

Domingo por la mañana, 7 de mayo de 1944.

Querida Kitty:

Gran conversación con papá, ayer por la tarde: yo lloré terriblemente, y él lloró conmigo. ¿Sabes lo que me dijo, Kitty?

—He recibido muchas cartas en mi vida, ¡pero ésta es la más hiriente de todas! Ana, tan querida siempre por tus padres, por unos padres que siempre han estado dispuestos a defenderte y siempre lo han hecho, ¿tú pretendes no tener ninguna responsabilidad con nosotros? Pretendes que te abandonamos, que te dejamos sola, que no te hacemos justicia... No, Ana. ¡Eres tú quien comete un grave error al ser así de injusta! Quizá no querías decir eso. Pero lo has escrito. ¡No, Ana! ¡Nosotros no hemos merecido semejante reproche!

¡Oh, es horrible cometer tal error! Es la cosa más innoble que yo haya hecho en mi vida. Para que él me respetase, yo no he hecho más que empecinarme, hablando de mis lágrimas y de mi pesar con la presunción de una persona mayor. He tenido una gran pena, desde luego, pero acusar de esa manera al bueno de Pim, él que lo ha hecho todo por mí y sigue haciéndolo, era más que innoble.

Tanto mejor si se me ha hecho salir de mi torre de marfil. Tanto mejor si mi orgullo ha recibido un pequeño impacto. Porque yo era demasiado presuntuosa. ¡Señorita Ana, lo que usted ha hecho está lejos de ser perfecto! ¡Causar semejante pesar a alguien a quien se dice querer, e intencionalmente por añadidura, no es más que una bajeza, una gran bajeza!

Lo que más me avergüenza es cómo papá me ha perdonado; va a quemar la carta, y se ha vuelto tan amable conmigo que se creería que él es el culpable. ¡No, Ana! ¡Tú tienes todavía mucho que aprender! ¡En lugar de encarar a los demás y acusarlos, harías mejor en volver a empezar!

He tenido mis penas, sí. Pero todos los de mi edad pasan por eso, ¿verdad? Yo interpretaba una comedia antes de tener conciencia de lo que hacía: me sentía sola, pero rara vez vencida. Hay que avergonzarse de eso, y me avergüenzo terriblemente.

Lo hecho, hecho está; pero es posible corregirse. Volver a empezar desde el principio, quiero hacerlo, y no debe de ser demasiado difícil, pues tengo a Peter. ¡Con su apoyo podré hacerlo!

Ya no estoy sola en el mundo. Él me quiere, yo le quiero, tengo mis libros, los cuentos que escribo y mi *Diario*; no soy demasiado fea, ni demasiado tonta; soy alegre de naturaleza... y se trata también de tener buen carácter. ¡Ese es, pues, mi propósito!

Sí, Ana. Tú te has dado bien cuenta. Tu carta era demasiado dura, y un gran error; y, por si fuera poco, ¡te sentías orgullosa de haberla escrito! Tomando ejemplo de papá, conseguiré enmendarme.

Tuya. ANA

Lunes, 8 de mayo de 1944.

Querida Kitty:

En el fondo, aún no te he contado nada de mis orígenes, ¿verdad? Creo que no, y es una razón para empezar en seguida. Los padres de papá eran muy ricos. Su padre había hecho fortuna solo, y su madre provenía de una familia afortunada y distinguida. La juventud de papá fue, pues, una vida de «hijo de papá», cada semana, sarao, baile o fiesta, residencias suntuosas, lindas muchachas, banquetes, etcétera. Todo ese dinero se perdió con la Primera Guerra Mundial y la inflación. Papá, con su educación esmerada, debió reírse ayer cuando, por primera vez en su vida de cincuenta y cinco años, tuvo que rasquetear a fondo la estufa.

Mamá proviene también de padres ricos. A menudo escuchamos boquiabiertos sus historias de fiestas de esponsales con doscientos cincuenta invitados, cena y bailes de sociedad. Ahora ya no puede llamársenos ricos, pero confío en que nos reharemos después de la guerra.

Contrariamente a mamá y a Margot, te aseguro que yo no me contentaría con una pequeña vida restringida. Me gustaría ir un año a París y un año a Londres, para estudiar las lenguas y la historia del arte. ¡Comparado con Margot, que aspira a ser comadrona en Palestina! Tengo todavía llena la imaginación de hermosos vestidos y de personas interesantes. Como ya te lo he dicho, querría ver algo del mundo, adquirir alguna experiencia. Para eso, un poco de dinero no vendría mal.

Esta mañana, Miep nos ha hablado de una fiesta de compromiso a la que estuvo invitada. Tanto el novio como la novia pertenecen a familias adineradas; resultó, pues, particularmente elegante. Miep nos ha embobado con su descripción del menú: sopa de legumbres con albondiguillas de carne, queso, panecillos, entremeses con huevos, rosbif, torta de moka, vinos y cigarrillos, todo a discreción (mercado negro).

Miep se bebió diez vasos de aguardiente. No está mal para una antialcoholista, ¿eh? Si ella hizo así, me pregunto en cuánto la habrá sobrepasado su marido. Naturalmente, todos los invitados estaban un poco achispados. Entre ellos, había dos policías militares que fotografiaron a los novios. Dijérase que Miep no puede olvidar un solo instante a sus protegidos clandestinos: sabiendo que ellos eran de los «buenos», anotó inmediatamente el nombre y la dirección de esos hombres, por si alguna vez hubiera necesidad de ellos.

Miep ha conseguido que nuestra boca se hiciera agua. Nosotros que nos contentamos para el desayuno con dos cucharadas de sopa de avena y que tenemos el estómago vacío la mayor parte del tiempo por no comer más que espinacas medio cocidas (para conservar las vitaminas) y papas podridas, ensalada cruda o cocida, y nuevamente espinacas. Nos morimos de hambre, en la espera de llegar a ser tan fuertes como Popeye... ¡aunque de esto no tenga la menor prueba!

Si Miep hubiera podido llevarnos a esa fiesta de compromiso, seguramente no habríamos dejado un solo panecillo a los otros invitados. Puedo decirte que estábamos literalmente pegados a ella, sacándole las palabras de la boca, como si nunca jamás hubiésemos oído hablar de cosas buenas y de personas distinguidas.

Y esto rige para las nietas de un millonario. ¡Qué extrañas vueltas da la vida!

Tuya.

ANA

Martes, 9 de mayo de 1944.

Querida Kitty:
Mi cuento *Ellen, el hada buena*, está terminado. Lo he vuelto a copiar en un hermoso papel de cartas, con algunos adornos en tinta roja, y lo he cosido todo. No queda mal, pero ¿no es demasiado poco para el aniversario de papá? No lo sé. Margot y mamá han compuesto, cada una, una felicitación en verso.

Esta tarde, el señor Kraler ha venido con la noticia de que la señora M., que antes trabajaba en el negocio haciendo demostraciones, ha expresado el deseo de venirse a hacer su café a la oficina, todos los días, a las dos. ¿Comprendes? Ninguno de nuestros protectores podrá ya subir a nuestra casa, las papas ya no podrán sernos entregadas, el amuerzo de Elli quedará suprimido, el W.C., nos será prohibido, no podremos movernos, etcétera.

Nos hemos devanado los sesos, todos, para encontrar pretextos que la disuadieran de su proyecto. El señor Van Daan ha sugerido que se le pusiera en su café un laxante enérgico.

—¡Ah, no! —respondió el señor Koophuis—. Todo menos eso, porque no saldría nunca de la incubadora.

Carcajadas.

—¿De la incubadora? —preguntó la señora—. ¿Qué significa eso?

—¿Puede emplearse siempre esa palabra? —volvió a inquirir ella, con toda ingenuidad.

—¡Qué esperanza! —repuso Elli, riendo—. Si entra usted en una gran tienda y pregunta dónde queda la incubadora, nadie la comprenderá.

Hace buen tiempo, Kitty. Un tiempo espléndido. ¡Ah, si pudiera salir!

Tuya.

ANA

Miércoles, 10 de mayo de 1944.

Querida Kitty:
Anteayer, en el granero, estábamos con nuestra lección de francés, cuando oí de pronto que caía agua. Iba a preguntarle a Peter lo que era, cuando él ya había corrido a la buhardilla, donde estaba la causa del desastre. Mouschi, al encontrar su «incubadora» demasiado mojada, hacía sus necesidades al lado, en tanto que Peter, con mano firme, quería poner al gato en el lugar indicado. Prodújo-

se un estrépito, y el culpable, cuando hubo terminado, huyó por la escalera.

Sin embargo, Mouschi había tratado de utilizar en parte su recipiente con aserrín. Sus orines resbalaron de la buhardilla, por una rendija, al techo del granero y, desgraciadamente, precisamente encima de las papas. Y como el techo del granero no está desprovisto de pequeños agujeros, gotas amarillas cayeron sobre un montón de medias y algunos libros que se hallaban sobre la mesa. Yo me moría de risa, a tal punto el incidente resultaba cómico: Mouschi metido debajo de una silla, Peter con el agua de cloro y un trapo, y Van Daan calmando a todo el mundo. El desastre fue rápidamente remediado, pero nadie ignora que el pipí de gato exhala un hedor espantoso. No sólo las papas de ayer nos dieron la prueba flagrante, sino que el aserrín que papá ha quemado lo demostraba también.

Tuya. ANA

P. S. Ayer y esta noche, transmisión de nuestra bienamada reina, que se toma vacaciones a fin de regresar a Holanda con nuevas fuerzas. Ha hablado de su regreso en un porvenir cercano, de liberación, de valor heroico y de pesadas cargas.

En seguida, un discurso del ministro Gerbrandy. Por último, un sacerdote ha implorado a Dios para que vele por los judíos y por todos cuantos se encuentran en los campos de concentración, en las cárceles y en Alemania.

Tuya. ANA

Jueves, 11 de mayo de 1944.

Querida Kitty:

Te parecerá extraño, pero estoy tan ocupada en este momento que me falta tiempo para terminar todo el trabajo que se me ha acumulado. ¿Quieres saber todo lo que tengo que hacer? Pues bien, mañana tendré que terminar la *Vida de Galileo*, porque hay que devolver el libro a la biblioteca. Hasta ayer no empecé, pero conseguiré terminarlo.

Para la semana próxima tengo que leer *Palestina op de Tweesprong (La encrucijada de Palestina)* y el segundo tomo de *Galileo.* Ayer terminé la primera parte de la *Vida de Carlos V,* y tengo gran necesidad de ordenar todas las notas y los árboles genealógicos. Tengo, además, las notas de otros libros, en total tres páginas de palabras extranjeras por recopilar y que tendré que aprenderme de memoria. Hay también mi colección de artistas de cine, que se ha transformado en tamaño revoltijo, que me es absolutamente necesario clasificarla: pero este caos me llevaría algunos días, y me temo que tendrá aún que quedarse abandonada a su suerte, por el momento, pues la profesión Ana, como ya te dije, se siente desbordada.

Teseo, Edipo, Orfeo y Hércules me aguardan; aguardan que mi cabeza se ponga en orden, porque sus acciones se han introducido en ella como un tejido de hilos embrollados y multicolores. Myron y Fidias también tienen necesidad urgente de ser tratados, pues, si no, corren el riesgo de desaparecer del cuadro. Pasa lo mismo, por ejemplo, con la guerra de Siete Años y la de Nueve Años; es para mí una confusión inextricable. ¡Cómo hacer con una memoria tan desdichada como la mía! ¡Prefiero no pensar lo que será cuando tenga ochenta años!

Y me olvido de la Biblia... Me pregunto cuánto tiempo tardaré en llegar a Susana en el baño. ¿Y qué quieren decir con los crímenes de Sodoma y Gomorra? ¡Qué de preguntas y qué de cosas por aprender! He abandonado completamente a *Liselotte von der Pfalz*. Ya ves, Kitty, que me siento desbordada.

Ahora, otra cosa. Ya sabes desde hace tiempo cuál es mi mayor anhelo: llegar un día a ser periodista, y más tarde escritora célebre. ¿Seré capaz de concretar mi ambición? ¿O es mi manía de grandeza? Habrá que verlo, pero hasta aquí los temas no me faltan. En todo caso, después de la guerra, querría publicar una novela sobre el Anexo. No sé si lo conguiré pero mi *Diario* me servirá de documento. Además del Anexo, se me han ocurrido otros temas. Ya te hablaré de ellos largamente, cuando haya cobrado forma.

Tuya. ANA

Sábado, 13 de mayo de 1944.

Querida Kitty:
Ayer, por fin, fue el aniversario de papá, coincidiendo con sus diecinueve años de matrimonio. La sirvienta no estaba en la oficina, y el sol brillaba como no había brillado todavía en 1944. Nuestro castaño está en plena floración, de arriba abajo, sus ramas pesadamente cargadas de hojas, y mucho más hermoso que el año pasado.

Koophuis ha regalado a papá una biografía de Linneo. Kraler, un libro sobre la naturaleza. Dussel, *Amsterdam te Water*. Van Daan se ha presentado con una enorme caja, adornada con una envoltura ultraartística y conteniendo tres huevos, una botella de cerveza, una

botella de yogurt y una corbata verde. Al lado de esto, nuestro tarro de dulce pareció insignificante. Mis rosas huelen deliciosamente bien, y los claveles de Miep y de Elli, aunque sin olor, son muy bonitos. Pim ha sido muy agasajado. Hiciéronse venir cincuenta tortitas: ¡exquisitas, maravillosas! Papá ha obsequiado bizcochos, cerveza a los caballeros y yogurt a las damas. Todo el mundo ha disfrutado.
Tuya.   ANA

Martes, 16 de mayo de 1944.

Querida Kitty:
Para cambiar un poco, después del tiempo que callo sobre el tema, te comunico una pequeña discusión de anoche entre el señor y la señora Van Daan.
Señora.—Los alemanes deben de haber reforzado el Muro del Atlántico de manera insospechada. Harán cuanto esté en su poder por impedir a los ingleses que desembarquen. A pesar de todo, ¡es formidable esa fuerza de los alemanes!
Señor.—¡Sí, sí! Colosal.
Señora.—Sí...
Señor.—A la larga, ganarán todavía la guerra. ¡Son tan fuertes esos alemanes!
Señora.—Es muy posible. Aún no estoy convencida de lo contrario.
Señor.—Prefiero no seguir contestando.
Señora.—Pero no puedes impedírtelo. Es superior a ti mismo.
Señor.—¿Qué quieres? Contesto para no decir nada.
Señora.—Pero, de todos modos, contestas, aun cuando sólo sea por querer tener razón. Sin embargo, tus pronósticos están siempre lejos de ser justos.
Señor.—Hasta ahora, nunca me he equivocado.
Señora.—¡Es falso! Opinabas que el desembarco sería para el año pasado, que Finlandia ya habría firmado la paz, que Italia quedaría liquidada durante el invierno, que los rusos tomarían a Lemberg. ¡Oh, no! Decididamente, tus pronósticos no valen mucho.
Señor (levantándose).—Bueno, ¿quieres cerrar el pico? ¡El día en que yo tenga razón, ya te lo demostraré! Estoy ya hasta la coronilla de tus tonterías y espero el momento de restregártelo todo por la nariz.

FIN DEL PRIMER ACTO

Yo hubiera querido soltar la risa, y mamá también. Peter se mordía los labios. ¡Oh, esa insuficiencia de los mayores! Antes de proferir sus observaciones delante de los hijos, sería mejor que comenzasen a aprender algo.

Tuya.   ANA

Viernes, 19 de mayo de 1944.

Querida Kitty:

Desde ayer, no me siento bien, y he vomitado. (¡Y eso, para Ana...!) He tenido dolor de vientre y todas las calamidades imaginables. Hoy, estoy un poco mejor, tengo mucha hambre, pero prefiero abstenerme de los porotos colorados esta noche.

Todo sigue bien entre Peter y yo. El pobre muchacho necesita, mucho más que yo, alguna ternura. Se ruboriza aún cada noche en el beso de adiós, y nunca deja de mendigar otro. ¿Seré yo lo bastante buena para consolarle de la pérdida de Boche? Eso no importa, porque él es muy dichoso desde que sabe que alguien le quiere.

Después de mi difícil conquista, domino un poco la situación. Pero no hay que pensar que mi amor haya menguado. Peter es un encanto, pero en lo que a mí concierne, en lo que se vincula con el fondo de mí misma, lo he cerrado nuevamente, en seguida. Si él quiere romper la armadura una vez más, necesitará una lanza mucho más firme.

Tuya.   ANA

Sábado, 20 de mayo de 1944.

Querida Kitty:

Anoche, al volver del cuarto de Peter y entrar en casa, vi el florero de los claveles por el suelo, a mamá de rodillas con un trapo y a Margot tratando de pescar mis papeles.

—¿Qué sucede? —pregunté, con aprensión, quedándome inmóvil en el lugar.

Mi carpeta de árboles genealógicos, mis cuadernos, mis libros, ¡todo flotaba! Estuve a punto de llorar, y tan conmovida que hablé a tontas y a locas, no recuerdo qué, pero Margot me ha repetido exageraciones tales como «irrevocablemente perdido, espantoso, horrible, irreparable» y Dios sabe qué más. Papá se echó a reír, así como Margot y mamá; pero yo, yo tenía lágrimas en los ojos viendo perdido todo mi trabajo y mis minuciosas notas.

El «daño irreparable», visto de cerca, no era tan grave. En el granero, despegué cuidadosamente todos los papeles y los colgué a secar. Viéndolos, yo también solté la risa: María de Médicis pendía al lado de Carlos V, y Guillermo Orange al lado de María Antonieta, lo que hizo decir a Van Daan: *Rassenschande* (profanación de raza). Confié a Peter el cuidado de mis papelotes, y escapé.

—¿Cuáles son los libros estropeados? —pregunté a Margot, que examinaba mi tesoro.

—El álgebra —dijo Margot.

Acudí en seguida para ver, pero lamento decir que ni mi libro de álgebra estaba en mal estado; nunca he detestado tanto un libro como ese mamotreto. En la hoja de la portadilla figuran los nombres de por lo menos veinte propietarios precedentes; está viejo, amarillento, cubierto de garabatos y de correcciones: ¡Un día me volveré vándala, y haré trizas ese volumen innoble!

Tuya.

ANA

Lunes, 22 de mayo de 1944.

Querida Kitty:

Papá perdió, el 12 de mayo, una apuesta con la señora Van Daan, a quien ha entregado cinco tarros de yogurt. El desembarco no se ha efectuado aún; puedo decir con absoluta certeza que toda Amsterdam, toda Holanda, sí, toda la costa occidental de Europa hasta España no hace más que hablar y discutir el desembarco, apostar y... esperar.

La atmósfera de espera no puede ser más tensa. Una buena parte de aquellos que nosotros incluimos entre los «buenos» holandeses han dejado de creer en los ingleses; todo el mundo no se conforma con el famoso *bluff* inglés —¡oh, no, lejos de eso!—; hay quienes necesitan por fin pruebas, acciones grandes y heroicas. Nadie mira más allá de la punta de su nariz, nadie piensa en los ingleses como personas que se defienden y pelean por su país; todo el mundo cree que están obligados a salvar a Holanda lo más rápidamente y lo mejor posible.

¿Qué obligaciones han contraído los ingleses con nosotros? ¿De qué manera los holandeses han merecido esa ayuda generosa que esperan con tanta seguridad? Por triste que sea, los holandeses pueden prepararse para las decepciones; a despecho de todo su *bluff,* Inglaterra no tiene más que reprocharse que los otros países grandes y chicos actualmente ocupados. Sin duda, los ingleses no vendrán a presentarnos sus excusas; porque si nosotros podemos reprocharles que se hayan dormido durante los años en que Alemania se armaba, no podríamos negar que todos los demás países, sobre todo los limítrofes de Alemania, se durmieron lo mismo. La política del avestruz de nada nos serviría. Inglaterra y el mundo entero lo saben muy bien. Por eso los aliados, todos y cada uno, y sobre todo Inglaterra, se verán obligados a hacer penosos sacrificios.

Ningún país querrá sacrificar a sus hombres en el interés de otro país, e Inglaterra no será la excepción. El desembarco, la liberación y la libertad vendrán un día, pero la hora será fijada por Inglaterra y Norteamérica, y no por un conjunto de territorios ocupados.

Con nuestro gran pesar, que nos tiene consternados, hemos sabido que muchas personas se han vuelto contra los judíos. Hemos oído decir que el antisemitismo se ha apoderado de ciertos círculos donde, antes, jamás se hubiera pensado en eso. Los ocho nos sentimos profundamente, muy profundamente emocionados. La causa de este odio contra los judíos es plausible, a veces hasta humana, pero es inadmisible. Los cristianos reprochan a los judíos que, ante los alemanes, tengan la lengua demasiado larga, traicionando a sus protectores y haciendo sufrir a los cristianos, por culpa de ellos, la suerte horrible y la tortura de tantos de nosotros.

Todo es verdad, pero hay que ver el reverso de la medalla, como en ningún otro caso. ¿Los cristianos, en nuestro lugar, obrarían diferentemente? ¿Un hombre, sea judío o cristiano, puede callarse ante los medios de que se sirven los alemanes? Todo el mundo sabe que eso es casi imposible. ¿Por qué, entonces, exigir lo imposible de los judíos?

En los grupos de la Resistencia corre un rumor vinculado a los judíos alemanes otrora emigrados en Holanda, y actualmente en los campos de concentración de Polonia: éstos no podrían, después de la derrota de Hitler, regresar a Holanda, donde tenían el derecho de asilo; se les obligaría a volver a Alemania.

Oyendo eso, ¿no es lógico que nos preguntemos por qué se sostiene esta guerra larga y penosa? ¡Se nos ha repetido siempre que nosotros combatimos juntos por la libertad, la verdad y el derecho! Si ya se declara la división en pleno combate, ¿y el judío saldrá de él inferior a algún otro, una vez más? ¡Oh! Es triste tener que admitir el viejo aforismo: «De la mala acción de un cristiano es este mismo responsable; la mala acción de un judío recae sobre todos los judíos.»

Francamente, no puedo comprender eso de los holandeses, este pueblo bueno, honrado y leal que, al juzgarnos así, juzga al pueblo más oprimido, al más desgraciado y quizá al más digno de compasión del mundo entero.

Sólo me resta confiar que esta ola de odio contra los judíos será pasajera, que los holandeses se mostrarán bien pronto tales como son, guardando intactos su sentido de la justicia y su integridad. Porque el antisemitismo es injusto.

Y si este horror tuviera verdaderamente que suceder, el pobre puñado de judíos que queda en Holanda terminaría por dejarla. También nosotros liaríamos nuestros petates y reanudaríamos la marcha, abandonando a este hermoso país que tan cordialmente nos recibió y que, sin embargo, nos vuelve la espalda.

Quiero a Holanda. Hasta había confiado en que me serviría de patria, a mí, apátrida, y sigo esperándolo.

Tuya.   ANA

Jueves, 25 de mayo de 1944.

Querida Kitty:

Todos los días ocurre algo. Esta mañana, nuestro proveedor de legumbres ha sido arrestado: tenía a dos judíos en su casa. Es un golpe terrible para nosotros, no sólo porque dos pobres judíos más se hallan al borde del abismo, sino porque el proveedor se encuentra también en el mismo trance.

El mundo está trastornado; personas decentes son enviadas a los campos de concentración, a las prisiones, o todavía tiemblan en las celdas solitarias, en tanto que la hez gobierna a jóvenes y viejos, a ricos y pobres. Uno se deja atrapar por mercado negro, otro por haber albergado a judíos o a rebeldes; quien no está en contacto con la N.S.B. jamás sabe lo que le sucederá mañana.

¡Cómo vamos a notar la falta de nuestro proveedor de legumbres! Miep y Elli no podrán encargarse de semejantes bolsas de papas sin llamar la atención; lo único que nos queda por hacer es comer menos. Te cuento, pues, cómo vamos a arreglarnos; no será divertido. Mamá ha propuesto que suprimamos el desayuno, comer la avena en el almuerzo y papas saltadas por la noche, y una o dos veces por semana, como máximo, una legumbre o ensalada. Eso significa el hambre, pero todas estas privaciones no son nada comparadas con el horror de ser descubiertos.

Tuya.   ANA

Viernes, 26 de mayo de 1944.

Querida Kitty:
Por fin un poco de tregua para escribirte tranquilamente sentada a mi mesita, ante una ventana apenas entreabierta.

Tengo un mal humor como no lo he conocido desde hace meses; ni siquiera después del robo me sentí en este estado; completamente descentrada. Por una parte, el proveedor de legumbres, el problema de los judíos —del que todo el mundo habla sin cesar—, el desembarco que se hace esperar, la mala alimentación, la tensión nerviosa, la atmósfera deprimente, mi decepción con respecto a Peter; y, por otra parte, historias como para soñar: el noviazgo de Elli, recepción el día de Pentecostés, flores, etcétera; luego el cumpleaños de Kraler, con dulces, salidas a los cabarets, cine y conciertos. ¡Esta diferencia, este enorme contraste!... Un día nos reímos de lo cómico de nuestra vivienda forzosa; otro —es decir, la mayoría de los días— temblamos de miedo; la ansiedad, la espera y la desesperación son visibles en cada rostro.

Más que los otros, Miep y Kraler notan sobre ellos el peso de nuestra vida en el Anexo; Miep interrumpida en su trabajo, y Kraler anonadado a la larga por la gran responsabilidad que ha contraído; se mantiene aún dueño de sus nervios demasiado tensos, pero hay momentos en que apenas si logra pronunciar una palabra. Koophuis y Elli, aun ocupándose bien —y hasta muy bien— de nosotros, tienen sin embargo más respiro, algunas horas de ausencia —un día, a veces dos días— que les permiten olvidarse del Anexo. Tienen sus propias preocupaciones, Koophuis sobre su salud, y Elli que acaba de comprometerse en días que no son rosados; y, aparte de eso, tienen sus excursiones, sus visitas, toda una vida de personas libres. Ellos tienen el recurso de alejarse de la atmósfera sombría, aunque sólo sea por poco tiempo; para nosotros, la tensión siempre va en aumento. Ya hace años que esto dura, ¿y cuánto tiempo vamos a poder resistir esta presión insoportable y más fuerte cada día?

Como los desagües están obstruidos, debemos hacer correr el agua con cuentagotas; vamos al W.C. provistos de un cepillo, y conservando el agua sucia en un enorme recipiente. Hoy, eso puede pasar, pero ¿qué vamos a hacer si el plomero no puede arreglárselas solo? El servicio de higiene no viene hasta el martes.

Miep nos ha enviado un pan de centeno con la inscripción: «Feliz Pentecostés.» Esto suena casi a burla. ¿Cómo ser «feliz» en el estado en que nos hallamos? Tras el arresto del proveedor de legumbres, el miedo reina a más no poder. ¡Chist, chist!, por todos lados. Todo se hace a la chita callando. ¡Si la policía ha forzado la puerta del proveedor de legumbres, nosotros estamos tan expuestos como él! Si nosotros... No. No tengo el derecho de escribirlo, pero hoy esta cuestión no quiere abandonarme; al contrario, toda la angustia por la cual ya he pasado se impone nuevamente a mí en toda su amplitud.

Esta noche, al ir al W.C. alrededor de las ocho, he tenido que dejar el piso de los Van Daan, donde todos estaban reunidos alrededor de la radio; quería ser valerosa, pero era difícil. Con los otros, me siento todavía en seguridad relativa, pero completamente sola, sé que la casa es grande y que está abandonada; los ruidos de arriba, ensordecidos, son misteriosos; además, hay los bocinazos de afuera. Tiemblo cuando eso no marcha bastante de prisa, viendo una vez más nuestra situación presentarse a mi espíritu.

Más de una vez me pregunto si, para todos nosotros, no habría valido más no ocultarnos y estar muertos a la hora presente, antes de pasar por todas estas calamidades, sobre todo por nuestros protectores, que, al menos, no estarían en peligro. Ni siquiera este pensamiento nos hace retroceder: amamos todavía la vida, no hemos olvidado la voz de la naturaleza, y seguimos esperando, a pesar de todo. Que algo acontezca bien pronto, que lleguen las bombas si es necesario, porque ellas no podrían aplastarnos más que esta inquietud. Que llegue el fin, aunque sea duro; al menos sabremos si, en fin de cuentas, debemos vencer o perecer.

Tuya.

ANA

Miércoles, 31 de mayo de 1944.

Querida Kitty:

Un nuevo incidente en el Anexo: los Frank han reñido con Dussel por una insignificancia: la partición de la manteca.

Capitulación de Dussel. Gran amistad entre este último y la señora Van Daan, flirt, besitos y sonrisas de miel. Dussel tiene necesidad de mujer.

Roma ha sido tomada por el 5º Ejército, sin devastación ni bombardeos.

Pocas legumbres, pocas papas. Mal tiempo. El Paso de Calais y la costa francesa están constantemente bajo las bombas.

Tuya.

ANA

Martes, 6 de junio de 1944.

Querida Kitty:
«Hoy, D-Day», ha dicho la B.B.C. a mediodía, y con razón: *This is the day,* ¡el desembarco ha comenzado!
Esta mañana, a las ocho, la B.B.C. anunció el bombardeo en gran escala de Calais, Boloña, El Havre y Cherburgo, y también del Paso de Calais (como de costumbre). Medidas de precaución para los territorios ocupados: todos los habitantes en la zona que se extiende a treinta y cinco kilómetros de la costa están expuestos a los bombardeos. De ser posible, los aviones ingleses lanzarán bengalas una horas antes.
Según la transmisión alemana, tropas inglesas habrían aterrizado con paracaídas en la costa francesa. Combate entre los buques de desembarco y la marina alemana, según la B.B.C.
Conjeturas en el Anexo, desde las nueve, durante el desayuno: ¿se trata de un desembarco de prueba, como el de Dieppe, hace dos años?
Transmisión inglesa en alemán, holandés, francés y otros del «verdadero» desembarco. Transmisión inglesa en lengua alemana, a las once: discurso del comandante en jefe, el general Dwight Eisenhower.
A mediodía, en lengua inglesa: *Stiff fighting will come now, but after this the victory. The year 1944 is the year of complete victory. Good luck!* («La lucha dura empezará ahora, pero después de ella, la victoria. El año 1944 es el año de la victoria completa. ¡Buena suerte!»
B.B.C., en la lengua inglesa, una hora más tarde: Once mil aviones dejan constantemente caer tropas en paracaídas detrás de las líneas. Cuatro mil navíos, más pequeñas embarcaciones aseguran el servicio constante de transporte de tropas y de material entre Cherburgo y El Havre. Las operaciones de las tropas inglesas y americanas han empezado. Discursos de Gerbrandy, del primer ministro de Bélgica, del rey Haakon de Noruega, de De Gaulle para Francia, del rey de Inglatera, sin olvidar el de Churchill.
El Anexo es un volcán en erupción. ¿Se acerca de veras esa libertad tan largamente suspirada? Esa libertad de la que tanto se ha hablado, ¿no es demasiado hermosa, demasiado feérica para que se transforme en realidad? Este año, 1944, ¿va a darnos la victoria? Aún no lo sabemos, pero la esperanza nos hace renacer, nos devuelve el valor, nos restituye la fuerza. Porque va a ser necesario soportar valerosamente muchas angustias, privaciones y sufrimientos. Se trata de permanecer tranquilos y de resistir. A partir de ahora, y más que

nunca, tendremos que hundirnos las uñas en la carne antes que gritar. Es el momento para Francia, Rusia, Italia y también Alemania de hacer oír su miseria; en cuanto a nosotros, aún no tenemos ese derecho. ¡Oh, Kitty! Lo más hermoso del desembarco es la idea de que podré reunirme con mis amigos. Después de haber tenido el cuchillo en la garganta, de haber estado durante tanto tiempo oprimidos por esos horribles alemanes, no podemos impedirnos de sentirnos impregnados de confianza, al pensar en la salvación y en los amigos.

Ya no se trata de judíos. Ahora se trata de toda Holanda y de toda Europa ocupada. Margot dice que quizá yo pueda ir a la escuela en septiembre o en octubre.

Tuya. ANA

Viernes, 9 de junio de 1944.

Querida Kitty:

El desembarco sigue viento en popa. Los aliados están en Bayeux, un pequeño puerto de la costa francesa, y se lucha por Caen. El objetivo estratégico consiste en rodear la casi isla de Cherburgo. Todas las noches, las transmisiones de los corresponsales de guerra hablan de las dificultades, del valor y del entusiasmo del ejército, citando ejemplos de los más increíbles. Algunos heridos, de regreso en Inglaterra, han hablado también ante el micrófono. La R.A.F. no interrumpe sus vuelos, pese al mal tiempo. Hemos sabido por la B.B.C. que Churchill quería participar con sus hombres del desembarco, pero tuvo que abandonar su proyecto por consejo de Eisenhower y otros generales. ¡Qué coraje para un anciano que tiene setenta años!

Aquí nos hemos repuesto un poco de la emoción, pero confiamos que la guerra termine antes de fin de año. ¡Ya es hora! La señora Van Daan nos aburre con sus tonterías; ahora que no puede ya volvernos locos con el desembarco, la emprende con el mal tiempo todo el santo día. Habría que meterla en una tina llena de agua fría y dejarla en la buhardilla.

Tuya. ANA

Martes, 13 de junio de 1944.

Querida Kitty:

Mi aniversario ha pasado de nuevo. Tengo, pues quince años. He recibido bastantes cosas.

Kunstgeschichte (Historia del arte), de Springer, los cinco tomos; además, un collar, dos cinturones, un pañuelo, dos tarros de yogurt, un frasquito de confitura, un gran bizcocho y un libro sobre botánica, de papá y mamá. Un brazalete doble de Margot, un libro *(Patria)* de los Van Daan, arvejillas de Dussel, bombones y cuadernos de Miep y Elli, y la mejor sorpresa, un libro: *María Theresa,* así como tres tajadas de verdadero queso, de Kraler; un magnífico ramo de peonías de Peter. ¡Pobre muchacho! Se ha esforzado tanto por encontrar algo, pero sin ningún resultado.

El desembarco prosigue a pedir de boca, a pesar del mal tiempo, las tormentas, los torrentes de lluvia y el mar desencadenado.

Churchill, Smuts, Eisenhower y Arnold visitaron ayer, en Francia, los pueblos conquistados y liberados por los ingleses. Churchill hizo la travesía en un submarino que torpedeó la costa. Hay que creer que ese hombre, como tantos otros, desconoce el miedo. ¡Es envidiable!

Desde el Anexo, no podemos pulsar la moral de los holandeses. No cabe duda que la gente se alegra de haber visto a la Inglaterra «incapaz» (!) arremangarse por fin. Todos los holandeses que todavía osan hablar despectivamente de los ingleses que siguen calumniando a Inglaterra y a su gobierno de viejos señores, llamándoles cobardes aun odiando a los alemanes, deberían ser sacudidos como una almohada: el cerebro extraviado necesita encontrar un pliegue mejor.

Tuya.   ANA

Miércoles, 14 de junio de 1944.

Querida Kitty:

Anhelos, deseos, pensamientos, acusaciones y reproches asaltan mi cerebro como un ejército de fantasmas. Yo no me hago muchas ilusiones, como se lo imaginan los demás. Conozco mis innumerables defectos mejor que cualquiera; pero, he ahí la diferencia; yo sé que tengo la firme voluntad de enmendarme, y de llegar a ello, pues ya compruebo un progreso sensible.

Entonces, ¿cómo es posible que todo el mundo siga encontrándome demasiado presuntuosa y tan poco modesta? ¿Soy en verdad tan presuntuosa? ¿Lo soy, realmente, *yo,* o acaso lo son los otros? Esto no conduce a nada, lo comprendo, pero no voy a tachar la última frase, por extraña que sea. La señora Van Daan, mi principal acusadora, es conocida por su falta de inteligencia y, puedo decirlo con toda tranquilidad, por su estupidez. La mayoría de las veces, los tontos no pueden soportar a alguien más inteligente o más despierto que ellos.

La señora me juzga tonta porque soy más veloz que ella para comprender las cosas; juzga que adolezco de inmodestia porque ella adolece mucho más; encuentra mis vestidos demasiado cortos porque los suyos son más cortos aún. También me juzga presuntuosa, porque ella es de eso dos veces más culpable que yo al hablar de cosas de las que no tiene ninguna noción. Mas he aquí uno de mis proverbios predilectos: «Hay algo de verdad en cada reproche.» Y estoy dispuesta a admitir que soy presuntuosa.

Ahora bien, no tengo muy buen carácter, y te aseguro que nadie me regaña y me critica tanto como yo misma. Entonces, si mamá me sigue viniendo con sus buenos consejos, las prédicas se acumulan y se tornan a tal punto insoportables, que, desesperando de no poder nunca salir de eso, me vuelvo insolente y me pongo a contradecirla. Y, por último, recurro al mismo estribillo: «¡Nadie quiere comprenderme!»

Esta idea está anclada en mí, y, por discutible que pueda parecer, hay a pesar de todo una brizna de verdad en eso también. Todas las acusaciones infligidas a mí misma cobran a menudo tales proporciones, que siento sed de una voz reconfortante que restañe esas heridas y que se interese un poco por lo que pasa en mí. ¡Ay! Por mucho que busque, todavía no he encontrado esa voz.

Ya sé que esto te hace pensar en Peter, ¿verdad, Kitty? De acuerdo. Peter me quiere. No como enamorado, sino como amigo. Su devoción aumenta con los días. Sin embargo, lo que nos detiene a los dos, ese misterio que nos separa, yo no lo comprendo. A veces pienso que aquel deseo irresistible que me impelía hacia él era exagerado, pero eso no puede ser verdad: porque si me ocurre no reunirme con él por dos días seguidos, mi deseo es más fuerte que nunca... Peter es bueno y amable, mas no puedo negar que me decepcionan muchas cosas en él. Le reprocho, sobre todo, que reniegue de su religión; además, sus conversaciones sobre la alimentación y otras cosas que me desagradan han revelado varias divergencias entre nosotros. Pero sigo persuadida de que mantendremos nuestro propósito de no reñir nunca. A Peter le gusta la paz, es tolerante y muy indulgente. No permitiría a su madre que le dijera todas las cosas que acepta de mí, y hace denodados esfuerzos por mantener sus cosas en orden. Sin embargo, se mantiene único dueño de su alma: ¿por qué no puedo nunca llegar a ella? Su naturaleza es mucho más cerrada que la mía, es verdad;

pero hasta las naturalezas más reacias sienten en un momento dado la necesidad irresistible de libertarse, tanto y más que las otras; yo estoy aquí para saberlo.

Peter y yo hemos pasado ambos en el Anexo los años en que uno se forma; hablamos y volvemos a hablar siempre del porvenir, del pasado y del presente; pero, como ya te dije, me falta lo esencial, aun sabiendo tácitamente que existe.

Tuya.   ANA

Jueves, 15 de junio de 1944.

Querida Kitty:
Es posible que sea la nostalgia del aire libre, después de estar privada de él por tanto tiempo, pero añoro más que nunca a la naturaleza. Recuerdo también muy bien que, antes, nunca me sentí tan fascinada por un cielo azul deslumbrante, por los pájaros cantores, por el claro de luna, por las plantas y las flores. Aquí, he cambiado.

El día de Pentecostés, por ejemplo, cuando hacía tanto calor, me vi obligada a permanecer despierta hasta las once y media, para mirar completamente sola, por una vez, la luna a través de la ventana abierta. ¡Ay! Este sacrificio no sirvió de nada, pues la luna brillaba con luz demasiado fuerte para que yo me arriesgase a abrir la ventana. Otra vez —hace varios meses de eso—, había subido por casualidad al cuarto de los Van Daan una noche en que su ventana estaba abierta. No los dejé antes de que la cerraran. Noche sombría y lluviosa, tormenta, y nubes fugitivas. Por primera vez desde hacía un año, frente a frente con la noche, me hallaba bajo el imperio de su hechizo. Después de eso, mi deseo de revivir un momento semejante sobrepasaba a mi miedo a los ladrones, a las ratas y a la oscuridad. Una vez, bajé completamente sola para mirar por la ventana de la oficina privada y por la de la cocina. Muchas personas encuentran a la naturaleza bella, muchos pasan la noche en campo raso, los de las cárceles y los hospitales aguardan el día en que podrán de nuevo gozar del aire libre, pero hay pocos que estén como nosotros enclaustrados y aislados con su nostalgia de lo que es accesible tanto a los pobres como a los ricos.

Mirar el cielo, las nubes, la luna y las estrellas me apacigua y me restituye la esperanza; no se trata, en verdad, de imaginación. Es un remedio mucho mejor que la valeriana y el bromuro. La naturaleza me hace humilde, y me preparo a soportar todos los golpes con valor.

Estaba escrito, ¡ay!, se diría, que al mirar —raramente, se entiende— la naturaleza, tenga que verla a través de los vidrios sucios o de visillos cargados de polvo. Mi gozo se desvanece, pues la naturaleza es la única cosa que no tolera ser deformada.
Tuya.   ANA

Viernes, 16 de junio de 1944.

Querida Kitty:

La señora Van Daan está desesperada, y habla de cárcel, de ahorcarse, de suicidio y de meterse una bala en el cráneo. Está celosa porque Peter se confia a mí y no a ella. Se siente humillada porque Dussel no responde suficientemente a sus insinuaciones. Teme que su marido se fume todo el dinero de su abrigo de pieles. Se pasa el tiempo en querellas, insultos, lloros, quejas y risas, para volver a las querellas.

¿Qué hacer de una chiflada que lloriquea sin cesar? Nadie la toma en serio. No tiene ningún carácter, se queja de todo el mundo, provoca la insolencia de Peter, la irritación del señor Van Daan fastidiado, y el cinismo de mamá. Es una situación lamentable. Sólo resta una cosa por hacer: tomar todo eso a chacota y no reparar en los demás. Esto parecerá egoísmo, pero es en puridad el único medio de defensa, cuando uno no puede contar sino consigo mismo.

Kraler ha sido nuevamente convocado para un trabajo obligatorio de cuatro semanas.

Va a tratar de librarse mediante un certificado médico y una carta de negocios. Koophuis piensa en decidirse por la operación de su úlcera. Ayer, a las once, todas las líneas telefónicas particulares fueron cortadas.
Tuya.   ANA

Viernes, 23 de junio de 1944.

Querida Kitty:

Nada especial que señalar. Los ingleses han principiado la gran ofensiva sobre Cherburgo. ¡Pim y Van Daan están seguros de nuestra liberación para antes del 10 de octubre! Los rusos toman parte en las operaciones; ayer comenzaron la ofensiva sobre Witebsk, es decir, tres años después de la invasión alemana.

Ya casi no nos quedan papas; en lo futuro, cada cual contará su parte.
Tuya.

ANA

Martes, 27 de junio de 1944.

Querida Kitty:
La moral se ha elevado. Todo marcha bien, y hasta muy bien. Cherburgo, Witebsk y Slobin han caído hoy. Numerosos prisioneros, gran botín. Los ingleses pueden ahora hacer desembarcar lo que quieran, material y todo, porque tienen un puerto. Tienen todo el Cotentin, tres semanas después del desembarco. ¡Esos ingleses! ¡Qué resultado inaudito! Durante las tres semanas del D-Day, no ha habido un solo día sin lluvia o tormenta, tanto aquí como en Francia; sin embargo, esta mala suerte no ha impedido a los ingleses y a los americanos mostrar su fuerza, ¡y cómo! Aunque la V2, la famosa arma secreta, haya entrado en acción, ello no significa más que algunos destrozos en Inglaterra y material de propaganda para la prensa nazi. Por lo demás, los nazis temblarán aún más al reparar en que el «peligro bolchevique» no está muy lejano.

Todas las mujeres alemanas de la región costera que no trabajan para la Wehrmacht son evacuadas a Groninga, Friesland y la Gueldre, Mussert ha declarado que, en caso de desembarco en nuestra tierra, se pondrá el uniforme de soldado. ¿Va a pelear, ese gordinflón? Hubiera podido empezar un poco antes, en Rusia. Finlandia, que había rechazado los ofrecimientos de paz, ha roto de nuevo las conversaciones; tendrán de qué arrepentirse esos idiotas.

¿Podrías decirme dónde estaremos el 27 de julio?
Tuya.

ANA

Viernes, 30 de junio de 1944.

Querida Kitty:
Mal tiempo, y la radio dice: *Bad weather at a strecht to the 30th of June.*
¡Qué sabihonda!, ¿eh? Desde luego, puedo jactarme de mis progresos en inglés; prueba de ello es que estoy leyendo *An Ideal Husband*, con diccionario. Noticias excelentes: Bobroisk, Mogilef y Orsja han caído. Numerosos prisioneros.

En casa, las cosas están *all right*, la moral sensiblemente mejor. Nuestros optimistas a todo evento triunfan. Elli ha cambiado de peinado. Miep tiene una semana de licencia. He ahí las últimas novedades.

Tuya.   ANA

Jueves, 6 de julio de 1944.

Querida Kitty:

Se me oprime el corazón cuando Peter empieza a decir que más tarde podría muy bien hacerse malhechor o lanzarse en la especulación. Aunque sepa que quiere bromear no por eso tengo menos la impresión de que le asusta su propia debilidad de carácter. Tanto Margot como Peter me repiten siempre: «¡Ah, si se pudiera ser tan fuerte y tan valerosa como tú, tan perseverante! ¡Si se tuviera tu energía tenaz!...»

Yo me pregunto si no dejarse influenciar es verdaderamente una cualidad. Con leve diferencia, yo sigo exactamente el camino de mi propia conciencia; quién sabe si tengo o no razón.

En realidad, me cuesta comprender al que dice: «Yo soy débil», y sigue siendo débil. Ya que se tiene conciencia de ello, ¿por qué no remontar la corriente y enmendar el propio carácter? A esto Peter replica: «Porque es mucho más fácil», lo que me desalienta un poco. ¿Fácil? ¿Quiere decir que una vida perezosa y deshonesta equivale entonces a una vida fácil? No. Me niego a creerlo; no es posible dejarse seducir tan pronto por la debilidad y... el dinero.

He meditado largamente sobre la forma de responderle y de incitar a Peter a tener confianza en sí mismo, sobre todo a enmendarse; pero ignoro si mi razonamiento es justo.

Poseer la confianza de alguien, yo me lo imaginaba maravilloso, y ahora que lo he conseguido, empiezo a ver todo lo difícil que es identificarse con el pensamiento de otro, hallar la palabra cabal para responderle. Tanto más que los conceptos «fácil» y «dinero» son para mí nuevos y totalmente extraños. Peter comienza a depender, poco más o menos, de mí, y yo no lo admitiré, sean cuales fueran las circunstancias. Una persona como Peter ya tiene bastante con sostenerse sobre sus propias piernas, pero aún le será más difícil sobre sus propias piernas como hombre consciente en la vida. Como tal, es doblemente duro obstruirse un camino a través del océano de los problemas, sin dejar de ser recto y perseverante. Eso me vuelve cavilosa; durante días enteros, busco y rebusco un medio radical de curarle de esa palabra terrible: «fácil».

Lo que le parece tan fácil y tan hermoso le arrastrará a una nada donde no hay amigos ni apoyo, ni cualquier cosa vinculada a la belleza; un abismo del que es casi imposible salir. ¿Cómo hacérselo comprender?

Todos nosotros vivimos sin saber por qué ni con qué norte, y siempre buscamos la felicidad; vivimos todos juntos y cada cual de manera diferente. Los tres fuimos educados en buen ambiente, estamos capacitados para el estudio, tenemos la posibilidad de realizar algo, y muchas razones para esperar la felicidad, pero... depende de nosotros el merecerla. Realizar una cosa fácil no demanda ningún esfuerzo. Hay que practicar el bien y trabajar para merecer la dicha, y no se llega a ella a través de la especulación y la pereza. La pereza *seduce*, el trabajo *satisface*.

No comprendo a las personas que desdeñan el trabajo, aunque no es el caso de Peter; lo que le falta, es un objetivo determinado; se considera poco listo y demasiado mediocre para llegar a un resultado. ¡Pobre muchacho! Nunca ha sabido lo que es hacer a los demás felices, y, eso, yo no puedo enseñárselo. La religión no es nada para él: habla burlándose de Jesucristo, y blasfema; tampoco yo soy ortodoxa, pero me apesadumbro cada vez que noto su desdén, su soledad y su pobreza de alma.

Pueden regocijarse quienes tienen una religión, pues no le es dado a todo el mundo creer en lo celestial. Ni siquiera es necesario temer el castigo después de la muerte; el purgatorio, el infierno y el cielo no lo admiten todos, pero una religión, sea cual fuere, mantiene a los hombres en el camino recto. El temor a Dios otorga la estimación del propio honor, de la propia conciencia. ¡Qué hermosa sería toda la humanidad, y qué buena, si, por la noche, antes de dormirse, cada cual evocase cuanto le ocurrió durante el día, y todo lo que hizo, llevando cuenta del bien y del mal en su línea de conducta! Inconscientemente y sin titubeos, cada cual se esforzaría por enmendarse, y es probable que después de algún tiempo se hallara frente a un buen resultado. Todo el mundo puede probar este simple recurso, que no cuesta nada y que indudablemente sirve para algo. «En una conciencia tranquila es donde radica nuestra fuerza.» El que lo ignore puede aprenderlo y hacer la prueba.

Tuya.

ANA

Sábado, 8 de julio de 1944.

Querida Kitty:
El apoderado, M. B., ha vuelto del campo con una cantidad enorme de frutillas, polvorientas, llenas de arena, pero frutillas. No menos de veinticuatro cajitas para la oficina y para nosotros. Inmediatamente nos pusimos a la tarea, y la misma noche tuvimos la satisfacción de contar con seis orzas de conservas y ocho tarros de confitura. A la mañana siguiente, Miep propuso que preparásemos la confitura para los de la oficina.

A las doce y media, como el campo estaba libre en toda la casa y la puerta de entrada cerrada, hubo que subir el resto de las cajitas. En la escalera, desfile de papá, Peter y Van Daan. A la pequeña Ana le tocó ocuparse del calentador del baño y del agua caliente. A Margot, buscar las vasijas. ¡Toda la tripulación de fajina! Yo me sentía desplazada en esa cocina de la oficina, llena hasta reventar, y ello en pleno día, con Miep, Elli, Koophuis, Henk y papá. Hubiérase dicho la quinta columna del reaprovisionamiento.

Evidentemente, los visillos de las ventanas nos aíslan, pero nuestras voces y las puertas que golpean me ponen la carne de gallina. Se me ocurrió pensar que ya no estábamos escondidos. Una sensación de que tuviéramos derecho a salir. Llena la cacerola, a subirla en seguida... En nuestra cocina, el resto de la familia se halla alrededor de la mesa limpiando frutillas, llevándose más frutillas a la boca que a las vasijas. No se tardó en reclamar otra orza, y Peter fue a buscar una a la cocina de abajo..., desde donde oyó llamar dos veces; dejando el recipiente, se precipitó detrás de la puerta-armario, cerrándola cuidadosamente. Todos estábamos impacientes ante los grifos cerrados y las frutillas por lavar, pero había que respetar la consigna: «En caso de que hubiera alguien en la casa, cerrar todos los grifos para evitar el ruido del paso del agua por las cañerías.»

Henk llegó a la una y nos dijo que era el cartero. Peter volvió a bajar..., para oír el timbre una vez más y para girar de nuevo sobre sus talones. Yo me puse a escuchar, primero junto a la puerta-armario; luego, despacio, avancé hasta la escalera. Peter se unió a mí, y nos inclinamos sobre la balaustrada como dos ladrones, para oír las voces familiares de los nuestros. Peter bajó algunos peldaños, y llamó:

—Elli.

Ninguna respuesta... Otra vez.

—Elli.

El estrépito de la cocina dominaba la voz de Peter. De un salto, echó a correr hacia abajo. Con los nervios en tensión, yo me quedo en el lugar, y oigo:

—Márchate, Peter. Ha venido el contador. No puedes quedarte aquí.

Es la voz de Koophuis. Peter vuelve suspirando, y cerramos la puerta-armario. A la una y media, Kraler aparece por casa, exclamando:

—¡Caramba! Por donde paso no veo más que frutillas: frutillas en el desayuno, Henk come frutillas, ¡huelo a frutillas en cualquier sitio! Vengo aquí para librarme de esos granos rojos, ¡y ustedes los están lavando!

El resto de las frutillas se puso en conserva. Esa misma noche, las tapas de dos vasijas habían saltado; papá hizo en seguida de su contenido mermelada. A la mañana siguiente, otras dos vasijas abiertas, y por la tarde cuatro, pues Van Daan no las había esterilizado suficientemente. Y papá hace mermelada todas las noches.

Comemos la avena con frutillas, el yogurt con frutillas, el pan con frutillas, frutillas de postre, frutillas con azúcar y frutillas con arena. Durante dos días, es el vals de las frutillas. En seguida, se acabó la reserva salvo la de los tarros puestos bajo llave.

—Ven a ver, Ana —me llamó Margot—. El vendedor de legumbres de la esquina nos ha enviado arvejas frescas. Diecinueve libras.

—¡Qué amable ha sido! —respondí.

Muy amable, sí, pero la tarea de pelarlas... ¡Puah!

—Todo el mundo al trabajo, mañana por la mañana, para pelar las arvejas —anunció mamá.

En efecto, a la mañana siguiente la gran cacerola de hierro enlozado apareció sobre la mesa después del desayuno, para no tardar en llenarse de arvejas hasta el borde. Desvainarlas es una tarea fastidiosa, y es más bien un arte limpiar la piel interior de la vaina; pocas personas conocen las delicias de la vaina de la arveja una vez desprovista de su piel. El sabor no lo es todo; existe, además, la enorme ventaja de tener tres veces tanto para comer.

Quitar esta piel interior es un trabajito muy preciso y minucioso, indicado quizá para los dentistas pedantes y los burócratas de precisión; para una impaciente como yo, es un suplicio. Comenzamos a las nueve y media; a las diez y media, me levanto; a las once y media, vuelvo a sentarme. Bordonco en los oídos: quebrar las puntas, sacar los hilos, quitar la piel y separarla de la vaina, etcétera. La cabeza me da vueltas. Verdor, verdor, gusanito, hilito, vaina podrida, vaina verde, verde, verde.

Se transforma en una obsesión. Hay que hacer algo. Y yo me pongo a hablar aturdidamente de todas las tonterías imaginables, hago reír a todo el mundo y estoy casi a punto de desplomarme de embrutecimiento. Cada hilo que quito me hace comprender mejor aún que nunca, que en ningún momento, que yo no seré únicamente mujer de hogar.

A mediodía, se almuerza por fin, pero después se reanuda la tarea, y tenemos nuestro quehacer hasta la una y cuarto. Al terminar, tengo una especie de mareo; los otros también, poco más o menos. Dormí hasta las cuatro, y me siento todavía embrutecida por esas arvejas.

Tuya.   ANA

Sábado, 15 de julio de 1944.

Querida Kitty:

Hemos leído un libro de la bibliotea con el título provocativo de *Hoe Vindt U Het Moderne Jonge Meisje?* *(¿Qué piensa usted de la muchacha moderna?)*. Me gustaría hablarte del tema.

La autora (porque es una mujer) critica a fondo a «la juventud de hoy», aunque sin desaprobarla por completo, dejando de decir, por ejemplo, que no sirve para nada. Al contrario, es más bien de la opinión de que, si la juventud quisiera, podría ayudar a construir un mundo mejor y más bello, puesto que dispone de los medios; sin embargo, prefiere ocuparse de cosas superficiales sin dignarse mirar lo que es esencialmente hermoso.

Ciertos párrafos me dan la fuerte impresión de que soy atacada personalmente por la autora, y por eso quiero defenderme, abriéndome a ti.

El rasgo más acusado de mi carácter —así lo admitirán quienes mejor me conocen—es el conocimiento de mí misma. Todos mis actos puedo mirarlos como los de una extraña. Yo me encuentro, delante de esta Ana de todos los días, sin preconcepto y sin querer disculparla de ninguna manera, a fin de observar si lo que ella hace está bien o mal. Esta «conciencia de mí misma» no me abandona nunca; no puedo pronunciar nada sin que acuda a mi espíritu: «Hubiera debido decir esto otro», o bien: «Eso es, está bien.» Me acuso de cosas innumerables, y, de más en más, estoy convencida de la verdad de esta frase de papá: «Cada niño se hace su propia educación.» Los padres sólo pueden aconsejarnos e indicarnos el camino a seguir, pero la formación esencial de nuestro carácter se halla en nuestras propias manos.

Añade a eso que yo tengo un extraordinario valor de vivir, me siento siempre muy fuerte, muy dispuesta a arrostrar lo que sea, ¡y me siento muy libre y muy joven! Cuando me percaté de esto por primera vez, me sentí gozosa, porque me parece que yo no me doblegaré fácilmente bajo los golpes a los que nadie desde luego escapa. Pero de esas cosas ya te he hablado varias veces. Preferiría detenerme en el capítulo «Papá y mamá no me comprenden.» Mis padres me han mimado siempre, me han exteriorizado mucha amabilidad, siempre han tomado mi defensa y han hecho cuanto estaba en su posibilidad de padres. Sin embargo, yo me he sentido terriblemente sola durante mucho tiempo; sola, excluida, abandonada e incomprendida. Papá ha hecho todo lo posible por atemperar mi rebeldía, pero ello no ha servido de nada; me he curado yo misma, reconociendo mis yerros y sacando de ellos una enseñanza.

¿Cómo es posible que, en mi lucha, papá nunca haya logrado ser para mí un apoyo y que, aun tendiéndome una mano de auxilio, no haya acertado? Papá no ha recapacitado bien: siempre me ha tratado como a una niña que pasa por la edad ingrata. Esto parece extraño, porque papá es el único que siempre me ha acordado ampliamente su confianza, y el único que también que me haya hecho sentir que soy inteligente. Lo que no impide que haya descuidado una cosa: mis luchas por remontar la corriente —era infinitamente más importante para mí que todo el resto—, y en eso no pensó. Yo no quería oír hablar de «edad ingrata», de «otras muchachas» y de que «eso pasará»; yo no quería ser tratada como una-muchacha-igual-que-las-otras, sino única y exclusivamente como Ana-tal-cual-es. Pim no comprende eso. Por otra parte, yo sería incapaz de confiarme a alguien que no me lo dijese todo de sí mismo, y como sé demasiado poco de Pim, me es imposible aventurarme completamente sola en el camino de la intimidad.

Pim se sitúa siempre en el punto de vista del padre, persona de más edad, conocedor de esta clase de inclinaciones porque ya pasó por ellas y juzgándolas, en consecuencia, triviales; de suerte que es incapaz de compartir mi amistad, aun cuando la busque con todas sus fuerzas.

Todo eso me ha llevado a la conclusión de no hacer partícipe a nadie, si no es a mi *Diario*, y una rara vez a Margot, de mi concepto sobre la vida y de mis teorías tan meditadas. Todo cuanto me conmovía, se lo he ocultado a papá; nunca compartí con él mis ideales, y me aparté voluntariamente de él.

No he podido obrar de otro modo; me he dejado guiar enteramente por mis sentimientos, y he obrado de acuerdo con mi conciencia para encontrar el reposo. Porque mi tranquilidad y mi equilibrio los he construido sobre una base inestable, y los perdería completamente si tuviese que soportar críticas sobre esta obra aún inacabada. Por duro que eso pueda parecer, ni a Pim le permitiría inmiscuirse, pues no solamente no le he dejado tomar parte alguna en mi vida interior, sino que a menudo lo enfado con mi irritabilidad, alejándolo de mí todavía más.

Eso me hace meditar mucho: ¿cómo es que Pim me fastidia a ese extremo? No aprendo casi nada estudiando con él, y sus caricias me parecen afectadas; querría estar tranquila y querría sobre todo que me dejase un poco en paz..., hasta el día en que vea ante él a una Ana mayor, más segura de sí misma. ¿Es esa la razón? Porque el recuerdo de su reproche sobre mi maligna carta me sigue doliendo. Es que resulta muy difícil ser verdaderamente fuerte y valeroso de todos los puntos de vista.

Con todo, no es eso la causa de mi mayor decepción. No. Peter me preocupa mucho más que papá. Me hago bien cargo de que soy yo quien le ha conquistado, y no viceversa: lo idealicé, viéndole apartado, sensible y amable, como un muchacho que necesitaba cariño y amistad. Había llegado al punto en que me era necesario alguien para vaciar mi faltriquera, un amigo que me señalase el camino que debía seguir, y atrayéndole lenta pero seguramente hacia mí, le conquisté, aunque con dificultad. Por fin, después de haber despertado en él su amistad por mí, hemos llegado, a pesar nuestro, a relaciones íntimas que, bien pensado, ahora me parecen inadmisibles.

Hemos hablado de las cosas más secretas, pero, hasta aquí, nos hemos callado en cuanto a lo que colmaba y sigue colmando mi corazón. Continúo sin forjarme una idea exacta de Peter. ¿Es superficial? ¿O lo retiene su timidez, inclusive conmigo? Pero, abstracción hecha de eso, he cometido el grave error de alejar todas las otras posibilidades de asegurar nuestra amistad al tratar de aproximarme a él mediante esas relaciones íntimas. Él no desea más que amar, y yo le gusto cada día más; de eso me he dado cuenta. En cuanto a él, nuestros encuentros le bastan; mientras que a mí me producen el efecto de un nuevo esfuerzo que obliga a volver a empezar cada vez, sin, a pesar de todo, poder decidirme a abordar los temas que tanto me agradaría poner en claro. He atraído a Peter a la fuerza, mucho más de lo que él pueda sospecharlo. Ahora bien, él, se aferra a mí, y yo aún no he hallado el recurso radical de desprendérmelo para que pise con sus propios pies. Después de haberme percatado —bastante rápidamente, desde luego— que no podía ser el amigo copartícipe de mis pensamientos, no he cesado de aspirar a elevarle por sobre su horizonte limitado y a magnificarlo en su juventud.

«Porque, en el fondo, la juventud es más solitaria que la vejez.» Esta frase, leída, en ya no recuerdo qué libro, se me ha quedado en la cabeza, porque la encuentro justa.

¿Es posible que nuestra permanencia aquí resulte más difícil a los mayores que a los jóvenes? No. Indudablemente, eso no es verdad. Las personas de edad ya tienen formada opinión sobre todo, y no tienen esta vacilación ante sus actos en la vida. Nosotros los jóvenes tenemos que hacer doble esfuerzo para mantener nuestras opiniones, en esta época en que todo idealismo ha sido aplastado y destruido, en que los hombres revelan sus peores taras, en que la verdad, el derecho y Dios son puestos en duda.

Quien pretende que los mayores del Anexo afrontan una vida mucho más difícil, no comprende sin duda hasta qué punto nosotros somos asaltados por los problemas..., problemas para los cuales acaso seamos demasiado jóvenes, pero que no dejan de imponérsenos; hasta que, tras largo tiempo, creíamos haber hallado la solución, generalmente una solución que no parece resistir a los hechos, pues éstos terminan por destruirla. He ahí la dureza de esta época: tan pronto como los idealismos, los sueños, las bellas esperanzas han tenido tiempo de germinar en nosotros, son súbitamente atacados y totalmente devastados por el espanto de la realidad.

Asombra que yo no haya abandonado aún todas mis esperanzas, puesto que parecen absurdas e irrealizables. Sin embargo, me aferro a ellas, a pesar de todo, porque sigo creyendo en la bondad innata del hombre. Me es absolutamente imposible construirlo todo sobre una base de muerte, de miseria y confusión. Veo el mundo transformado de más en más en desierto; oigo, cada vez más fuerte, el fragor del trueno que se acerca, y que anuncia probablemente nuestra muerte; me compadezco del dolor de millones de personas; y, sin embargo, cuando miro el cielo, pienso que todo eso cambiará y que todo volverá a ser bueno, que hasta esos días despiadados tendrán fin, y que el mundo conocerá de nuevo el orden, el reposo y la paz.

En la espera de eso, se trata de poner mis pensamientos al abrigo y de velar por ellos, para el caso en que, en los tiempos venideros, quizá pudieran todavía ser realizables.

Tuya.

ANA

Viernes, 21 de julio de 1944.

Querida Kitty:

Hay cada vez más razones para confiar. Esto marcha. ¡Sí, verdaderamente, marcha muy bien! ¡Noticias increíbles! Tentativa de asesinato contra Hitler, no por judíos, comunistas o por capitalistas ingleses, sino por un general de la nobleza germánica, un conde, y joven, por añadidura. La Providencia divina ha salvado la vida del Führer, que sólo ha tenido que sufrir, y es una lástima, algunos rasguños y quemaduras. Varios oficiales y generales de su séquito han muerto o quedado heridos. El criminal principal ha sido fusilado.

Una buena prueba, ¿eh?, de que muchos oficiales y generales están cansados de la guerra y verían con alegría y voluptuosidad a Hitler descender a los abismos más profundos. Tras la muerte de Hitler, los alemanes aspirarían a establecer una dictadura militar, un medio, según ellos, de concluir la paz con los aliados, y que les permitiría rearmarse y recomenzar la guerra veinte años después. Quizá la Providencia haya exprofeso retardado un poco el que nos libremos de él, pues será mucho más fácil para los aliados, y más ventajoso también, si los germanos puros y sin tacha se encargan ellos mismos de matarse entre sí; tanto trabajo menos para los rusos y los ingleses, que podrán proceder con mayor rapidez a la reconstrucción de sus propias ciudades.

Pero aún no hemos llegado a eso. ¡Cuidado con anticiparse! Sin embargo, lo que arriesgo, ¿no es una realidad tangible, una realidad bien plantada sobre sus dos pies? Por excepción, no estoy en vena de divagar a propósito de idealismos imposibles. Hitler tuvo nuevamente la amabilidad de hablar a su pueblo fiel y abnegado, diciéndole que a partir de hoy todos los militares deberán obedecer a la Gestapo; además, cada soldado que sepa a uno de sus superiores implicado en este atentado degradante y cobarde tiene el derecho de meterle una bala en el cuerpo sin otra forma de proceso.

Va a resultar muy lindo. A Fritz le duelen los pies tras una marcha demasiado larga, y su oficial lo reprende. Fritz agarra su fusil y grita: «¡Eres tú quien ha querido asesinar al Führer! ¡Cochino! ¡Toma tu recompensa!» ¡Pum! Y el orgulloso jefe que tuvo la audacia de reconvenir al pequeño Fritz ha desaparecido para siempre en la vida eterna (o en la muerte eterna). ¿De qué otra manera quieres que eso termine? Del susto, los señores oficiales van a ensuciarse en sus calzoncillos cada vez que encuentren a un soldado o tomen un comando, y que sus presuntos inferiores tengan la audacia de gritar más fuerte que ellos. Me entiendes, ¿o es que yo he perdido el seso? No puedo remediarlo. Me siento demasiado alegre para ser lógica, demasiado contenta sintiendo nacer la esperanza de poder sentarme de nuevo, en octubre, en los bancos de la escuela. ¡Oh, oh! ¿No he dicho hace un instante que no hay que anticiparse nunca? ¡Perdón, perdón! No por nada me llaman «un amasijo de contradicciones».

Tuya.   ANA

Martes, 1º de agosto de 1944.

Querida Kitty:
«Un amasijo de contradicciones» son las últimas palabras de mi carta precedente, y las primeras de ésta. «Amasijo de contradicciones.» ¿Puedes explicarme lo que es exactamente? ¿Qué significa contradicción? Como tantas otras palabras, tiene dos sentidos: contradicción exterior y contradicción interior.

El primer sentido se explica claramente: no plegarse a las opiniones ajenas, saber mejor que el otro, decir la última palabra, en fin, todas las características desagradables por las cuales se me conoce muy bien. Pero en lo que concierne al segundo, no soy muy conocida, y ese es mi secreto.

Ya te he dicho que mi alma está, por así decir, dividida en dos. La primera parte alberga a mi hilaridad, a mis burlas con cualquier motivo, a mi alegría de vivir y, sobre todo, a mi tendencia de tomarlo todo a la ligera. Oigo por aquí: no me fastidies con los *flirts*, con un beso, con un abrazo o con un chiste inconveniente. Esta primera parte está siempre en acecho, rechazando a la otra, que es más hermosa, más pura y más profunda. La parte hermosa de la pequeña Ana nadie la conoce, ¿verdad? Por eso son tan pocos los que me quieren de veras.

Desde luego, yo puedo ser un payaso divertido para una tarde, tras lo cual todo el mundo me ha visto lo suficiente para un mes por lo menos. En el fondo, una película de amor representa exactamente lo mismo para las personas profundas, una simple distracción divertida para una vez, que se olvida bien pronto. No está mal. Cuando se trata de mí, sobra el «no está mal». Es aún algo peor. Me fastidia decírtelo. Pero, ¿por qué no he de hacerlo, si sé que es la verdad? Esta parte que toma la vida a la ligera, la parte superficial, sobrepasará siempre a la parte profunda, y, por consiguiente, será siempre vencedora. Puedes imaginar cuántas veces he tratado de rechazarla, de asestarle golpes, de ocultarla. Y eso que, en realidad, no es más que la mitad de todo lo que se llama Ana. Pero no ha servido de nada, y yo sé por qué.

Tiemblo de miedo de que todos cuantos me conocen tal y como me muestro siempre descubran que tengo otra parte, la más bella y la mejor. Temo que se burlen de mí, que me encuentren ridícula y sentimental, que no me tomen en serio. Estoy habituada a que no me tomen en serio, pero es «Ana la superficial» la que está habituada y quien puede soportarlo; la otra, la que es «grave y tierna», no lo resistiría. Cuando, de veras, he llegado a mantener a la fuerza ante la rampa a La Buena Ana durante un cuarto de hora, se crispa y se contrae como una santita inmediatamente que haya que elevar la voz y, dejando la palabra a Ana Nº 1, ha desaparecido antes de que yo me apercibiese.

Ana la Tierna nunca ha hecho, pues, una aparición en compañía, ni una sola vez; pero, en la soledad, su voz domina casi siempre. Sé exactamente cómo me gustaría ser, puesto que lo soy... interiormente; pero, ¡ay!, soy la única que lo sabe. Y es quizá, no, es seguramente la razón por la cual yo llamo dichosa a mi naturaleza interior, mientras que los demás juzgan precisamente dichosa mi naturaleza exterior. Dentro de mí, Ana la Pura me señala el camino; exteriormente, sólo soy una cabrita desprendida de su cuerda, alocada y petulante.

Como ya te lo he dicho, veo y siento las cosas de manera totalmente distinta a como las expreso hablando; por eso me denominan, alternativamente, volandera, coqueta, pedante y romántica. Ana la Alegre se ríe de eso, responde con insolencia, se encoge indiferente de hombros, pretende que no le importa; pero, ¡ay!, Ana la Dulce reacciona de la manera contraria. Para ser completamente franca, te confesaré que eso no me deja indiferente, que hago infinitos esfuerzos por cambiar, pero que me debato siempre contra fuerzas que me son superiores.

Aquella a quien no se oye solloza en mí: «Ya ves, ya ves adónde has llegado: malas opiniones, rostros burlones o consternados, antipatías, y todo eso porque no escuchas los buenos consejos de tu propia parte buena.» ¡Ah, cuánto me gustaría escucharla! Pero eso no sirve de nada. Cuando me muestro grave y tranquila, doy la impresión a todo el mundo de que interpreto otra comedia, y en seguida recurro a una pequeña chanza para zafarme; no hablo siquiera de mi propia familia, que, persuadida de que estoy enferma, me hace engullir sellos contra las jaquecas y los nervios, me mira la garganta, me tantea la cabeza para ver si tengo fiebre, me pregunta si no estoy constipada y termina por criticar mi mal humor. Ya no puedo soportarlo: cuando se ocupan demasiado de mí, primero me vuelvo áspera, luego triste, revirtiendo mi corazón una vez más a fin de mostrar la parte mala y ocultar la parte buena, y sigo buscando la manera de llegar a ser la que yo tanto querría ser, la que yo sería capaz de ser, si... no hubiera otras personas en el mundo.

Tuya. ANA

EPÍLOGO

Aquí termina el Diario *de Ana Frank. El 4 de agosto de 1944, la Feld-Polizei hizo irrupción en el Anexo. Todos sus habitantes, así como Kraler y Koophuis, fueron arrestados y enviados a campos de concentración.*

La Gestapo arrasó el Anexo, dejando por el suelo, revueltos, viejos libros, revistas y periódicos, etcétera, entre los cuales Miep y Elli hallaron el Diario *de Ana. Salvo algunos párrafos que no ofrecen interés al público, el texto original es publicado íntegramente.*

De todos los habitantes del Anexo, sólo el padre de Ana volvió. Kraler y Koophuis, que resistieron a las privaciones de los campos holandeses, han regresado a sus hogares.

En marzo de 1945, Ana murió en el campo de concentración de Bergen-Belsen, dos meses antes de la liberación de Holanda.

SE TERMINÓ ESTA OBRA EL DÍA 6 DE DICIEMBRE DE 2013 EN

CASA ALDO MANUZIO

Tennessee núm. 6, Col. Nápoles – 03810 México, D. F.